高等职业教育新商科系列教材

物流管理专业

物流综合技能实训

主　编◎刘雅丽　焦建红

主　审◎方仲民

WULIU ZONGHE

JINENG SHIXUN

北京师范大学出版集团
BEIJING NORMAL UNIVERSITY PUBLISHING GROUP
北京师范大学出版社

图书在版编目（CIP）数据

物流综合技能实训 / 刘雅丽，焦建红主编. --- 北京：北京师范
大学出版社，2021.5
　（高等职业教育新商科系列教材. 物流管理专业）
　ISBN 978-7-303-13373-4

　Ⅰ．①物… Ⅱ．①刘… ②焦… Ⅲ．①物流－物资管理－高等
职业教育－教材 Ⅳ．①F252

　中国版本图书馆 CIP 数据核字(2011)第 176120 号

营 销 中 心 电 话　　　010-58802181　58805532
北师大出版社科技与经管分社　www.jswsbook.com
电 子 信 箱　　　jswsbook@163.com

出版发行：北京师范大学出版社 www.bnupg.com
　　　　　北京市西城区新街口外大街 12-3 号
　　　　　邮政编码：100088
印　　刷：北京虎彩文化传播有限公司
经　　销：全国新华书店
开　　本：787 mm×1092 mm　1/16
印　　张：15
字　　数：365 千字
版 印 次：2021 年 5 月第 1 版第 2 次印刷
定　　价：36.80 元

策划编辑：沈　炜 张自然　　　责任编辑：沈　炜 张自然
美术编辑：刘　超　　　　　　　装帧设计：潘　伟
责任校对：李　菡　　　　　　　责任印制：赵非非

内容简介

　　本书以实用性为原则，系统地阐述了各项物流技能实训的理论知识及主要的实践操作。按照供应链的流程介绍了生产物流实训、仓储保管实训、流通加工实训、叉车技能实训、自动分拣实训、RFID 与电子标签辅助拣货实训、条码技术实训、物流 POS 门店销售实训、金蝶 K/3ERP 供应链管理实训九个具体的项目。说明了物流管理的实际运作和发展方向，向读者展示了物流的基本理论和实际运作过程。本书适用于物流管理及相关课程的实训内容教学。

前 言

进入 21 世纪，物流产业在世界经济一体化的进程中快速发展，已成为新的经济增长点，正在受到广泛的重视。因此，搞好物流管理，探索现代物流的新技能和新方法，使物流各环节进行合理链接，对降低物流成本，提高物流运作效率和满足客户需求有着十分重要的意义。

本书以物流操作各项技能为对象，所涉及的内容包括生产物流实训、仓储保管实训、流通加工实训、叉车技能实训、自动分拣实训、RFID 与电子标签辅助拣货实训、条码技术实训、物流 POS 门店销售实训、金蝶 K/3ERP 供应链管理实训，介绍了物流运输的实际运作和发展方向，向读者展示了运输的基本理论和实际运作过程。

本书具有如下特点：

全面性——对于物流管理各种方式的各个环节所需技能均作了较为系统而全面地介绍。

实用性——本书以介绍物流供应链管理的实务操作为主线，立足物流管理一线人员，强调职业技术能力的培养。

本书由刘雅丽、焦建红担任主编。具体参加编写人员分工如下：刘雅丽（项目八）、焦建红（项目九）、解翠杰（项目二）、李杰（项目七）、高迎冬（项目四）、李建欣（项目三）、罗颖（项目五）、张占义（项目六）、刘勇（项目一）。全书由方仲民审稿。本书在编写过程中参考了大量的文献资料，在此我们谨向这些文献资料的作者以及专家学者表示衷心的感谢。

由于编者经验所限，在本书的叙述中难免有疏漏乃至谬误之处，我们衷心希望广大读者以及各位专家学者提出宝贵意见，以便进一步修改完善。

编 者

目　录

项目一
生产物流实训

●●●●● **学习目标**

☆知识目标
● 熟悉了解仿真实训中心生产加工设备的工作原理和应用范围
● 掌握实训中心生产加工作业流程和技能
● 掌握实训中心生产加工设备在企业中的应用
● 掌握现代物流企业的生产加工应用
● 案例实训

☆能力目标

工作任务	能力目标
生产物流现状及解决方案	1. 掌握生产过程的各种方式 2. 了解生产物流的现状
生产加工的作业流程	1. 了解生产物流的特点 2. 熟悉生产加工的作业流程 3. 对生产工艺中的物流活动有全面的认识
生产物流设备认识	了解典型生产物流及装备
生产物流实训	1. 掌握生产物流设备的原理及操作使用 2. 熟练进行生产物流设备的操作使用

● ● ● ● ● **本项目的知识体系**

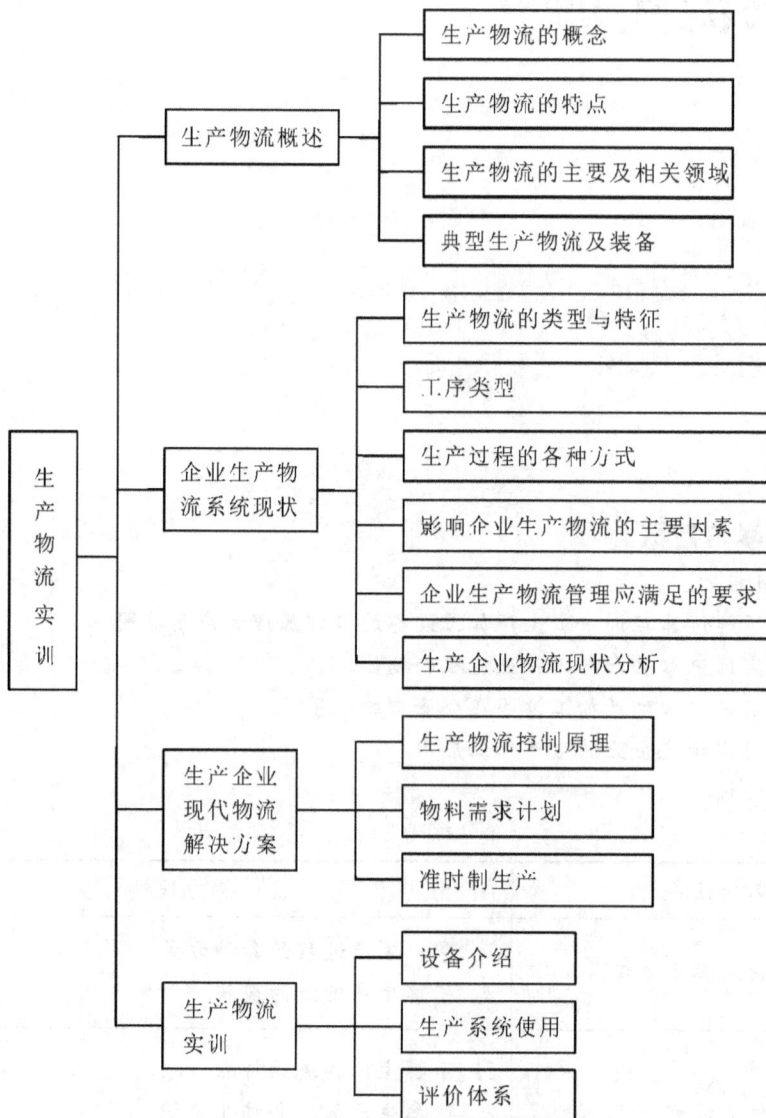

```
                                            ┌─────────────────────┐
                                       ┌────┤ 生产物流的概念        │
                                       │    └─────────────────────┘
                                       │    ┌─────────────────────┐
                          ┌──────────┐ ├────┤ 生产物流的特点        │
                          │生产物流概述├─┤    └─────────────────────┘
                          └──────────┘ │    ┌─────────────────────┐
                                       ├────┤ 生产物流的主要及相关领域│
                                       │    └─────────────────────┘
                                       │    ┌─────────────────────┐
                                       └────┤ 典型生产物流及装备    │
                                            └─────────────────────┘
                                            ┌─────────────────────┐
                                       ┌────┤ 生产物流的类型与特征  │
                                       │    └─────────────────────┘
                                       │    ┌─────────────────────┐
                                       ├────┤ 工序类型              │
                                       │    └─────────────────────┘
                          ┌──────────┐ │    ┌─────────────────────┐
                          │企业生产物 │ ├────┤ 生产过程的各种方式    │
            ┌────────┐    │流系统现状 ├─┤    └─────────────────────┘
            │ 生产   │    └──────────┘ │    ┌─────────────────────┐
            │ 物流   ├───              ├────┤ 影响企业生产物流的主要因素│
            │ 实训   │                 │    └─────────────────────┘
            └────────┘                 │    ┌─────────────────────┐
                                       ├────┤ 企业生产物流管理应满足的要求│
                                       │    └─────────────────────┘
                                       │    ┌─────────────────────┐
                                       └────┤ 生产企业物流现状分析  │
                                            └─────────────────────┘
                                            ┌─────────────────────┐
                          ┌──────────┐ ┌────┤ 生产物流控制原理      │
                          │生产企业  │ │    └─────────────────────┘
                          │现代物流  ├─┤    ┌─────────────────────┐
                          │解决方案  │ ├────┤ 物料需求计划          │
                          └──────────┘ │    └─────────────────────┘
                                       │    ┌─────────────────────┐
                                       └────┤ 准时制生产            │
                                            └─────────────────────┘
                                            ┌─────────────────────┐
                          ┌──────────┐ ┌────┤ 设备介绍              │
                          │生产物流  │ │    └─────────────────────┘
                          │实训      ├─┤    ┌─────────────────────┐
                          └──────────┘ ├────┤ 生产系统使用          │
                                       │    └─────────────────────┘
                                       │    ┌─────────────────────┐
                                       └────┤ 评价体系              │
                                            └─────────────────────┘
```

任务一 生产物流概述

漫步在大型超市,你可能会对琳琅满目的商品目不暇接,但是你是否注意到超市里大型的现代化的自动货架;在机场等待行李的时候,你是否留心观察过运输行李的传送带;开着心爱的汽车,你是否知道它经过的生产线、装配线等一道道程序?所有这些,就是物流系统设备。随着经济的快速发展和我国加入 WTO,现代生产物流系统行业正在飞速发展,面临着高科技现代化的崭新局面。

现代生产物流系统产品将广泛用于汽车、机场、大型仓储、立体停车库、邮政、家电等行业,这些行业的快速发展将为现代生产物流系统提供巨大的市场空间。不断增长的市场需求,不仅为现代生产物流系统的厂商带来了商机和挑战,而且对现代生产物流系统提出了更高的标准和要求,不仅仅需要硬件物流设备,而且要求物流与信息流实现在线或离线的高度集成,使信息技术成为物流技术的核心,提供整套个性化设计的系统集成,包括配套软件的研发、设备的调试和试运行、紧急情况的应对措施和整体解决方案,现代生产物流系统行业已经迈入自动化、智能化、个性化的崭新阶段。

一、生产物流的概念

企业的生产物流活动是指在生产工艺中的物流活动。这种物流活动是与整个生产工艺过程相伴生的,实际上已经构成了生产工艺过程的一部分。过去人们在研究生产活动时,主要关注一个又一个的生产加工过程,而忽视了将每一个生产加工过程串在一起,并且又和每一个生产加工过程同时出现的物流活动。例如,不断离开上一工序,进入下一工序,便会不断发生搬上搬下、向前运动、暂时停止等物流活动。实际上,一个生产周期,物流活动所用的时间远多于实际加工的时间。所以,企业生产物流研究的潜力,时间节约的潜力、劳动节约的潜力是非常大的。

生产物流一般是指原材料、燃料、外购件投入生产后,经过下料、发料,运送到各加工点和存储点,以在制品的形态,从一个生产单位(仓库)流入另一个生产单位,按照规定的工艺过程进行加工、储存,借助一定的运输装置,在某个点内流转,又从某个点内流出,始终体现着物料实物形态的流转过程。

生产物流是企业物流的关键环节,从物流的范围分析,企业生产系统中物流的边界起于原材料、外购件的投入,止于成品仓库。它贯穿于生产全过程,横跨整个企业(车间、工段),其流经的范围是全厂性的、全过程的。物料投入生产后即形成物流,并随着时间进程不断改变自己的实物形态(如加工、装配、储存、搬运、等待状态)和场所位置(各车间、工段、工作地、仓库)。

从物流属性分析,企业生产物流是指生产所需物料在时间和空间上的运动全过程,是生产系统的动态表现。换言之,物料(原材料、辅助材料、零配件、在制品、成品)经历生产系统各个生产阶段或工序的全部运动过程就是生产物流。

从生产工艺角度分析,生产物流是指企业在生产工艺中的物流活动,即物料不断地离开上一工序,进入下一工序,不断地发生搬上搬下、向前运动、暂时停滞等活动。这种物流活动是与整个生产工艺过程相伴生的,实际上已构成了生产工艺过程的一部分。

因此，生产物流是企业生产活动与物流活动的有机结合。企业生产物流的过程大体为：原材料、零部件、燃料等辅助材料从企业仓库和企业的"门口"开始，进入到生产线开始端，再进一步随生产加工过程的各个环节运动，在运动过程中，本身被加工，同时产生一些废料、余料，直到生产加工终结，再运动至成品仓库，便终结了企业生产物流过程。

二、生产物流的特点

（一）实现价值的特点

企业生产物流和社会物流的一个最本质不同之处，也即企业物流最本质的特点，主要不是实现时间价值和空间价值的经济活动，而主要是实现加工附加价值的经济活动。

企业生产物流一般是在企业的小范围内完成，当然，这不包括在全国或者世界范围内布局的巨型企业。因此，空间距离的变化不大，在企业内部的储存和社会储存的目的也不相同，这种储存是对生产的保证，而不是一种追求利润的独立功能，因此，生产物流的时间价值不高。

企业生产物流伴随加工活动而发生，实现加工附加价值，也即实现企业的主要目的。所以，虽然物流空间、时间价值潜力不高，但加工附加价值却很高。

（二）主要功能要素的特点

企业生产物流的主要功能要素也不同于社会物流。一般物流功能的主要要素是运输和储存，其他是作为辅助性或次要功能或强化性功能要素出现的。企业物流主要功能要素则是搬运活动。

许多生产企业的生产过程，实际上是物料不停搬运的过程，在不停搬运过程中，物料得到了加工，改变了形态。

即使是配送企业和批发企业的企业内部物流，实际也是不断搬运的过程，通过搬运，商品完成了分货、拣选、配货工作，完成了大改小、小集大的换装工作，从而使商品形成了可配送或可批发的形态。

（三）物流过程的特点

企业生产物流是一种工艺过程性物流，一旦企业确定了生产工艺、生产装备及生产流程，企业物流也因而成了一种稳定性的物流，物流便成了工艺流程的重要组成部分。由于这种稳定性，企业物流的可控性、计划性便很强，一旦进入这一物流过程，选择性及可变性便很小。对物流的改进只能通过对工艺流程的优化，这方面和随机性很强的社会物流也有很大的不同。

（四）物流运行的特点

企业生产物流的运行具有极强的伴生性，往往是生产过程中的一个组成部分或一个伴生部分，这决定了企业物流很难与生产过程分开而形成独立的系统。

在总体的伴生性同时，企业生产物流中也确有与生产工艺过程可分的局部物流活动，这些局部物流活动有其本身的界限和运动规律，当前企业物流的研究大多是针对这些局部物流活动而言的。这些局部物流活动主要是仓库的储存活动、接货物流活动、车间或分厂之间的运输活动等。

三、生产物流的主要及相关领域

(一)工厂布置

工厂布置是指在工厂范围内，各生产手段的位置确定，各生产手段之间的衔接和以何种方式实现这些生产手段。具体来讲，就是机械装备、仓库、厂房等生产手段和实现生产手段的建筑设施的位置确定。这是生产物流的前提条件，应当是生产物流活动的一个环节。在确定工厂布置时，单考虑工艺是不够的，还必须要考虑整个物流过程。

(二)工艺流程

工艺流程是技术加工过程、化学反应过程与物流过程的统一体。在已往的工艺过程中，如果认真分析物料的运动，会发现有许多不合理的运动。例如，厂内始初仓库搬运路线不合理，搬运装卸次数过多；仓库对各车间的相对位置不合理；在工艺过程中物料过长运动、迂回运动、相向运动等。这些问题都反映了工艺过程缺乏物流考虑。

工艺流程有两种典型的物流形式：

(1)加工物的固定，加工和制造操作处于物流状态。例如，建筑工程工艺、大型船舶制造等。

(2)加工和制造的手段固定，被加工物处于物流状态。这种工艺形式是广泛存在的形式，化学工业中许多在管道或反应釜中的化学反应过程，水泥工业中窑炉内物料不停运动完成高温热化学反应过程，高炉冶金过程、轧钢过程。更典型的是流水线装配机械、汽车、电视机等，都属于这种类型。

(3)被加工物及加工手段都在运动中完成加工的工艺。除去上述两类极端工艺外，许多工艺是两类的过渡形式，并具有两类的特点。

(三)装卸搬运

生产物流中，装卸搬运是其中一种发生最广泛、发生频度最高的物流活动，这种物流活动甚至会决定整个生产方式和生产水平。例如，用传送带式工艺取代"岛式"工艺，省去了反复的装卸搬运，变成了一种新的生产和管理的模式，是现代生产方式的一次革命。又如，"科学管理"理论的一个重要组成部分——作业研究，是研究工人搬装作业的时间、方法和定额，实际上是对生产物流的研究。

在整个生产过程中，搬运装卸耗费巨大，所以是在生产领域中物流主要功能要素的主要体现，是生产领域中物流可挖掘的主要"利润源"。

(四)生产物流的物流结点

生产物流结点，主要以仓库形式存在，虽然都名为仓库，但生产物流中各仓库的功能、作用，乃至设计、技术都是有区别的。一般说来，生产物流中的仓库有两种不同的类型。

1. 储存型仓库

一般来讲，在生产物流中，这种仓库是希望尽量减少的。在生产物流中，这不是主体。

2. 衔接型仓库

衔接型仓库是生产企业中各种类型中间仓库的统称，有时就干脆称中间仓库。

中间仓库完全在企业的可控范围之内，因此，可以采用种种方法缩减这种仓库，甚至完全取消这种仓库，解决这一问题需要管理方法与调整技术并用。从技术方面来讲，是调整半成品生产与成品生产的速率，在这一方面，现在采用的看板方式和物料需求计划方式（MRP方式）都有可能解决这一问题，以达到生产物流的优化。

四、典型生产物流及装备

(一)利用输送机的生产物流

输送机是生产物流采用的主要通用物流机具，甚至形成了一种生产方式的代表。20世纪初，泰勒的"科学管理"就以传送带为"科学管理"方法的内容之一。同时期，美国汽车工业巨头亨利·福特创造的"福特制"，更以连续不停的传送带运转来组织标准化的、机械化的，甚至自动化的生产，使输送机成了现代化大生产的非常重要的机具。

输送机在生产工艺中被采用，主要在两方面，一方面是作为物料输送用，例如，矿石、煤炭原材料的运输；另一方面是用做装配中的主要机具，工人固定在装配线上的某一位置，每个工人完成一种标准的作业，随输送机不停运行，从输送机一端进入的半成品（如汽车骨架）在输送机前进过程中，不断安装各个组件、零件，在输送机另一端输出制成品。

采用输送机作为装配线或生产工艺的生产领域，主要有汽车工业、家用电器工业、电子工业、仪表工业、机械制造工业等。在生产流水线采用的主要输送机种类有皮带输送机、辊道输送机、链式输送机、悬挂输送机、板式输送机等。

(二)作业车

以作业车为放置被加工物的物流载体，随作业车沿既定工序运动，不断完成装配或加工。

(三)具有物流能力的专业技术装备

具有物流能力的专业技术装备，这类技术装备是以实现加工、制造、反应等技术手段为主要目的。装备本身虽有物流能力，可以使物料在运动过程中接受各个固定位置的技术加工措施，但是它却完全不同于通用的物流机具，不能将其看成是物流设备。有高炉和水泥回转窑两个典型方式。

1.高炉

炼铁用装备，各种物料（矿石、炉料等）由上部投入，物料在高炉中，依靠本身重力从上往下运动，在运动过程中，经过了预热、升温、软化、熔融，成为铁水从炉下部流出，在炉内完成了物流过程，也完成了熔制过程。

2.水泥回转窑

一定倾斜角度的水泥筒状转炉，从窑尾（高处）投入配合料，在窑炉不停转运中，配合料逐渐向低端运动，经过干燥预热、煅烧、放热反应、烧成、冷却各个区域，完成几十米甚至上百米的运动，从窑头输出熟料。回转窑则不但是水泥工艺专用设备，也具有了输送物料的功能。

(四)利用升降台车的物流

利用升降台车可以实现等高水平的装卸搬运，减少搬上搬下的劳动操作，这样可以防止反复搬上搬下对人力的消耗和造成工人的疲劳，有利于加快衔接速度，减少损耗，因而可提高生产效率。

任务二 企业生产物流系统现状

一、生产物流的类型与特征

企业的生产类型是生产的产品产量、品种和专业化程度在企业技术、组织和经济上的综合反映和表现。

物流过程具有稳定性和重复性。

二、工序类型

(一)单一工序

单一工序是指无论任何规格的加工仅需一道就可以完成的工序。

(二)多道工序

多道工序是指一项订货的加工需经过两道或两道以上才能完成的工序。

1. 多道连续工序

多道连续工序是指在最初工序中投入的材料或零部件,按直线型安排的工序依次前进和加工,在最后工序制成成品而构成的工序。如图 1-1 所示。

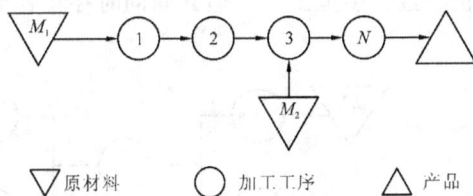

图 1-1 多道连续工序

2. 多道合流工序

产品是由多种原材料或者零部件组成,这些原材料或零部件分别在平行安排的单一或者多道连续的工序上边加工边流动,在适当的阶段一个接一个地进行合成,或者经多道装配而制成最终成品。如图 1-2 所示。

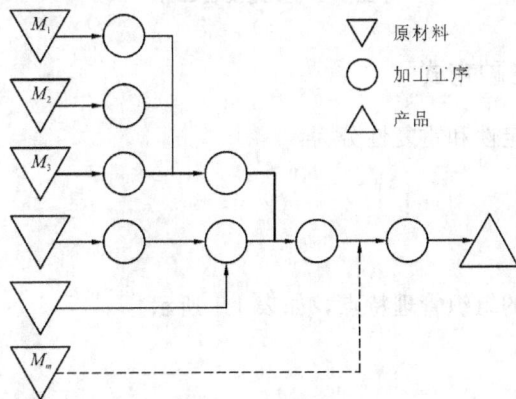

图 1-2 多道合流工序

3. 多道分支工序

一种或多种原材料在第一道工序加工结束后，制成多种产品或者中间产品，这些中间产品分别在后续工序中又成为多种产品或者中间制品，随着工序的进行分为许多工序而制成多种产品。如图1-3所示。

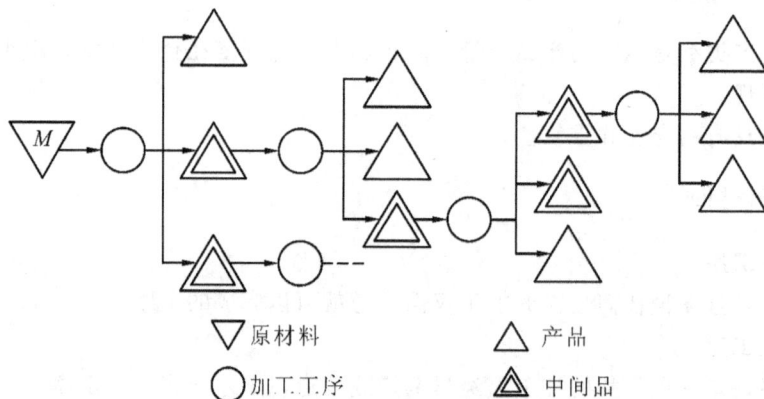

图 1-3　多道分支工序

4. 多道复合工序

从加工开始到成品为止经过许多道工序，但其间同时存在合流式和分支式的工序。如图1-4所示。

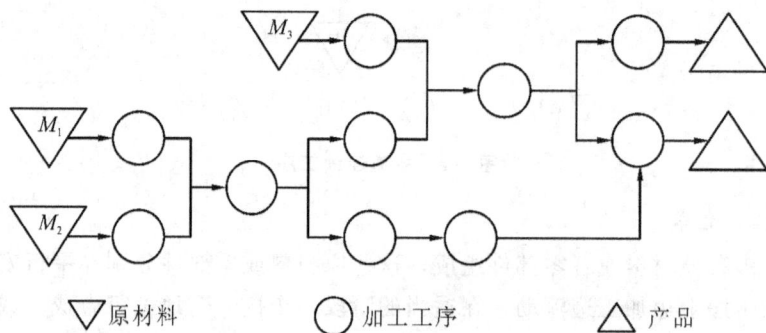

图 1-4　多道复合工序

三、生产过程的各种方式

按生产和物流的稳定性和重复性分为：

(1)大量生产。

(2)单件小批生产。

(3)成批生产。

三种不同生产类型的组织管理特点，如表1-1所示。

表 1-1 不同生产类型的组织管理特点

	大批量生产	成批生产	单件小批生产
产品品种	单一或很少	较多	很多
产品产量	很大	较大	很少或单个
生产设备	专用设备	专用、通用设备	通用设备
设备利用率	高	较高	低
工作专业化程度	高	较高	低
工艺装备	专用工装	专用、通用工装	通用工装
生产率	高	较高	低
计划管理	较简单	较复杂	复杂多变
生产控制	较容易	较难	很难
生产周期	短	一般	长
生产成本	低	一般	高
适应能力	差	较好	好
追求目标	连续性	均衡性	柔性

四、影响企业生产物流的主要因素

无论是制造业还是流程式企业,生产物流管理都是整个供应链管理工作的重要组成部分。它主要考虑的是在优化资源、能力的基础上,以最低的成本和最快的速度生产出最好的产品,快速地满足用户对产品品种、质量、数量、交货期的要求,以提高企业的反应能力和效率,减少不增值的业务。具体从企业接受订货开始,包括合同处理、组织原材料申请、生产作业计划编制、制造命令的制订与下达、生产过程的控制与调整、生产实绩的收集与整理,直至组织产品出厂为止等过程。影响生产物流的因素主要有以下几个方面。

(一)生产的类型

不同的生产类型,它的产品品种、结构的复杂程度、精度等级、工艺要求以及原料准备不尽相同。这些特点影响着生产物流的构成以及相互间的比例关系。

(二)生产规模

生产规模是指单位时间内的产品产量,通常以年产量来表示。生产规模越大,生产过程的构成越齐全,物流量越大。反之生产规模小,生产过程的构成就没有条件划分得很细,物流量也较小。

(三)企业的专业化与协作水平

社会专业化和协作水平提高,企业内部生产过程就趋于简化,物流流程缩短。某些基本的工艺阶段的半成品,如毛坯、零件、部件等,就可由厂外的其他专业工厂提供。

五、企业生产物流管理应满足的要求

为了保证生产稳定、协调地进行,缩短生产周期、提高产品质量、降低产品消耗,生产物流管理应满足如下要求。

（一）连续性生产

产品按其固有的工艺流程连续通过各环节，不发生或很少发生不必要的中断。

（二）生产能力匹配性

生产过程各阶段、各工序之间，在生产能力上保持适当的比例关系，当能力出现不平衡时，要采取措施予以调整或协调。

（三）均衡生产

均衡生产，即生产的各个环节在相同时间内生产出大体相等或逐步递增数量的产品，保持各工作环节负荷的相对稳定。

（四）生产过程的平行性

生产过程的平行性，即物料在各工序之间平行的作业，以充分利用设备，提高劳动生产率。

生产物流管理应该从规范企业基础管理数据入手，建立和完善生产和物流优化指标体系，以基础数据为基础，合理制订生产经营计划，优化生产作业计划，强化生产和物流控制，同时加强在制品库存和厂内运输的管理，才能实现上述生产物流管理的目标。

六、生产企业物流现状分析

从普遍意义上讲，我国大部分企业的生产物流管理状况存在很大的问题，具体表现在如下几个方面。

（一）设施布局

从工厂整体布局上，我国部分早期建成的厂矿本身在生产工艺上布局不大合理，工序间的衔接性差，厂内交叉物流现象比较严重，这无疑增加了生产的复杂性和生产物流成本。合理的厂区布置可使企业能从其提供的服务中获得最大的效益，具体有：在满足生产工艺过程的要求下，达到最短的运输路线，尽可能减少或没有交叉物流；有最大的灵活性，以使企业能对将来的发展变化有快速响应的能力；最有效的面积利用；最良好的工作环境；最合理的发展余地，对一个企业来说，生存和发展是它的两大目标，因此，合理的厂区平面布置应能为企业的发展提供适当的余地。上述物流问题的改善耗时长、投入大，但改进后会对整体物流的改善起到重要的作用。

（二）生产物流管理

从生产物流计划管理上，生产物流计划的制订缺乏基础数据和预测信息，计划的执行率偏低。企业生产计划是企业生产管理的依据，也是生产物流管理的核心内容。生产计划工作的内容就是要在企业生产计划策略的指导下，根据生产预测和优化决策来确定企业的生产任务，将企业的生产任务同各生产要素进行反复的综合平衡，从时间上和空间上对生产任务作出总体安排，并进一步对生产任务进行层层分解，落实到车间、班组，以保证计划任务的实现。编制一个科学的生产计划，除了要掌握国家宏观经济政策和企业的经营环境外，还要使用有关企业生产活动的许多基础资料，如生产工序能力、工序的作业率、生产效率、产品收得率、主要原燃料和能源单耗、副产品的发生量等。充分而准确的信息资料是编制生产计划的基础。因此，编制生产计划前收集和整理各方面的资料是一项必做的工作。这些资料可分为两大类：一类是反映企业外部环境和需求的，如宏观经济形势、国家方针政策、竞争者的情况、原材料及其他物资的供应情况、国家计划及订货合同协议、市场需求等；另一类是反映企业内部条件和可能的，如企业发展战略、生产经营目标、劳动力及技术力量水平、生产能力水平、各种物资的库存水平、流动资金和成本水平、服务销售水平及上期计划完成情况等。在这些资料中，尤其重要的是反映外部需要的市场需求量和反映内部可能的生产能力两方面的资料，而它们必须通过生产预测和生产能力核算取得。

库存管理方面，大部分企业在制品和产成品库存方面没有合理的定额依据，在制品和产成品库存较高。就生产过程的角度而言，库存可分为原材料库存、在制品库存和产成品库存。库存管理的目的是在满足顾客服务要求的前提下通过对企业的库存水平进行控制，力求尽可能降低企业的库存水平、提高物流系统的效率，以增强企业的竞争力。库存水平的高低，直接影响着企业的生产经营，必要的库存量是防止供应中断、交货误期、保证生产稳定和连续的重要条件，它有利于提高供货柔性、适应需求变动、减少产销矛盾。但库存同时也需要占用资金、支出库存费用，过量的库存会掩盖生产中的各种问题，因此，合理压缩库存已经引起各企业的普遍重视。

生产调度方面，调度机构设置比较臃肿，调度手段较为落后，信息反馈不实时等。

工序能力匹配方面，大部分生产企业生产过程中各工序生产能力不匹配现象较为严重，要么能力不足，要么能力过剩。

信息系统建设方面，我国大部分企业信息系统整体上比较滞后，企业内信息"孤岛现象"比较严重。物流和信息是密不可分的，物流是信息流的载体，而信息流反映着物流的运行，因此，利用以网络为依托的信息技术构建企业信息平台，实现物流领域及时、透明的信息传递和数据交换，这是企业生产和物流管理现代化的基本要求。

任务三 生产企业现代物流解决方案

一、生产物流控制原理

(一)物流推进控制原理

基本方式是根据最终需求量，在考虑各阶段的生产提前期之后，向各阶段发布生产指令量，这种方式称为推送方式。以这种方式进行物流控制的原理称为物流推进控制原理。

推进式生产物流控制原理的代表方法是 MRP(material requirement planning)，即物料需求计划。MRP 是 20 世纪 60 年代起从美国开始发展起来的，它是企业利用先进的计算机技术，根据产品的结构、产品的需求和现有的库存情况，较精确地制定产品及其零配件的生产、投入、产出日程，使企业能明确地了解何时需要哪些零配件及其数量，并能及时、快速地调整计划使其符合新的市场需求。

(二)物流拉引控制原理

基本方式是在最后阶段按照外部需求，向前一阶段提出物流供应要求，前一段按本阶段的物流需求量向上一阶段提出要求。依此类推，接受要求的阶段再重复地向前阶段提出要求，这种方式称为拉引方式。采用此方式的物流控制原理称为物流拉引控制原理。

拉动控制原理的特点是分散控制，每一分散控制的目标是满足局部需求，在这种控制原理中，所有的局部控制使本阶段达到要求。然而由于没有实时地协调，满足需求和降低库存费用的总目标在各个局部控制中没有考虑。因此，采用这种控制原理，系统中总的库存水平一般高于基准的库存水平。

准时制生产（JIT 生产）是拉引式生产物流控制原理的方法。准时制生产由需方起主导作用，需方决定供应物料的品种、数量、到达时间和地点。供方只能按需方的指令（看板）供应物料。准时制生产的中心思想是消除一切无效劳动和浪费。后来，麻省理工学院在研究丰田准时制生产方式的基础上提出精益生产（Lean Production）。强调集体协作精神、实行团队作业方式，永不满足现状，不间断地对生产过程进行改进或改善。精益生产奉行的目标原则是尽善尽美，力图以最小的投入获得最大的产值，无休止地降低成本。进入 21 世纪，敏捷制造（Agile Manufacturing）、计算机集成制造系统（Computer Integrated Manufacturing System，CIMS）等更多先进的生产系统不断涌现。生产组织方式的历史变迁，如图 1-5 所示。

工匠单件生产	大规模批量生产	同步化批量生产	精益生产	敏捷生产
低产量高技术工人	大批量同品种刚性设备生产按照工艺集中分类	生产按照产品集中分类，质量稳定，生产效率高，注重员工技能	建立在同步化批量生产基础上	整个价值链和供应链反应协调，精益概念在非生产领域及整个供应链中普及

图 1-5　生产组织方式的历史变迁

（三）两种控制原理的区别

推进控制原理：集中控制，每阶段物流活动服从集中控制的指令，不能使各阶段的库存保持期望水平。

拉引控制原理：分散控制，每一分散控制的目标是满足局部需求，系统中总的库存水平一般高于基准的库存水平。

二、物料需求计划

20 世纪 70 年代产生，采用推进式生产物流控制原理。物料需求计划（Material Requirement Planning，MRP）是在订货点法（order point system）计划基础上发展形成的一种新的库存计划与控制方法，是建立在计算机基础上的生产计划与库存控制系统。

MRP 是以计算机为基础的编制生产与实行控制的系统，它不仅是一种新的计划管理方法，而且也是一种新的组织生产方式。MRP 的出现和发展，引起了生产管理理论和实践的变革。MRP 是根据总生产进度计划中规定的最终产品的交货日期，规定必须完成各项作业的时间，编制所有较低层次零部件的生产进度计划，对外计划各种零部件的采购时间与数量，对内确定生产部门应进行加工生产的时间和数量。一旦作业不能按计划完成时，MRP 系统可以对采购和生产进度的时间和数量加以调整，使各项作业的优先顺序符合实际情况。

其主要内容包括客户需求管理、产品生产计划、原材料计划以及库存记录。其中客户需求管理包括客户订单管理及销售预测，将实际的客户订单数与科学的客户需求预测相结合即能得出客户需要什么以及需求多少。应注意的是，客户需求预测应是科学的预测，而不是主观的猜测或只是一个主观的愿望。产品生产计划指的是最终将生产的产品的时间和数量，这将成为决定需要多少劳动力和设备，以及需要多少原材料和资金的依据。产品生产计划应是客户需求与现有库存量比较的结果。产品生产计划要求非常精确，因为不准确的产品生产计划有可能导致资源浪费或是不能满足客户的需求。原材料计划是在产品生产计划的基础上制订的原材料需求计划，表示要生产所需要的产品而需要准备的原材料的具体情况。而在确定购买原材料之前，需要检查现有库存记录，并通过比较得出实际的购买量，因此，保证库存数据的准确性尤为重要。

三、准时制生产

准时制(Just In Time，JIT)生产方法又称及时生产，是 20 世纪 80 年代日本丰田汽车公司创立的，是继泰勒的科学管理和福特的大规模装配线生产系统之后的又一革命性的企业管理模式。丰田公司的 JIT 生产方式从本质上讲是一种生产管理技术。但就 JIT 生产方式的基本理念来说，"准时化"不仅仅限于生产过程的管理。确切地讲，"准时化"是一种现代经营观念和先进的生产组织原则，它所追求的是生产经营全过程的彻底合理化。JIT 生产方法顺应时代的发展和市场的变化，经历了 20 多年的探索和完善，逐渐形成和发展成为今天这样的，包括经营理念、生产组织、物流控制、质量管理、成本控制、库存管理、现场管理和现场改善等在内的较为完整的生产管理技术与方法体系。

与 MRP 的"推"式生产管理模式相对照，JIT 是一种"拉"式生产管理模式。JIT 管理模式的最终目标是彻底降低成本，获取企业的最大利润。JIT 是一种提高整个生产管理水平和消除浪费的严谨方法。其宗旨是使用最少量的设备、装置、物料和人力资源，在规定的时间、地点，提供必要数量的零部件，达到以最低成本、最高效益、最好质量，零库存进行生产和完成交货的目的。它既在宏观上强调专业化分工以适应技术飞速发展的环境，又注意在一定技术范围内培养多面手以提高应变能力。日本工厂中的"零件生产厂就是我厂这种零件的仓库"的说法与思想，就是这种概念的体现。JIT 要求有责任感、技术全面和有全局观念的高素质的人员及良好的供应线。JIT 的目的不仅是为了减少库存，乃至消除库存，它的价值还在于发现瓶颈，及时消除瓶颈，提高企业的应变能力。有人将企业运转比喻为船舶在江河中前行，库存犹如水位，瓶颈犹如暗礁，降低库存犹如降低水位，可以尽早发现，及时解决企业中生产与管理方面的问题与薄弱环节，提高企业在突发事件出现时的应变能力。

JIT 的本质就在于创造出能够灵活地适应市场变化的生产系统，这种生产系统能够从经济性和适应性两个方面来保证公司整体利润的不断提高。此外，这种生产系统具有一种内在的动态自我完善机制，即在 JIT 的激发下，通过不断地缩小加工批量和减少在制品储备，使生产系统中的问题不断地暴露出来，使生产系统本身得到不断地完善，从而保证准时制生产的顺利进行。

任务四   生产物流实训

一、设备介绍

生产物流实训流程图，如图 1-6 所示。

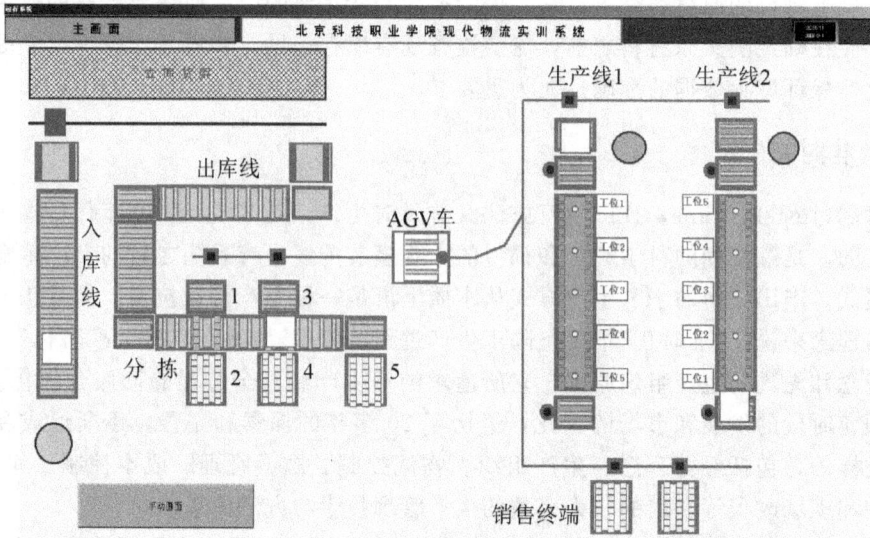

图 1-6   生产物流实训流程图

二、生产系统使用

(一)站点资料

站点资料指总共有多少条生产线，每条生产线的名称、代号等，在实训平台里就只有一条生产线。如图 1-7 所示。

图 1-7   生产站点信息

(二)制造工序

制造工序指在相应的生产线里，总共有多少工序，每道工序的具体功能。在实训平台
有四道工序。如图1-8所示。

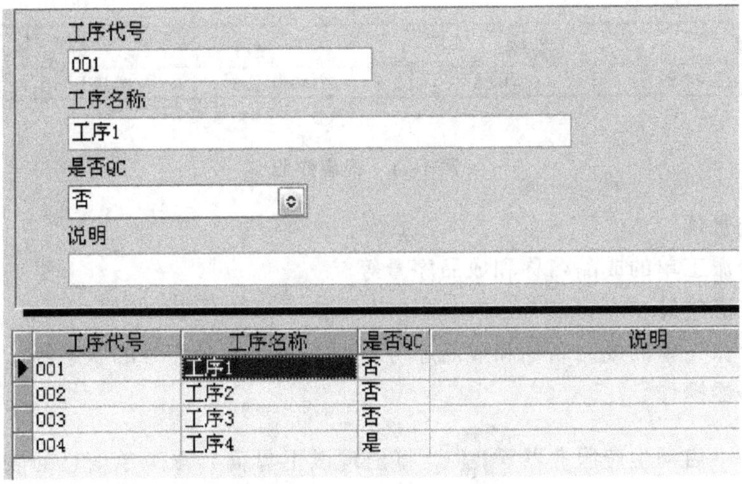

图 1-8　制造工序

(三)生产出库管理和生产入库管理

生产出库管理和生产入库管理是指生产领用原材料出库和生产完后成品入库。

(四)派工管理

派工管理是指每次生产产品的名称、排产数量、工单批号等，定义好后就可以在生产
系统里生产相应的产品了。如图1-9所示。

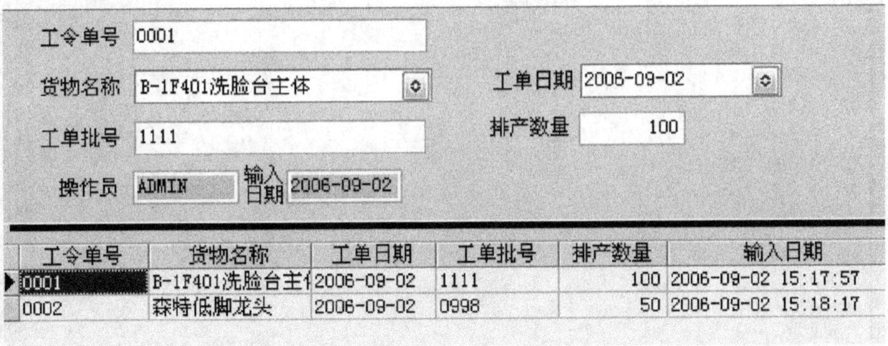

图 1-9　派工管理

(五)维修作业

输入相应的工令单号和成品序号，按"刷新"后，在表格里将显示相应的产品，维修
后，点击"维修"后完成操作。如图1-10所示。

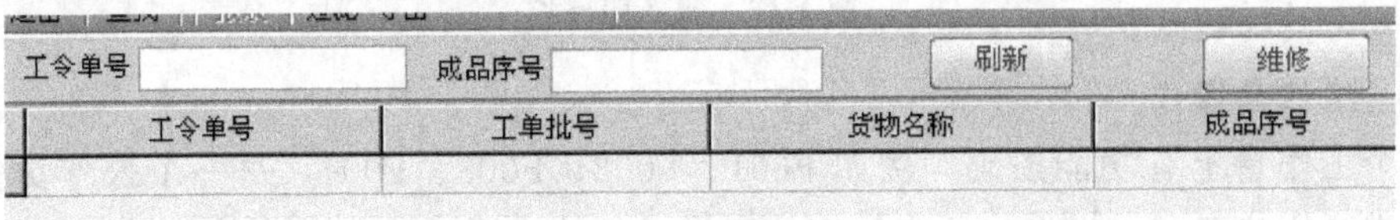

图 1-10　维修作业

(六)报废作业

输入相应的工令单号和成品序号，按"刷新"后，在表格里将显示相应的产品，在检查产品确认的确只能报废后，点击"报废"后完成操作。如图 1-11 所示。

工令单号		成品序号		刷新		报废
工令单号	工单批号		货物名称		成品序号	状态

图 1-11　报废作业

(七)批次管理

统计每个派工单的成品名称和成品序号等。

(八)不良品统计

统计每个派工单的成品名称和成品序号，以及每个成品序号的状态等。

(九)服务器操作

在服务器中启动生产服务器 　，将出现以下界面，派工单信息的表格里显示所有的派工单，点中相应的派工单，然后点击"激活派工单"，相应的派工单将变红色，点击"连接端口"后就可以在相应的工作台上进行操作，在产品明细一栏里显示每个产品序号的具体状态。如图 1-12 所示。

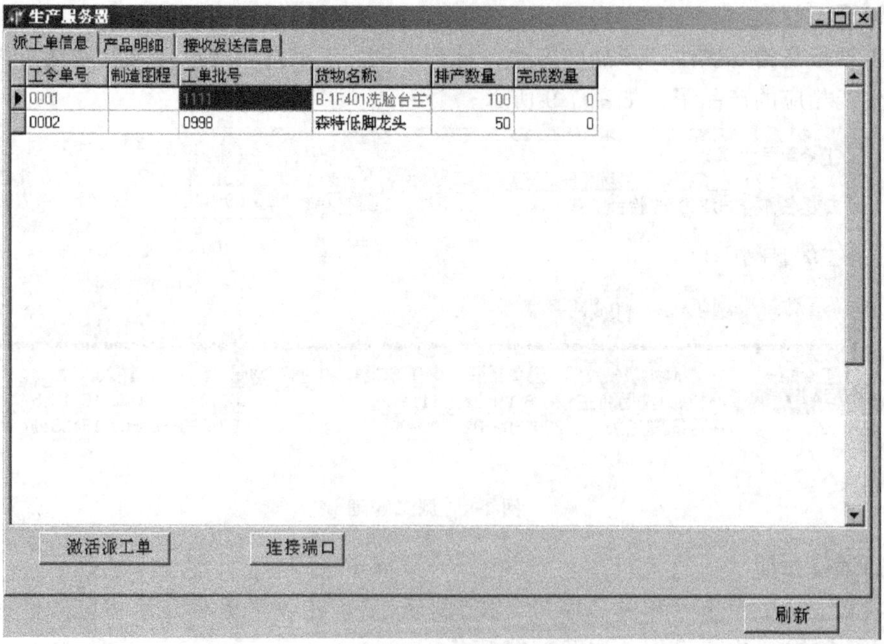

生产服务器

派工单信息　产品明细　接收发送信息

工令单号	制造图程	工单批号	货物名称	排产数量	完成数量
0001		1111	B-1F401洗脸台主f	100	0
0002		0998	森特低脚龙头	50	0

激活派工单　　连接端口

刷新

图 1-12　服务器操作

(十)工作台操作

每个工作台上有功能条码，例如 F001、F002、F003、F004，每一个操作员操作时，首先要进行用户名登录操作，所有的产品序号必须依次通过工序，不能跳过。

(十一)客户端使用

客户端使用时，每个站点第一步要员工登录，扫描 F001 条码，屏幕会提示请输入员工编号，此时可以扫描，例如 USER003，然后就可以开始工作了。

如果产品合格，就扫描 F002，然后再扫描相应的商品条码(GOODS0005)；

如果产品维修，就扫描 F003，然后再扫描相应的商品条码(GOODS0005)；

如果产品报废，就扫描 F004，然后再扫描相应的商品条码(GOODS0005)，并且商品离开整个生产线了。

三、评价体系

本次实训的评分标准，如表 1-2 所示。

表 1-2　生产物流实训评分标准

项　目	分　值
正确启动生产线设备	20 分
正确下达生产任务	20 分
生产工正确登录系统	20 分
生产工生产操作规范	30 分
生产任务正确完成	10 分
合　计	100 分

●●●●● 课后实训

项目名称：生产物流实训

实训目的：掌握现代物流企业的生产加工。

实训器材：差速链输送带、生产加工管理系统。

实训步骤：

1. 分配角色(生产员、管理员)

2. 拆装管理

(1)拆装出库

对拆装出库的货物进行拆装处理。首先要在出库管理中对需要拆装的货物进行拆装出库。需要拆装出库的货物，如表 1-3 所示。

表 1-3　出库货物信息

货物代码	货物名称	单　位	数　量	库　位
005	南方黑芝麻糊(精装)480 克(40 克＊12)1＊20	箱	1	D326Bc1
拆装数量			20	
006	南方黑芝麻糊(AD 钙)480 克(40 克＊12)1＊20	箱	1	D326Bc2
拆装数量			20	

货物代码	货物名称	单 位	数 量	库 位
007	南方黑芝麻糊(低糖)600 克(40 克＊15)1＊15	箱	1	D326Bc3
拆装数量			15	
018	南方黑芝麻糊(无糖)600 克(40 克＊15)1＊15	箱	1	D326Bf2
拆装数量			15	
008	南方黑芝麻糊 320 克(40 克＊8)1＊25	箱	1	D326Bc4
拆装数量			25	
009	南方黑芝麻糊(精装)240 克(40 克＊6)1＊36	箱	1	D326Bd1
拆装数量			36	
010	早餐黑芝麻糊 480 克(40 克＊12)1＊20	箱	1	D326Bd2
拆装数量			20	

(2)拆装管理

拆装管理的企业和产品信息，如图 1-13、图 1-14 所示。

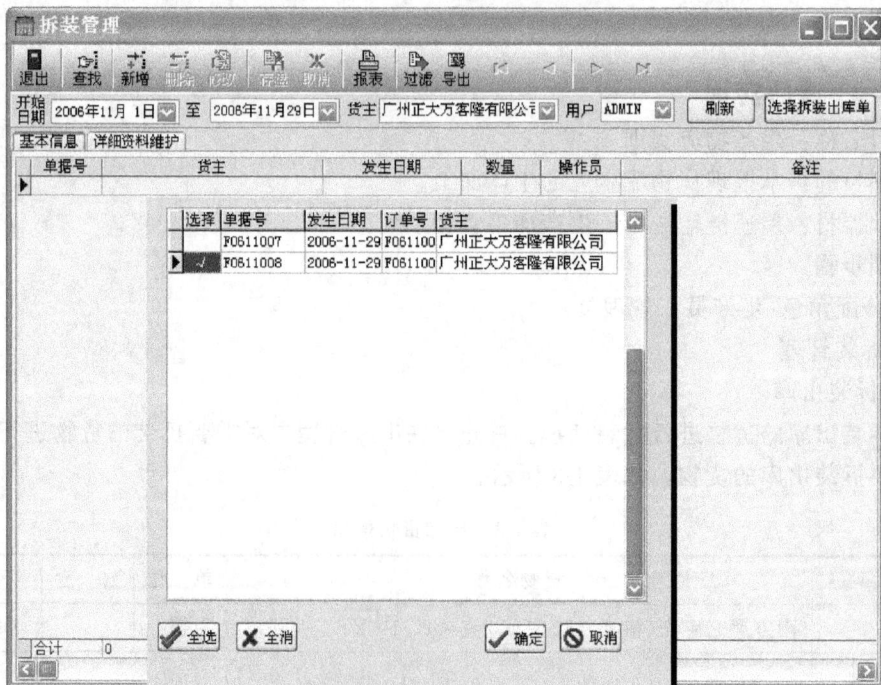

图 1-13　拆装管理企业信息

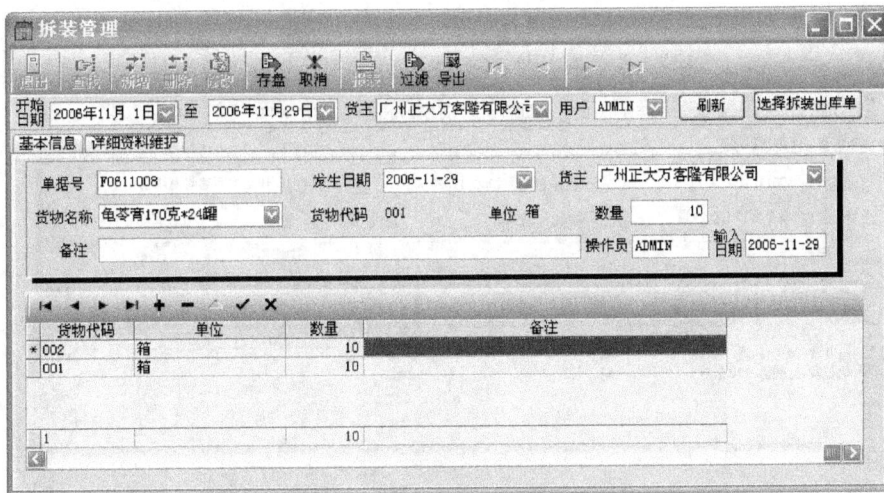

图 1-14 拆装管理产品信息

3. 组装管理

(1)组装出库

对组装出库的货物进行组装处理。首先要在出库管理中对需要组装的货物进行组装出库。需要组装出库的货物，如表 1-4 所示。

表 1-4 出库产品信息

货物代码	货物名称	单 位	可发数量	库 位
005	南方黑芝麻糊(精装)480 克(40 克 * 12)1 * 20	箱	200	D326Bc1
组装数量			1	
006	南方黑芝麻糊(AD 钙)480 克(40 克 * 12)1 * 20	箱	50	D326Bc2
组装数量			1	
007	南方黑芝麻糊(低糖)600 克(40 克 * 15)1 * 15	箱	25	D326Bc3
组装数量			1	
018	南方黑芝麻糊(无糖)600 克(40 克 * 15)1 * 15	箱	50	D326Bf2
组装数量			1	
008	南方黑芝麻糊 320 克(40 克 * 8)1 * 25	箱	17	D326Bc4
组装数量			1	
009	南方黑芝麻糊(精装)240 克(40 克 * 6)1 * 36	箱	150	D326Bd1
组装数量			1	
010	早餐黑芝麻糊 480 克(40 克 * 12)1 * 20	箱	80	D326Bd2
组装数量			1	

(2)组装管理

在组装管理中，首先选择组装出库单，对需要组装出库的货物进行组装处理。如图 1-15 所示。

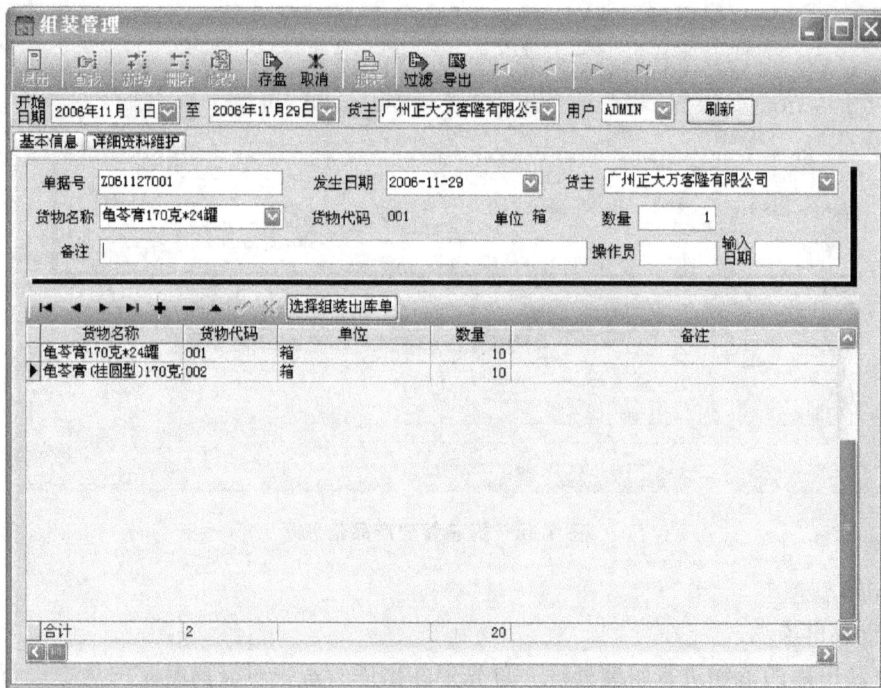

图 1-15 组装管理

● ● ● ● 课后练习题

1. 什么是企业生产物流？
2. 简述生产物流的特点。
3. 按企业业务性质可将企业物流分为哪几种？各有何特点？
4. 生产企业现代物流解决方案有哪些？
5. 企业物流管理有哪些内容？
6. 准时采购与传统采购模式有何不同？
7. 简述生产物流的主要实训流程。
8. 快速反应的有效运行需要哪些条件？

【能力考核表】

考核表 1-1 专业能力实训成绩考核表

专业能力	评估标准	分项成绩
1. 启动生产物流设备	(1)能够正确打开生产物流系统	10
	(2)能够正确启动生产线	10
2. 下达生产任务	(1)在派工管理中正确下达派工单	10
	(2)在生产服务器中激活派工单	10

续表

专 业 能 力	评 估 标 准	分 项 成 绩
3. 生产工登录系统	(1)生产工能够正确找到工作台 (2)能够正确登录系统	10 10
4. 生产工生产作业	(1)按生产流程正确作业 (2)根据自己负责的工作台任务完成生产	15 15
5. 按派工单完成生产任务	(1)核对派工单生产任务 (2)看产品生产情况	5 5
总成绩∑100		
教师评语		签名: 年　　月　　日
学生意见		签名: 年　　月　　日

考核表 1-2 职业核心能力成绩考核表

实训名称:

评 估 指 标		评 估 标 准	得 分
职业核心能力100	自我学习∑	1. 能进行时间管理;能选择适合自己的学习和工作方式;能随时修订计划并进行意外处理 2. 能通过相关人员的支持,检查学习进度,以及将已经学到的东西用于新的工作任务	
	信息处理∑	1. 能通过阅读、观察、寻访、网络搜索等方式,根据工作任务的不同需要去搜寻、获取并选择信息,同时确保安全操作和保护环境 2. 能筛选信息,并进行信息分类,建立目录、索引、文摘、简介类信息 3. 能使用合适的多媒体音像、幻灯和白板等手段来展示信息;并遵守版权和保密规定	

续表

评 估 指 标		评 估 标 准	得 分
职业核心能力100	数字应用∑	1. 能从不同信息源获取相关信息；能读懂并编制坐标图、表格、直方图及示意图等图表，并作出准确观测和统计 2. 能依据所给的数据信息，作简单计算 3. 能用适当方法展示数据信息和计算结果，并判断计算结果是否与工作任务要求相一致	
	与人交流∑	1. 能把握交流的主题、时机和方式，理解对方谈话的内容，推动讨论的进行，准确表达自己的观点 2. 能找到需要阅读的资料，看懂资料所表述的观点，获取自己需要的信息，并根据工作需要，整理汇总出自己的资料	
	与人合作∑	1. 能确定自身优势，挖掘合作资源，明确自己在合作中能够起到的作用；了解合作的基本规则并在出现异常时能采取应急措施 2. 能同合作者进行有效沟通；能理解个性差异及文化差异；能取得上级的信任和同事的信赖	
	解决问题∑	1. 能说明何时出现问题并指出其主要特征；能采取不同方法形成两个以上解决问题的思路并加以比较 2. 能作出解决问题的计划并组织实施计划，完成计划列出的各项任务，并按照可靠的办法检查问题是否得到解决，并对解决问题的方法适时作出总结和修改	
	革新创新∑	1. 能发现事物的不足并提出新的需要；能创新性地提出改进事物的意见和具体方法 2. 能从多种方案中选择最佳方案，并从外界获取所需的信息和资源，在现有条件下实施	
教师评语			签字： 年　月　日

考核表 1-3　课程成绩考核总表

种 类	理论考核	实训考核				总成绩
比例	50％	50％				100％
第1单元 ∑100		组内成员互相评估 (20％)	自我评估 (20％)	教师评估活动过程 (30％)	专业能力 (30％)	

项目二
仓储保管实训

● ● ● ● ● **学习目标**

☆知识目标
● 了解仓储设备的分类
● 掌握仓储技术的概念
● 理解各种仓储设备的特征
● 掌握仓储保管作业的工作流程
● 了解仓储保管人员的工作要求

☆能力目标
● 能够进行仓储设备分类
● 能够应用各种仓储作业设备
● 能够对仓库进行规划，如仓储区、理货区、入库区、出库区、分拣作业区等
● 能够完成仓储保管各作业环节的相关工作
● 能够进行基本仓储方案的制订

●●●● **本项目的知识体系**

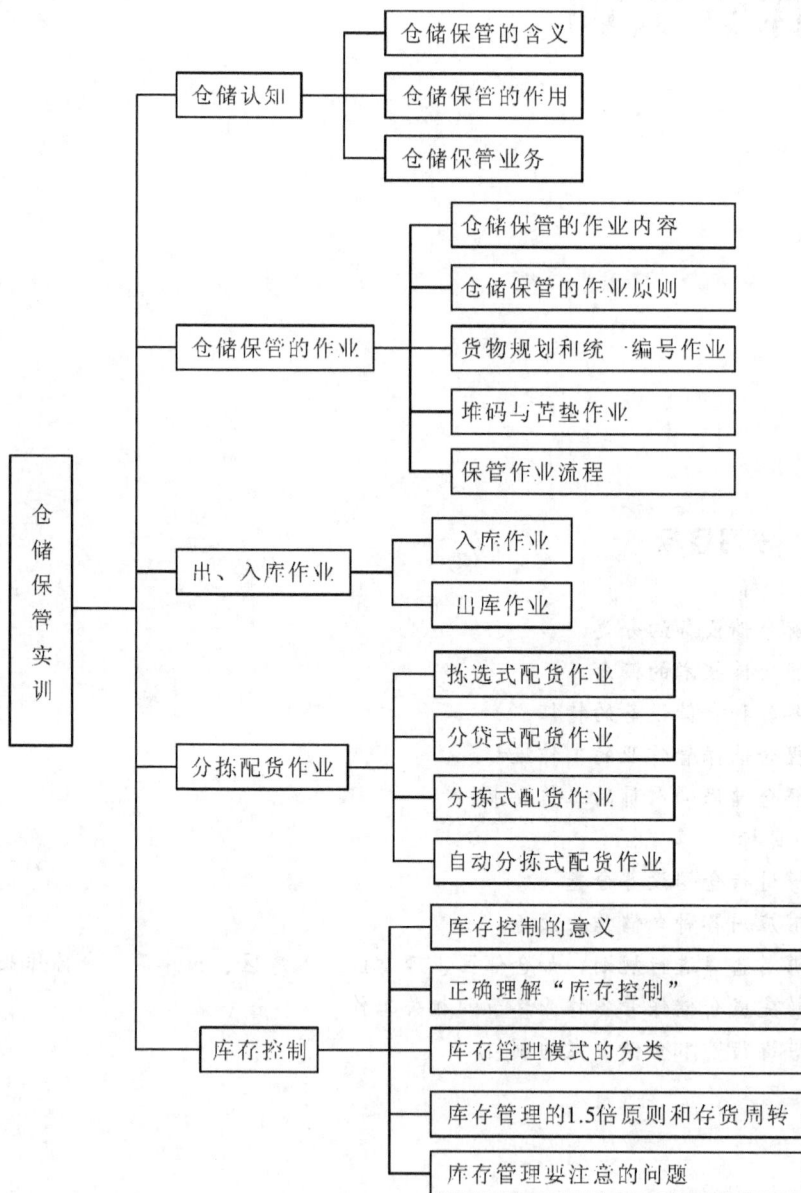

```
                                    ┌─────────────────┐
                            ┌───────│ 仓储保管的含义  │
                  ┌──────┐  │       ├─────────────────┤
                  │仓储认知│──┼───────│ 仓储保管的作用  │
                  └──────┘  │       ├─────────────────┤
                            └───────│ 仓储保管业务    │
                                    └─────────────────┘

                                    ┌─────────────────────┐
                            ┌───────│ 仓储保管的作业内容   │
                            │       ├─────────────────────┤
                            ├───────│ 仓储保管的作业原则   │
                  ┌────────┐│       ├─────────────────────┤
                  │仓储保管 ││───────│ 货物规划和统一编号作业│
                  │的作业   │├───────├─────────────────────┤
                  └────────┘│       │ 堆码与苫垫作业       │
                            │       ├─────────────────────┤
                            └───────│ 保管作业流程         │
                                    └─────────────────────┘

      ┌────┐                        ┌─────────────┐
      │仓  │               ┌────────│ 入库作业    │
      │储  │     ┌────────┐│        ├─────────────┤
      │保  │─────│出、入库作业│───────│ 出库作业    │
      │管  │     └────────┘         └─────────────┘
      │实  │
      │训  │                        ┌─────────────────┐
      └────┘              ┌─────────│ 拣选式配货作业  │
                          │         ├─────────────────┤
                ┌────────┐│         │ 分贷式配货作业  │
                │分拣配货作业│────────├─────────────────┤
                └────────┘│         │ 分拣式配货作业  │
                          │         ├─────────────────┤
                          └─────────│ 自动分拣式配货作业│
                                    └─────────────────┘

                                    ┌──────────────────────────┐
                          ┌─────────│ 库存控制的意义           │
                          │         ├──────────────────────────┤
                          ├─────────│ 正确理解"库存控制"       │
                ┌──────┐  │         ├──────────────────────────┤
                │库存控制│──┼─────────│ 库存管理模式的分类       │
                └──────┘  │         ├──────────────────────────┤
                          ├─────────│ 库存管理的1.5倍原则和存货周转│
                          │         ├──────────────────────────┤
                          └─────────│ 库存管理要注意的问题     │
                                    └──────────────────────────┘
```

任务一 仓储认知

一、仓储保管的含义

仓储保管是指通过仓库对商品进行储存和保管。"仓"也称为仓库，为存放物品的建筑物和场地，可以为房屋建筑、大型容器、洞穴或者特定的场地等，具有存放和保护物品的功能；"储"表示收存以备使用，具有收存、保管、交付使用的意思，当适用有形物品时也称为储存。"仓储"则为利用仓库存放、储存未即时使用的物品的行为。简言之，仓储就是在特定的场所储存物品的行为。

图 2-1 仓库

$$
仓库类别
\begin{cases}
按用途
\begin{cases}
营业仓库 \\
公共仓库 \\
保税仓库 \\
平房仓库
\end{cases} \\[2ex]
按结构
\begin{cases}
多层仓库 \\
高层货架仓库 \\
散装仓库 \\
罐式仓库 \\
生产仓库
\end{cases} \\[2ex]
按功能
\begin{cases}
储备仓库 \\
集配型仓库 \\
中转分货型仓库 \\
加工型仓库
\end{cases}
\end{cases}
$$

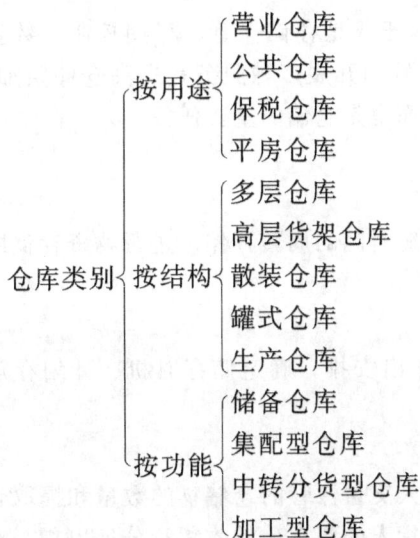

仓储管理不论是在流通领域，还是在企业运营管理及经济建设中都起着举足轻重的作用，因此学习仓储管理有助于对物流整体流程的把握。掌握仓储保管的一些基本概念，仓储保管的作业方法，出入库基本流程，学会库存控制的一些定量订货、定期订货和模拟库存算法，了解现代自动化立体仓库的一些基本知识。

二、仓储保管的作用

(一)现代仓储保管在经济建设中的作用

(1)现代仓储是保证社会再生产顺利进行的必要条件。

(2)现代仓储是国家满足急需特需的保障。

国家储备是一种有目的的社会储存，主要用于应付自然灾害、战争等人力不可抗拒的突发事件对物资的急需特需，否则就难以保证国家的安全和社会的稳定。

(二)现代仓储管理在流通领域中的作用

1. 储存是平衡市场供求关系、稳定物价的重要条件

流通储存可在供过于求时吸纳商品，增加储存，供不应求时吐放商品，以有效地调节供求关系，缓解矛盾。这样既可保证生产的稳定性，又可防止物价的大起大落，避免生产供应的恶性循环。

2. 仓储是物资供销管理工作的重要组成部分

仓储活动直接影响到物资管理工作的质量，也直接关系到物资从实物形态上一直到确定分配供销的经济关系的实现。

3. 现代仓储是保持物资原有使用价值的重要手段

(三)现代仓储管理在企业经营中的作用

在采购、生产、销售的不断循环过程中，库存使各个环节相对独立的经济活动成为可能。同时仓储可以调节各个环节之间由于供求品种及数量的不一致而发生的变化，使采购、生产和销售等企业经营的各个环节连接起来，起到润滑剂的作用。

三、仓储保管业务

仓储的物资储藏的基本功能决定了仓储的基本任务是存储保管、存期控制、数量管理、质量维护；同时，利用物资在仓储的存放，开发和开展多种服务是提高仓储附加值、促进物资流通、提高社会资源效益的有效手段，因而也是仓储的重要任务。

(一)仓储保管的基本业务

1. 物资存储

物资的存储有可能是长期的存储，也可能只是短时间的周转存储。进行物资存储既是仓储活动的表征，也是仓储的最基本的任务。

2. 流通调控

流通控制的任务就是对物资是仓储还是流通作出安排，确定储存时机、计划存放时间，当然还包括储存地点的选择。

3. 数量管理

仓储的数量管理包括两个方面：一方面为存货人交付保管的仓储物的数量和提取仓储物的数量必须一致；另一方面为保管人可以按照存货人的要求分批收货和分批出货，对储存的货物进行数量控制，配合物流管理的有效实施，同时向存货人提供存货数量的信息服务，以便客户控制存货。

4. 质量管理

为了保证仓储物的质量不发生变化，保管人需要采取先进的技术、合理的保管措施，妥善和勤勉地保管仓储物。

(二)仓储保管新业务

1. 交易中介

仓储经营人利用大量存放在仓库的有形资产，利用与物资使用部门广泛的业务联系，开展现货交易中介，具有较为便利的条件，同时也有利于加速仓储物的周转和吸引仓储。

2. 流通加工

加工本是生产的环节，但是随着满足消费多样化、个性化，变化快的产品生产的发展，又为了严格控制物流成本的需要，生产企业将产品的定型、分装、组装、装潢等工序留到最接近销售的仓储环节进行，使得仓储成为流通加工的重要环节。

3. 配送

仓储配送业务的发展，有利于生产企业降低存货，减少固定资金投入，实现准时制生产；商店减少存货，降低流动资金的使用量，且能保证销售。

4. 配载

货物在仓库集中集货，按照运输的方向进行分类仓储，当运输工具到达时出库装运。而在配送中心就是在不断地对运输车辆进行配载，确保配送的及时进行和运输工具的充分利用。

任务二　仓储保管的作业

一、现代仓储保管作业内容

(一)订单处理作业

物流中心的交易起始于客户的咨询、业务部门的报表，而后由订单的接收，业务部门查询出货日的存货状况、装卸货能力、流通加工负荷、包装能力、配送负荷等来答复客户，而当订单无法依客户之要求交货时，业务部加以协调。由于物流中心一般均非随货收取货款，而是于一段时间后，予以结账，因此在订单资料处理的同时，业务人员尚依据公司对该客户的授信状况查核是否已超出其授信额度。此外在特定时段，业务人员尚统计该时段的订货数量，并予以调货、分配出货程序及数量。退货资料的处理亦该在此阶段予以处理。另外，业务部门尚制定报表计算方式，做报表历史资料管理，订定客户订购最小批量、订货方式或订购结账截止日。

(二)采购作业

自交易订单接收之后由于供应货品的要求，物流中心要由供货厂商或制造厂商订购商品，采购作业的内容包含由商品数量求统计、对供货厂商查询交易条件，而后依据我们所制订的数量及供货厂商所提供较经济的订购批量，提出采购单。而于采购单发出之后则进行入库进货的跟踪运作。

(三)进货入库作业

当采购单开出之后，于采购人员进货入库跟踪催促的同时，入库进货管理员即可依据采购单上的预定入库日期，做入库作业排程、入库站台排程，而后于商品入库当日，当货品进入时做入库资料查核、入库品检，查核入库货品是否与采购单的内容一致，当品项或数量不符时即做适当的修正或处理，并将入库资料登录建档。入库管理员可依一定方式指定卸货及栈板堆叠。对于由客户处退回的商品，退货品的入库亦经过退货品检、分类处理而后登录入库。

一般商品入库堆叠于栈板之后有两种作业方式，一为商品入库上架，储放于储架上，等候出库，需求时再予出货。商品入库上架由电脑或管理人员依照仓库区域规划管理原则或商品生命周期等因素来指定储放位置，或于商品入库之后登录其储放位置，以便于日后的存货管理或出货查询。另一种方式即为直接出库，此时管理人员依照出货要求，将货品送往指定的出货码头或暂时存放地点。在入库搬运的过程中，由管理人员选用搬运工具、调派工作人员，并做工具、人员的工作时程安排。

(四)库存管理作业

库存管理作业包含仓库区的管理及库存数控制。仓库区的管理包括货品于仓库区域内摆放方式、区域大小、区域的分布等规划；货品进出仓库的控制遵循：先进先出或后进先出；进出货方式的制定包括：货品所用的搬运工具、搬运方式；仓储区储位的调整及变动。库存数量的控制则依照一般货品的出库数量、入库时间等来制定采购数量及采购时点，并做采购时点预警系统。订定库存盘点方法，于一定期间印制盘点清册，依据盘点清册内容清查库存数、修正库存账册并制作盘亏报表。仓库区的管理更包含容器的使用与容器的保管维修。

(五)补货及拣货作业

由客户订单资料的统计，我们即可知道货品真正的需求量，而于出库日，当库存数足以供应出货需求量时，我们即可依据需求数印制出库拣货单及各项拣货指示，做拣货区域的规划布置、工具的选用及人员调派。出货拣取不只包含拣取作业，更应注意拣货架上商品的补充，使拣货作业得以流畅而不至于缺货，这中间包含了补货水准及补货时点的订定、补货作业排程、补货作业人员调派。

(六)流通加工作业

商品由物流中心送出之前可于物流中心做流通加工处理，在物流中心的各项作业中以流通加工最易提高货品的附加值，其中流通加工作业包含商品的分类、过磅、拆箱重包装、贴标签及商品的组合包装。而欲达成完善的流通加工，必执行包装材料及容器的管理、组合包装规则的订定、流通加工包装工具的选用、流通加工作业的排程、作业人员的调派。

(七)出货作业处理

完成货品的拣取及流通加工作业之后，即可执行商品的出货作业，出货作业主要内容包含依据客户订单资料印制出货单据，订定出货排程，印制出货批次报表、出货商品上所要的地址标签以及出货检核表。由排程人员决定出货方式、选用集货工具、调派集货作业人员，并决定所运送车辆的大小与数量。由仓库管理人员或出货管理人员决定出货区域的规划布置及出货商品的摆放方式。

(八)配送作业

配送商品的实体作业包含将货品装车并实时配送，而达成这些作业则须事先规划配送区域的划分或配送路线的安排，由配送路径选用的先后次序来决定商品装车的顺序，并于商品的配送途中做商品的追踪及控制、配送途中意外状况的处理。

(九)会计作业

商品出库后销售部门可依据出货资料制作应收账单，并将账单转入会计部门作为收款凭据。而于商品购入入库后，则由收货部门制作入库商品统计表以作为供货厂商请款稽核之用。并由会计部门制作各项财务报表以供营运政策制定及营运管理之参考。

(十)营运管理及绩效管理作业

除了上述物流中心的实体作业之外,良好的物流中心运作更要基于较上阶层的管理者透过各种考核评估来达成物流中心的效率管理,并制定良好的营运决策及方针。而营运管理和绩效管理可以由各个工作人员或中级管理阶层提供各种资讯与报表,包含出货销售的统计资料、客户对配送服务的反映报告、配送商品次数及所用时间的报告、配送商品的失误率、仓库缺货率分析、库存损失率报告、机具设备损坏及维修报告、燃料耗材等使用量分析、外雇人员、机具和设备成本分析、退货商品统计报表、作业人力的使用率分析等。

二、仓储保管的作业原则

(一)仓储保管的一般性方法

1. 仓储业的保管原则

在谈论保管作业之前首先应明确保管原则,仓库业的保管原则是:

(1)面向通道进行保管。为使物品出入库方便,容易在仓库内移动,基本条件是将物品面向通道保管。

(2)尽可能地向高处码放,提高保管效率。有效利用库内容积,应尽量向高处码放,为防止破损,保证安全,应当尽可能使用棚架等保管设备。

有问题的码垛方式:
堆码超高,容易导致托盘货品重心过高,在搬运过程中易发生倒塌事件。建议供应商使用胶带进行加固。

图 2-2　错误码垛

(3)根据出库频率选定位置。出货和进货频率高的物品应放在靠近出入口,易于作业的地方;流动性差的物品放在距离出入口稍远的地方;季节性物品则依其季节特性来选定放置的场所。

理想的码垛方式:
旋转堆码方式,可以尽量保持货品重心的平衡,防止倒塌,是普通货品常用的堆码方式;其他方式,如正反堆码方式、压缝堆码方式、使用收缩膜进行包装等也可以起到加固的作用。

图 2-3　合理码垛

（4）同一品种在同一地方保管。为提高作业效率和保管效率，同一物品或类似物品应放在同一地方保管，员工对库内物品放置位置的熟悉程度直接影响着物品出入库的时间，将类似的物品放在邻近的地方也是提高效率的重要方法。

（5）根据物品重量安排保管的位置。安排放置场所时，当然要把重的东西放在下边，把轻的东西放在货架的上边。需要人工搬运的大型物品则以腰部的高度为基准。这对于提高效率、保证安全是一项重要的原则。

（6）依据形状安排保管方法。依据物品形状来保管也是很重要的，如标准统一的商品应放在托盘或货架上来保管。

（7）依据先进先出的原则。保管的一条重要原则是对于易变质、易破损、易腐败的物品；对于机能易退化、老化的物品，应尽可能按先进先出的原则，加快周转。由于商品的多样化、个性化、使用寿命普遍缩短，这一原则是十分重要的。

2. 仓库存储空间的利用

有如下三种情况：

（1）不固定放置系统——把商品放置在空闲的地方，并输入计算机，用计算机进行调度和寻找，以提高空间的利用率。

（2）固定放置系统——将商品放在固定地点。地点固定，便于拣选，提高效率。

（3）半固定放置系统——前两项的混合形式。库存中心多采用不固定放置方式、配送中心多采用固定放置方式。

3. 保管方式

有以下五种类型：

（1）地面平放式：将保管物品直接堆放在地面上。

（2）托盘平放式：将保管物品直接放在托盘上，再将托盘平放于地面。

（3）直接堆放式：将货物在地面上直接码放堆积。

（4）托盘堆码式：将货物直接堆码在托盘上，再将托盘放在地面上。

（5）货架存放式：将货物直接码放在货架上。

图 2-4　仓储保管方式

(二)作业原则

1. 效率的原则

仓储的生产管理的核心就是效率管理，实现以最少的劳动量的投入，获得最大的产品产出。

2. 经济效益的原则

实现利润最大化则需要做到经营收入最大化和经营成本最小化。

3. 服务的原则

仓储企业进行服务定位的策略：

(1)进入或者引起竞争时期：高服务、低价格，且不惜增加仓储成本。

(2)积极竞争时期：用较低的成本实现较高的仓储服务。

(3)稳定竞争时期：提高服务水平，维持成本不变。

(4)已占有足够的市场份额处于垄断竞争(寡头)：服务水平不变，尽力降低成本。

(5)退出阶段或完全垄断：大幅降低成本，但也降低服务水平。

(三)仓储管理人员的基本要求

(1)具有丰富的商品知识。

(2)掌握现代仓储管理的技术。

(3)熟悉仓储设备。

(4)办事能力强。

(5)具有一定的财务管理能力。

(6)具有一般的管理素质。

(四)商品分区分类储存

1. 商品分区分类储存的意义

仓库商品的分区分类储存是根据"四一致"的原则(性能一致、养护措施一致、作业手段一致、消防方法一致)，把仓库划分为若干保管区域；把储存商品划分为若干类别，以便统一规划储存和保管。

仓库商品的分区分类储存可缩短商品拣选及收、发作业的时间；能合理使用仓容，提高仓容利用率；有利于保管员熟悉商品的性能，提高保管养护的技术水平；可合理配制和使用机械设施，有效提高机械化、自动化操作程度；有利于仓储商品的安全，减少损耗。

2. 商品分区分类储存的原则

(1)商品的自然属性、性能应一致。

(2)商品的养护措施应一致。

(3)商品的作业手段应一致。

(4)商品的消防方法应一致。

3. 商品分区分类储存的方法

由于仓库的类型、规模、经营范围、用途各不相同，各种仓储商品的性质、养护方法也迥然不同，因而分区分类储存的方法也有多种，需统筹兼顾，科学规划。

(1)按商品的种类和性质分区分类储存。

(2)按商品的危险性质分区分类储存。

(3)按商品的发运地分区分类储存。

(4)按仓储作业的特点分区分类储存。

(5)按仓库的条件及商品的特性分区分类储存。

三、货物规划和统一编号作业

(一)货位编号的要求和方法

1. 货位编号的要求

(1)标志设置要适宜。

(2)标志制作要规范。

(3)编号顺序要一致。

(4)段位间隔要恰当。

2. 货位编号的方法

(1)仓库内储存场所的编号。

(2)库房编号。

(3)货位编号。

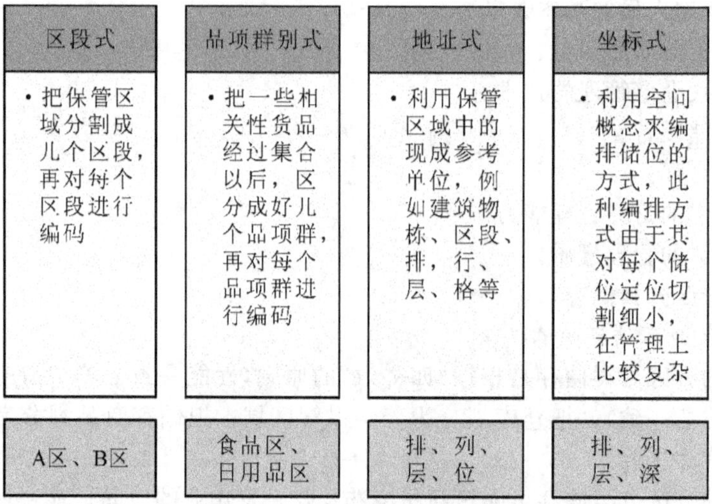

区段式	品项群别式	地址式	坐标式
·把保管区域分割成几个区段，再对每个区段进行编码	·把一些相关性货品经过集合以后，区分成好几个品项群，再对每个品项群进行编码	·利用保管区域中的现成参考单位，例如建筑物栋、区段、排、行、层、格等	·利用空间概念来编排储位的方式，此种编排方式由于其对每个储位定位切割细小，在管理上比较复杂
A区、B区	食品区、日用品区	排、列、层、位	排、列、层、深

图 2-5　储位编码方式

(二)商品分类及编码的原则、方法

1. 商品分类的原则、方法

商品的分类是指为满足某种目的和需要，根据商品的特征、特性，选择适当的分类标志，将商品划分为不同类别和组别的过程。

(1)商品分类的原则。

①科学性原则；

②系统性原则；

③实用性原则；

④可扩性原则；

⑤兼容性原则；

⑥唯一性原则。

(2)商品分类的方法。

①按商品的用途分类：可将全部商品分为生产资料和生活资料两大类；若将生活资料继续按用途分类，又可分为食品、医药用品、纺织品等。

②按商品的原材料分类：这种分类适用于原材料的种类和质量对商品的性能和品质影响较大，或起决定作用的情况。

③按商品的加工方法分类：若生产工艺不同，生产出的商品特性、品种也就不同的商品可使用这种分类方法。

④按商品的主要成分或特殊成分分类：有的商品其特性、质量、用途，往往是由其主

要成分或特殊成分所决定，则可采用该种分类方法。

⑤按其他特征分类：譬如按商品的形状、尺寸、颜色、重量、产地、产季等分类。

2. 商品编码的原则、方法

商品编码，又称商品货号或商品代码，它赋予商品以一定规律的代表性符号。符号可以由字母、数字或特殊标记等构成。商品编码以所用的符号类型分为：数字代码、字母代码、字母—数字代码、条码四种。其中，最常用的是数字代码和条码。商品编码要遵循唯一性原则、简明性原则、标准性原则、可扩性原则、稳定性原则等。

商品编码的方法常用的有三种：

①层次编码法：是按照商品类目在分类体系中的层次、顺序，依次进行编码，主要采用线分类体系。

②平行编码法：以商品分类面编码的一种方法，即每个分类面确定一定数量的码位，各代码之间是并列平行的关系。例如：服装的平行编码法。若是全毛淑女西装，其编号为（AH1）。编码时可全部用字母或全部用数字编码，也可同时用字母、数字进行编码。

例如：服装面料式样款式：

全毛（A）男士装（Ⅰ）西装（1）毛绦（C）童装（1Ⅱ）连衣裙（3）；

全棉（B）淑女装（H）大衣（2）丝麻（D）婴儿装（Ⅳ）衬衫（4）。

③混合编码法：是层次编码法与平行编码法的结合运用。

四、堆码与苫垫作业

(一)堆码作业技术

1. 堆码的要求

商品在正式堆码前，须达到以下要求：

(1)商品的名称、规格、数量、质量已全查清。

(2)商品已根据物流的需要进行编码。

(3)商品外包装完好、清洁、标志清楚。

(4)部分受潮、锈蚀以及发生质量变化的不合格商品，已加工恢复或已剔除。

(5)为便于机械化作业，准备堆码的商品已进行集装单元化。堆码操作要满足安全、合理、方便、整齐、节约等要求。

2. 货垛安排

(1)货垛"五距"的规范要求。货垛的"五距"指：垛距、墙距、柱距、顶距和灯距。

(2)货垛可堆层数、占地面积的确定。

(3)货垛底层排列。

(4)货垛的基本形式。为适应不同商品的性能、外形和保管要求，货垛的形式可以各异。箱形商品的堆垛通常有四种基本形式：重叠式、砖砌式、纵横交错式、中心留空通风式。

(二)苫垫作业技术

1. 苫盖技术

(1)苫盖目的。为了防止商品直接受到风吹、雨打、日晒、冰冻的侵蚀，存放在露天货场的商品一般都需苫盖。

(2)苫盖材料。通常使用的苫盖材料有塑料布、席子、油毡纸、铁皮、苫布等，也可以利用一些商品的旧包装材料改制成苫盖材料。

（3）苫盖方法。苫盖的方法主要有垛形苫盖法、鱼鳞苫盖法、隔离苫盖法、活动棚架苫盖法。

2. 垫垛技术

垫垛就是在商品堆垛前，根据货垛的形状、底面积大小、商品保管养护的需要、负载重量等要求，预先铺好垫垛物的作业。

五、保管作业流程

（一）仓储业务作业的概念

仓储业务作业是指从商品入库到商品发送的整个仓储作业全过程。主要包括入库流程、出库流程和库房管理等内容。

（二）仓储业务作业的全过程

仓储业务作业全过程所包含的内容：商品验收入库作业、商品保管作业、商品盘点作业、待废商品处理、退货处理、账务处理、安全维护、商品出库作业、资料保管等。

（三）仓储业务作业的要求

仓储业务作业是一项技术要求高，组织严密的工作，必须做到及时、准确、严格、经济。

任务三　出、入库作业

一、入库作业

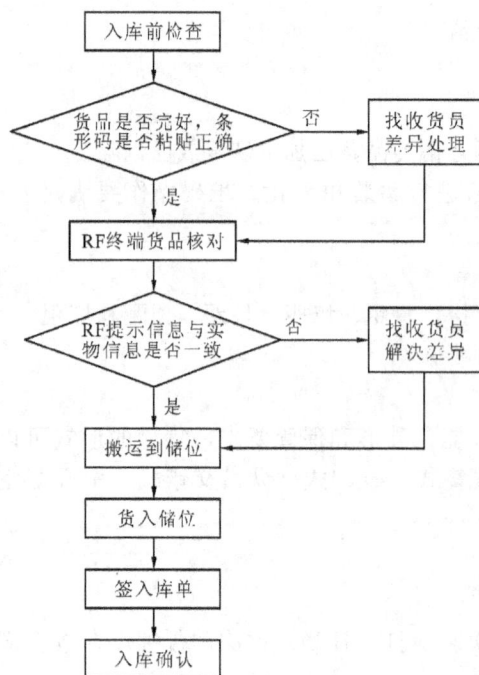

（1）入库前检查

√检查货品包装、条码和封条是否完好无损。

√检查托盘条码是否粘贴正确。

（2）RF 终端货品核对

√核对货品的品名、数量、规格、条码号等信息。

（3）搬运到储位

√运用搬运设备将货品搬运到指定地点。

（4）货入储位

√将货品放入指定存储货位，并用 RF 终端扫描货位条码。

（5）签入库单

√签入库单，交核算人员入库确认。

图 2-6　入库作业流程

(一)商品接收的依据

商品入库的依据是仓库同货主企业签订的仓储合同、仓库的上级管理部门下达的入库通知或物资入库计划。

(二)商品入库的方式

(1)提货人员对所提取的商品应了解其品名、型号、特性和一般保管知识、装卸搬运注意事项等。

(2)提货时应根据运单以及有关资料详细核对品名、规格、数量,并要注意商品外观,查看包装、封印是否完好,有无玷污、受潮、水渍、油渍等异状。

(3)在短途运输中,要做到不混不乱,避免碰坏损失。危险品应按照危险品搬运规定办理。

(4)商品到库后,提货员应与保管员密切配合,尽量做到提货、运输、验收、入库、堆码一条龙作业,从而缩短入库验收时间,并办理内部交接手续。

(三)商品入库交接的程序

入库流程:订购单—送货单—点收检查—办理入库手续—物品放置到指定位置—物品标识卡加以标识。

(四)商品入库的验收

商品验收是按照验收业务作业流程,核对凭证等规定的程序和手续,对入库商品进行数量和质量检验的经济技术活动的总称。

1. 商品验收的作用

(1)验收是做好商品保管保养的基础。

(2)验收记录是仓库提出退货、换货和索赔的依据。

(3)验收是避免商品积压,减少经济损失的重要手段。

(4)验收有利于维护货主的利益。

2. 验收作业流程及其内容

商品验收包括验收准备、核对证件和检验实物(包括数量检验和质量检验。质量检验包括外观检验、尺寸检验、机械物理性能检验和化学成分检验四种形式)三个作业环节。

(五)具体操作流程

以成品库的入库流程为例,外购的成品或自己企业生产的成品,首先由申请人填写入库申请单,入库申请单主要有以下几项:申请入库单位、入库时间、入库货位号、产品的品种、质量、数量(件数、重量)、金额、检验员签字、申请人鉴字、成品库库房主管签字等(如表 2-1 所示)。

表 2-1 入库申请单

入库申请单						
产品品种	货位号	件数	重量	金额	备注	检验员签字:
库房主管:		申请人鉴字:			申请日期:	

申请人持填写好的入库申请单，填写好由检验员检验后鉴字，并由库房人员核实入库数量登记，库房主管鉴字。入库申请单一式四份：第一联存根，第二联成品库留存，第三联财务核算，第四联申联人留存。入库时要严把质量关，做好各项记录，以备查用。

接收单位专职监卸人员，须会同车站工作人员详细做好卸车记录，卸车前，认真核对单、表、证、检查车体，发现问题与铁路部门交涉，做好记录。卸车时，检验人员按规定检验货物质量、作出质量检验通知单，检斤人员做好件数、重量记录，包括抽检和全检，并记录包装物破损情况，如有损坏物品挑出另存。保管人员首先做好入库准备。卸车时，监督工人作业质量以及货物分布情况，最后汇集卸车通知单、检验单、检斤表，填写货物登记表，包括货物名称、入库时间、货主名称、货位号、质量、重量、件数、卸车人员、备注等项，并由库房主管、货主签字，并把卸车通知单、检斤单、检验单贴在货物登记表后，一同作为货物记录凭证。

（六）入库中的问题处理

（1）商品验收中，可能会发现诸如证件不齐、数量短缺、质量不符合要求等问题，应区别不同情况，及时处理。

（2）在商品验收过程中，如果发现商品数量或质量的问题，应该严格按照有关制度进行处理。

二、出库作业

（一）商品出库的依据

商品出库必须依据货主开的"商品调拨通知单"，才能出库。

（二）商品出库的要求和基本方法

商品出库要求：做到"三不三核五检查"。

"三不"，即未接单据不登账，未经审单不备货，未经复核不出库；

"三核"，即在发货时，要核实凭证、核对账卡、核对实物；

"五检查"，即对单据和实物要进行品名检查、规格检查、包装检查、件数检查、重量检查。

（三）商品出库的程序

1. 出库流程

货物出库的方式主要有三种：客户自提、委托发货、公司送货。第一种，客户自提是客户自己派人或派车来公司的库房提货。第二种，委托发货，自己去提货有困难的客户而言，他们会委托公司去找第三方物流公司提供送货服务。第三种，公司送货是仓储企业派自己的货车，给客户送的一种出库方式。无论采用哪种出货的方式，都要填写出库单，出库单主要有以下项目：发货单位、发货时间、出库品种、出库数量、金额、出库方式选择、运算结算方式、提货人鉴字、成品库主管鉴字（如表2-2所示）。

表 2-2　出库单

发货单位：		出库日期：	
产品品种	产品数量	金额	备注
出库方式选择：	1. 客户自提　2. 委托发货　3. 公司送货		
运费结算方式：	1. 公司代垫支费　2. 货到付款		
	提货人鉴字：	成品库主管鉴字：	

出库单也是一式四份，第一联存根；第二联成品库留存；第三联财务核算；第四联提单提货人留存。提货的车到达仓库后，出示出库单据在库房人员协调下，按指定的货位、品种、数量搬运货物装到车上。保管人员做好出库质量管理，严防撒漏、破损，做好数量记录，检斤人员做好数量、重量记录，制作出库检斤表，由复核人员核实品种、数量和提单，制作出仓库出门条。出库时交出库门卫，核实后放行。

2. 退货手续

退货流程：商务填红字出库单—收银—装配—核对货单办理退库手续—货物归还原位。

(四)出库中的问题处理

商品出库过程中出现的问题总是多方面的，应分别对待处理。

(1)出库凭证(提货单)上的问题。

(2)货数与实存数不符。

(3)串发货和错发货。

(4)包装破漏。

(5)漏记和错记账。

任务四　分拣配货作业

一、拣选式配货作业

(一)拣选式配货作业

分拣作业过程包括四个环节：行走、拣取、搬运和分类，如图 2-7 所示。

从分拣作业的四个基本过程可以看出，分拣作业所消耗的时间主要包括以下四个方面：

(1)形成拣货指令的订单信息处理过程所需时间。

(2)行走或货物运动的时间。

(3)准确找到储位并确认所拣货物及其数量所需时间。

(4)拣取完毕，将货物分类集中的时间。

```
                    ┌──────────┐
                    │   开始   │
                    └────┬─────┘
                         │
                  ┌──────┴──────┐
                  │  领取拣货单  │
                  └──────┬──────┘
                         │
                  ┌──────┴──────┐
                  │  选择拣货设备 │
                  └──────┬──────┘
                         │
                  ┌──────┴──────┐
                  │   凭单拣货   │
                  └──────┬──────┘
                         │
                  ┌──────┴──────┐
                  │   拣货标记   │
                  └──────┬──────┘
                         │
                  ┌──────┴──────┐
                  │   签字确认   │
                  └──────┬──────┘
                         │
                  ┌──────┴──────┐
                  │  货送复核区  │
                  └──────┬──────┘
                         │
                  ┌──────┴──────┐
                  │    交单     │
                  └──────┬──────┘
                         │
                    ┌────┴─────┐
                    │   结束   │
                    └──────────┘
```

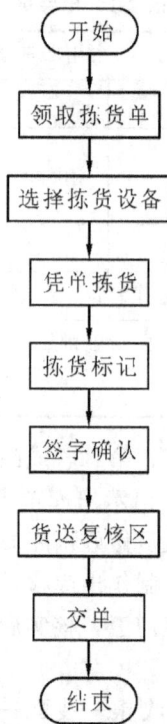

图 2-7　拣货流程

(二)拣选式配货作业管理

分拣作业系统的能力和成本取决于配送中心或仓库的组织管理。分拣作业管理内容包括储位管理、出货管理、拣选路径管理、补货管理、空箱和无货托盘的管理等。

(1)基于分拣作业的储位管理。

(2)出货管理。

(3)拣选路径管理。

(4)补货管理。

(5)空箱和无货托盘的管理。

二、分货式配货作业

(一)"人到货"分拣方法

这种方法是分拣货架不动,即货物不运动,通过人力拣取货物。在这种情况下,分拣货架是静止的,而分拣人员带着流动的集货货架或容器到分拣货架,即拣货区拣货,然后将货物送到静止的集货点。

(二)分布式的"人到货"分拣方法

这种分拣作业系统的分拣货架也是静止不动,但分货作业区被输送机分开。这种分拣方法也简称为"货到皮带"法。

三、分拣式配货作业

(一)"货到人"的分拣方法

这种作业方法是人不动,托盘(或分拣货架)带着货物来到分拣人员面前,再由不同的分拣人员拣选,拣出的货物集中在集货点的托盘上,然后由搬运车辆送走。

(二)闭环"货到人"的分拣方法

闭环"货到人"分拣方法中载货托盘(即集货点)总是有序地放在地上或搁架上,处在固定位置。输送机将分拣货架(或托盘)送到集货区,拣货人员根据拣货单拣选货架中的货物,放到载货托盘上,然后移动分拣货架,再由其他的分拣人员拣选,最后通过另一条输送机,将拣空后的分拣货架(拣选货架)送回。

四、自动分拣式配货作业

自动化分拣系统的分拣作业与上面介绍的传统分拣系统有很大差别,可分为三大类:自动分拣机分拣、机器人分拣和自动分类输送机分拣。

(一)自动分拣机分拣

自动分拣机,一般称为盒装货物分拣机,是药品配送中心常用的一种自动化分拣设备。这种分拣机有两排倾斜的放置盒状货物的货架,架上的货物用人工按品种、规格分别分列堆码;货架的下方是皮带输送机;根据集货容器上条码的扫描信息控制货架上每列货物的投放;投放的货物接装进集货容器,或落在皮带上后,再由皮带输送进入集货容器。

(二)机器人分拣

与自动分拣机分拣相比,机器人分拣具有很高的柔性。

(三)自动分类输送机分拣

当供应商或货主通知配送中心按订单发货时,自动分拣系统在最短的时间内可从庞大的存储系统中准确找到要出库的商品所在的位置,并按所需数量、品种、规格出库。自动分拣系统一般由识别装置、控制装置、分类装置、输送装置组成,需要自动存取系统(AS/RS)的支持。

分拣输送系统　　　　　　塑钢锥辊筒输送机　　　　　　圆带式辊筒输送机

轮毂侧移线　　　　　　单链式辊筒输送机　　　　　伸缩辊筒、福来轮输送机

转弯辊筒输送机　　　　　动力辊筒输送线　　　　　无动力辊筒输送线

图 2-8　自动分拣设备

任务五　库存控制

一、库存控制的意义

(一)库存控制的作用

主要是：在保证企业生产、经营需求的前提下，使库存量经常保持在合理的水平上；掌握库存量动态，适时、适量提出订货，避免超储或缺货；减少库存空间占用，降低库存总费用；控制库存资金占用，加速资金周转。

(二)库存的合理控制

库存量过大所产生的问题：增加仓库面积和库存保管费用，从而提高产品成本；占用大量的流动资金，造成资金呆滞，既加重了货款利息等负担，又会影响资金的时间价值和机会收益；造成产成品和原材料的有形损耗和无形损耗；造成企业资源的大量闲置，影响其合理配置和优化；掩盖了企业生产、经营全过程的各种矛盾和问题，不利于企业提高管理水平。

库存量过小所产生的问题：造成服务水平的下降，影响销售利润和企业信誉；造成生产系统原材料或其他物料供应不足，影响生产过程的正常进行；使订货间隔期缩短，订货次数增加，使订货(生产)成本提高；影响生产过程的均衡性和装配时的成套性。

二、正确理解"库存控制"

传统的狭义观点认为，库存控制主要是针对仓库的物料进行盘点、数据处理、保管、发放等，通过执行防腐、温湿度控制等手段，达到使保管的实物库存保持最佳状态的目的。这只是库存控制的一种表现形式，或者可以定义为实物库存控制。那么，如何从广义的角度去理解库存控制呢？库存控制应该是为了达到公司的财务运营目标，特别是现金流运作，通过优化整个需求与供应链管理流程(Supply Chain Management Processes，DSCMP)，合理设置 ERP 控制策略，并辅之以相应的信息处理手段、工具，从而实现在保证及时交货的前提下，尽可能降低库存水平，减少库存积压与报废、贬值的风险。从这个意义上讲，实物库存控制仅仅是实现公司财务目标的一种手段，或者仅仅是整个库存控制的一个必要环节；从组织功能的角度讲，实物库存控制主要是仓储管理部门的责任，而广义的库存控制应该是整个需求与供应链管理部门，乃至整个公司的责任。

为什么直到现在还有很多人对库存控制的理解仅仅局限于实物库存控制呢？以下两方

面的原因是不可忽视的：

第一，我们的企业不重视库存控制。特别是那些效益比较好的企业，只要有钱赚，就很少有人去考虑库存周转的问题。库存控制被简单地理解为仓储管理，除非到了没钱花的时候，才可能有人去看库存问题，而看的结果也往往很简单，采购买多了，或者是仓储部门的工作没有做好。

第二，ERP 的误导，特别是一些国产所谓 ERP 的误导。一些简单的进销存软件被大言不惭地称之为 ERP，企业上了他们的所谓 ERP 就可以降低多少库存，似乎库存控制就靠他们的小软件就可以搞定了。即使像 SAP、BAAN 这些世界 ERP 领域的老大们，也在他们的功能模块里面把简单的仓储管理功能定义为"库存管理"或者"库存控制"。这样就使得本来就不太明白什么叫库存控制的人们，更搞不清楚什么叫库存控制了。

其实，从广义地角度理解库存控制，应该包括以下几点：

第一，库存控制的根本目的。我们知道，所谓世界级制造的两个关键考核指标（KPI）就是，客户满意度以及库存周转率，而这个库存周转率实际上就是库存控制的根本目的所在。

第二，库存控制的手段。库存周转率的提高，单单靠所谓的实物库存控制是远远不够的，它应该是整个需求与供应链管理这个大流程的输出，而这个大流程除了包括仓储管理这个环节之外，更重要的部分还包括：预测与订单处理，生产计划与控制，物料计划与采购控制，库存计划与预测本身，以及成品、原材料的配送与发货的策略，甚至包括海关管理流程。而伴随着需求与供应链管理流程的整个过程，则是信息流与资金流的管理。也就是说，库存本身是贯穿于整个需求与供应管理流程的各个环节，要想达到库存控制的根本目的，就必须控制好各个环节上的库存，而不是仅仅管理好已经到手的实物库存。

第三，库存控制的组织结构与考核。既然库存控制是整个需求与供应链管理流程的输出，要实现库存控制的根本目的就必须要有一个与这个流程相适应的合理的组织结构。直到现在，我们可以发现，很多企业只有一个采购部，采购部下面管仓库。这是远不能适应库存控制要求的。从需求与供应链的管理流程分析，我们知道，采购与仓储管理都是典型的执行部门，而库存的控制应该预防为主，执行部门是很难去"预防库存"的，原因很简单，他们的考核指标在很大程度上是为了保证供应（生产、客户）。如何根据企业的实际情况，建立合理的需求与供应链管理流程，从而设置与之相应的合理的组织结构，是一个值得很多企业探讨的问题。

三、库存管理模型的分类

根据供应和需求规律确定生产和流通过程中经济合理的物资存储量的管理工作。库存管理应起缓冲作用，使物流均衡通畅，既保证正常生产和供应，又能合理压缩库存资金，以得到较好的经济效果。

1915 年，美国的 F•W•哈里斯发表关于经济订货批量的模型，开创了现代库存理论的研究。在此之前，意大利的 V•帕雷托在研究世界财富分配问题时曾提出帕雷托定律，用于库存管理方面的即为 ABC 分类法。随着管理工作的科学化，库存管理的理论有了很大的发展，形成了许多库存模型，并应用于企业管理中已得到显著的效果。

库存管理模型的分类：

(1)不同的生产和供应情况采用不同的库存模型。按订货方式分类，可分为5种订货模型。

①定期定量模型：订货的数量和时间都固定不变。

②定期不定量模型：订货的时间固定不变，而订货的数量依实际库存量和最高库存量的差别而定。

③定量不定期模型：当库存量低于订货点时就补充订货，订货量固定不变。

④不定量不定期模型：订货数量和时间都不固定。

⑤有限进货率定期定量模型：货源有限制，需要陆续进货。

前4种模型属于货源充足、随时都能按需求量补充订货的情况。

(2)库存管理模型按供需情况分类可分为确定型和概率型两类。确定型模型的主要参数都已确切知道；概率型模型的主要参数有些是随机的。

(3)按库存管理的目的分类又可分为经济型和安全型两类。经济型模型的主要目的是节约资金，提高经济效益；安全型模型的主要目的则是保障正常的供应，不惜加大安全库存量和安全储备期，使缺货的可能性降到最小限度。库存管理的模型虽然很多，但综合考虑各个相互矛盾的因素求得较好的经济效果则是库存管理的共同原则。

四、库存管理的 1.5 倍原则和存货周转

(一)1.5 倍原则

1.5倍原则是库存管理的主要内容之一，是经过很多公司的销售实践总结出来的安全存货原则，具体数据是建立在上期客户的销量基础上本期建议客户订单的依据。1.5倍原则备货是销售人员必须掌握的工作职责之一，是主动争取客户订货量并时刻掌握客户销售情况的营销策略。它是建立在提高客户销量和利益基础之上，因而能赢得客户信任，客户容易采纳。1.5倍原则也是一个科学依据。但是，正如很多营销规律一样，必须灵活掌握和应用，避免生搬硬套。比如，如果遇到特殊情况应适当变化(如天气、节假日等)，否则会影响生意。1.5倍原则用好了以后，可以保证客户有充足的存货，减少断货、脱销的可能性，保证客户随时都能买得到所需产品，帮助客户不漏掉每次成交的机会。

1. 1.5 倍库存原则与做订单的关系

在销售人员做销售拜访时，要向客户建议合理的订货量，这就是"做订单"，是销售人员在拜访客户时必做的工作之一。所谓的做订单就是根据客户前一阶段的销售量，结合新的促销活动或者季节时机或者天气等因素，向客户建议合理的订货量，并动员他按建议订货。在做订单时要用到客户卡上所记录的资料，所以做好订单的前提，就是正确地填写好客户卡。只有这样，才能够有效地利用1.5倍原则进行库存管理，提高拜访的效率和效益，尽最大可能扩充销售，这也是销售人员的关键职责之一，是直接作用于销售的。

也有销售人员是以"拿订单"的思想从事工作的。拿订单与做订单是不同的，一个被动，一个主动。拿订单意味着主动权掌握在客户手中，而做订单则是主动的，它是根据客户的销售和库存研究以后的结果作出的订单计划。显而易见，两个工作方法是完全不同的效果，做订单保证对客户销售情况的准确掌握，也保证客户的资金、空间、精力和时间等最有效地利用，创造最大利润。

2. 做订单的步骤

"做订单"应该按照以下步骤进行:

第一步,检查客户记录卡上的数据。

第二步,计算自上次拜访后的实际销量。

比如:上次拜访时的库存数;上次拜访时的订货量;本次拜访时客户的现有库存数。以上这些数据销售代表在拜访客户时都已填入客户卡,在计算自上次拜访后的销量时,销售代表将使用它们,因此客户卡上的这些数据应正确无误。

第三步,建议新的订货量。

在建议新的订货量时要强调 1.5 倍的安全存货原则,具体计算方法如下:

安全存货量＝上次拜访后的实际销量×1.5

建议的订货量＝安全存货量－现有库存

3. 怎样让客户接受 1.5 倍原则下的订货计划

在实际工作中,由很多销售人员同样十分清楚上面的步骤,并且能够准确计算出按照 1.5 倍原则得出的订单数,但是却得不到符合该原则的订单。怎样才能够避免这类情况呢?

关键在于在做订单的时候要注意掌握让客户接受建议的技巧。有些客户并不了解按照 1.5 倍原则做订单的好处,销售人员必须能够让客户明白:

按照此原则建议的订货量是比较合理的,保证客户维持合适的存货数量,避免断货,货架空间可以得到高效的使用;

有了一定的存货量,可以满足消费者的购买需求,不会遗漏任何成交机会;

1.5 倍的存货原则可以帮助客户有效地利用空间和资金,不致带来货物积压、资金、空间无效占用等损失;

1.5 倍的存货原则再加上存货周转可以保证客户提供给消费者的永远是新鲜的产品,这可以很好地改善售点形象,带动其他商品的销售;

让客户了解销售人员所做的工作就是帮助客户更好地满足消费者的需求,提高客户的销量和利润;

销售人员必须利用自己所掌握的知识和技巧取得客户的信任,这种信任一旦建立,客户就会接受 1.5 倍原则做订单的建议。

如果销售人员是严格按照拜访路线和频率进行销售的,对每一个客户的拜访都有一定的周期,还可以告知客户 1.5 倍安全库存可以有效保证客户在这一拜访周期内既不断货,又不压货。

(二)存货周转

1. 存货周转

存货周转是对客户进行库存管理的一项主要内容,也是公司销售人员的重要工作职责之一。销售到客户处的商品不是一下子就可以卖完,必定会持续一段时间,并且存货总是存在的,对于食品来说,更加复杂的是它存在一个保质期的问题。由此可见,存货必须被科学有效地管理。

存货管理的主要内容是存货周转。存货周转包括两种类型:前线存货和后备存货的周转。前线存货是指陈列在货架或者零售商购物环境处的散装商品;后备存货指的是存放在仓库内的用于补货的货物。存货周转的内容包括前线存货和后备存货的周转。它要求销售人员，一方面应及时向客户的货架上补充货物，保证货架里面的产品陈列符合生动化标准；另一方面应遵循先进先出的原则进行存货周转，目的是保证客户提供给消费者的产品永远是新鲜的。实际上，所谓存货周转就是对暂时未卖出的货架上的产品依据先进先出的原则进行循环。

存货周转是销售人员在销售拜访时必须动手做的一项日常工作，保证客户提供给消费者的永远是最新生产日期的产品。存货周转不仅仅是销售人员的重要职责之一，而且要指导并影响客户做日常的存货周转。销售人员必须使客户明白：

存货周转可以有效而且直接刺激销售。显然，如果陈列在货架上的货物卖完了没有及时补货，就会失去许多销售机会，而且，存放在仓库里的产品也无法卖出去，失去的销售机会将永不再来。

没有存货就没有利润。货架上没有的产品是无法卖出去的，合理的产品存货是保证有货可卖的最简单的方法。

促进进货并且帮助客户正确地准备商品库存。大多数的客户都是根据他们的存货情况来决定订货的品种和数量。如果仓库里的产品快没有或已经没有了，店主就会订货，所以如果销售人员帮助客户将他们库存的产品摆放到货架上，使他们的仓库空出来，他们自然会订货。

销售人员在日常拜访时帮助客户进行货架补货，这不仅能刺激销售，而且节约客户的时间，节约自己的时间。这个工作不仅是销售代表的工作职责，高级别的销售主管、经理在拜访零售商时也要帮助客户做存货周转，而且还要影响客户帮助做及时补货。优秀的公司和销售人员明白：销售工作不只是将产品卖给客户就结束了，而是直到消费者购买到并开始实际消费新鲜的产品才算告一段落。为了保证消费者购买到的一定是新鲜的产品，按照先进先出的原则，这样就可能避免产品过期现象，避免客户退货的事情发生，更好地满足消费者的需求，最终会为客户赢得销量和利润。

2. 怎样进行存货周转

如何进行存货周转？销售人员根据公司的规定和标准及时更换不良品，对客户的存货进行管理，努力做客户的专业顾问，主动为客户提供全面的存货管理服务，而不仅仅只是"接订单"。要做到这一点，销售人员必须做到：

首先，对公司的产品知识掌握全面，例如保质期、代码的意义、产品存放的条件等。再比如，将产品放在太阳直照的地方会退色，进而影响品质，不易卖出。

其次，销售人员必须了解各种包装的适用范围和库存量的多少。也就是通过了解消费者和客户的需求，了解各种品牌、包装的知识、向客户推荐正确的包装和品牌的产品组合，这是保证客户正在销售符合消费者需求的产品，进行客户管理的前提条件。

再次，要深刻理解存货周转的原则。有三个原则必须遵守：动手周转货架上的陈列产品；落实先进先出的原则；把存货数记入客户卡。

最后，存货周转也要讲究方法和技巧。全面的产品知识可以帮助销售人员掌握保质期、储存条件、消费者购买的最佳时机设定；各种包装的适用范围和库存量的熟悉可以帮助销售人员判断不同零售商执行的分销标准以及根据该零售商的出货情况设定合适的库存数量；预测机会可以帮助销售人员更加理性地思考问题并提前考虑到一些影响生意的因素，比如季节的影响等；了解经营和空间上的限制条件，帮助你根据这些情况发展不同的生意主张，并成功地销售给零售商从而取得合作和促进业绩提升的机会；商品化活动显然可以通过现场的销售刺激提高销量。

五、库存管理要注意的问题

过去认为仓库里的商品多，表明企业发达、兴隆，现在则认为零库存是最好的库存管理。库存多，占用资金多，利息负担加重。但是如果过分降低库存，则会出现断档。库存管理应该特别考虑下述两个问题：

第一，根据销售计划，按计划生产的商品在市场上流通时，要考虑在什么地方，存放多少。

第二，从服务水平和经济效益出发，来确定库存量以及如何保证补充的问题。

上述两个问题与库存在物流过程中的功能有关，一般来说，库存的功能有：

（1）防止断档。缩短从接受订单到送达货物的时间，以保证优质服务，同时又要防止脱销。

（2）保证适当的库存量，节约库存费用。

（3）降低物流成本。用适当的时间间隔补充与需求量相适应的合理的货物量以降低物流成本，消除或避免销售波动的影响。

（4）保证生产的计划性、平稳性，以消除或避免销售波动的影响。

（5）展示功能。

（6）储备功能。在价格下降时大量储存，减少损失，以应灾害等不时之需。

关于仓库（库存）放在什么地方的问题，首先要考虑数量和地点。如果是配送中心，则应尽可能根据顾客需要，设置在适当的地方；如果是存储中心则以尽可能减少向配送中心补充为原则，地点则没有一定的要求。当库存据点确定之后，则要考虑在各据点里都储存什么样的商品。

● ● ● ● ● **课后实训**

实训目标：

仓储相关设备、仓储设备的使用方法、仓储作业工作流程、制定仓储方案的注意问题、进行仓储作业环节流程设计。

环境要求：

重型货架、托盘、液压堆高车、液压托盘车、仓储管理系统

工作任务：

按照客户的订单要求，对客户进行分析，通过客户相关资料和合作关系，确定客户需求的响应优先级，按客户需求进行库存查询，仓储满足顾客需求可为其办理发货，反之，先进行补货作业，对补充货物进行入库管理，储位分配，因考虑满足先进先出原则和仓储ABC库存分类法。待补货作业结束后，对客户进行按订单发货，完成对应的出库作业。同时做到在仓储管理信息系统中，保持所有数据一致性、完整性，作业现场执行5S管理。

实训要点：

(1)对客户订单进行分析。

(2)确定客户优先级。

(3)熟练运用仓储管理系统。

(4)能够进行合理储位划分。

(5)会使用库存 ABC 分类法。

(6)能够进行按订单出库、配送。

(7)运用合理的分拣方法，对货物进行有效拣选。

(8)对货物使用合理码垛方法。

(9)能够结合客户关系管理系统、订单跟踪系统完成对订单的追踪。

(10)熟悉仓储管理的整个流程、对各环节作业要点掌握准确。

(11)具备仓储环节统一管理能力，能够合理分工，快速有效完成任务。

(12)作业现场执行 5S 管理，保持干净、整齐。

● ● ● ● **课后练习题**

一、单选题

1.(　　)是平衡市场供求关系、稳定物价的重要条件。

　　A. 运输　　　　B. 储存　　　　C. 流通加工　　　　D. 配送

2.(　　)是按照商品类目在分类体系中的层次、顺序，依次进行编码，主要采用线分类体系。

　　A. 层次编码法　　B. 平行编码法　　C. 混合编码法　　D. 字母编码法

3.(　　)将货物直接堆码在托盘上，再将托盘放在地面上。

　　A. 地面平放式　　B. 托盘平放式　　C. 托盘堆码式　　D. 货架存放式

4. 订货时间固定不变，而订货的数量依实际库存量和最高库存量的差别而定的是(　　)。

　　A. 定期定量模型　　　　　　B. 定期不定量模型

　　C. 不定期定量模型　　　　　D. 不定期不定量模型

5."三核"，即在发货时，要核实凭证、核对账卡、核对(　　)。

　　A. 订货单　　　B. 出库单　　　C. 出门证　　　D. 实物

二、多选题

1. 仓储的基本任务是(　　)。

　　A. 存储保管　　B. 存期控制　　C. 数量管理　　D. 质量维护

　　E. 配送

2. 库存管理作业包含(　　)。

　　A. 仓库区的管理　　B. 库存数控　　C. 流动加工　　D. 装卸搬运

　　E. 单证处理

3. 仓库温湿度的调节与控制包括(　　)。

　　A. 仓库的密封　　B. 通风　　　C. 吸潮　　　D. 恒温　　　E. 防晒

4. 分拣作业过程包括( )。

    A. 行走   B. 拣取   C. 搬运   D. 分类

    E. 运送

5. 自动化分拣系统的分拣作业与上面介绍的传统分拣系统有很大差别,可分为( )。

    A. 人工辅助分拣   B. 自动分拣机分拣

    C. 机器人分拣   D. 自动分类输送机分拣

    E. 电子标签拣选

三、简答题

1. 库存管理的目的是什么?

2. 库存管理有哪些需要注意的问题?

3. 商品编码的种类有哪些?

4. 货品堆垛的方法有哪些?

5. 现代仓储管理在流通领域中的作用是什么?

【能力考核表】

考核表 2-1　专业能力实训成绩考核表

专业能力	评估标准	分项成绩
1. 对客户订单进行分析	(1)客户订单有效性分析 (2)客户订单快速反应	10
2. 确定客户优先级	(1)根据客户信息确定客户评级 (2)区分客户等级	10
3. 能够进行合理储位划分	(1)储位规划能力 (2)储位设置合理性分析	20
4. 库存 ABC 分类法	(1)物动量统计计算能力 (2)货物 ABC 分类方法	15
5. 对货物使用合理码垛方法	(1)对货物状态的判断能力 (2)堆垛可靠性的能力	15
6. 仓储环节统一管理能力	(1)对仓储各作业环节流程规划能力 (2)对仓储各作业环节人员工作分配管理能力	30
总成绩∑100		
教师评语		签名: 年　月　日

续表

学生意见	签名： 年　　月　　日

考核表 2-2　职业核心能力成绩考核表

实训名称：

评 估 指 标		评 估 标 准	得 分
职业核心能力 100	自我学习Σ	1. 能进行时间管理；能选择适合自己的学习和工作方式 2. 能随时修订计划并进行意见处理 3. 能通过相关人员的支持，检查学习进度，以及将已经学到的东西用于新的工作任务	
	信息处理Σ	1. 能通过阅读、观察、寻访、网络搜索等方式，根据工作任务的不同需要去搜寻、获取并选择信息，同时确保安全操作和保护环境 2. 能筛选信息，并进行信息分类，建立目录、索引、文摘、简介类信息 3. 能使用合适的多媒体音像、幻灯和白板等手段来展示信息；并遵守版权和保密规定	
	数字应用Σ	1. 能从不同信息源获取相关信息；能读懂并编制坐标图、表格、直方图及示意图等图表并作出准确观测和统计 2. 能依据所给的数据信息，作简单计算 3. 能用适当方法展示数据信息和计算结果，并判断计算结果是否与工作任务要求相一致	
	与人交流Σ	1. 能把握交流的主题、时机和方式，理解对方谈话的内容，推动讨论的进行，准确表达自己的观点 2. 能找到需要阅读的资料，看懂资料所表述的观点，获取自己需要的信息，并根据工作需要，整理汇总出自己的资料	
	与人合作Σ	1. 能确定自身优势，挖掘合作资源，明确自己在合作中能够起到的作用；了解合作的基本规则并在出现异常时能采取应急措施 2. 能同合作者进行有效沟通；能理解个性差异及文化差异 3. 能取得上级的信任和同事的信赖	

续表

评 估 指 标		评 估 标 准	得 分
	解决问题Σ	1. 能说明何时出现问题并指出其主要特征；能采取不同方法形成两个以上解决问题的思路并加以比较 2. 能作出解决问题的计划并组织实施计划，完成计划列出的各项任务，并按照可靠的办法检查问题是否得到解决，并对解决问题的方法适时作出总结和修改	
	革新创新Σ	1. 能发现事物的不足并提出新的需要；能创新性地提出改进事物的意见和具体方法 2. 能从多种方案中选择最佳方案，并从外界获取所需的信息和资源，在现有条件下实施	
教师评语		签字： 　年　　月　　日	

考核表 2-3　课程成绩考核总表

种　类	理论考核	实训考核				总 成 绩
比例（%）	50%	50%				100%
第 2 单元 Σ100		组内成员 互相评估 （20%）	自我评估 （20%）	教师评估 活动过程 （30%）	专业能力 （30%）	

（说明："考核表 2-3"是课程结业考核的各类成绩汇总表，其中："理论考核"等知识考核成绩，由任课教师根据"单元测试卷"和"期末考试卷"的成绩填写。"实训考核"成绩，由任课教师根据"考核表 2-1"和"考核表 2-2"的考核成绩填写。）

项目三

流通加工实训

● ● ● ● ● **学习目标**

☆知识目标

● 了解物流管理所涉及的基本技术——流通加工

● 了解流通加工的作用和分类

● 理解流通加工的基本概念

● 掌握流通加工设计的主要实训项目

● 掌握封口机的基本原理

● 掌握捆扎机的基本原理

● 掌握打码机的基本原理

● 掌握标价机的基本原理

☆能力目标

工作任务	能力目标
流通加工的认识	1. 掌握流通加工的基本概念 2. 了解流通加工的分类
封口实训	1. 封口机各功能按钮的正确使用 2. 封口机温度的正确设定 3. 封口操作规范熟练 4. 封口机字粒更换熟练准确

续表

工作任务	能力目标
捆包实训	1. 半自动捆扎机各功能按钮的正确使用 2. 半自动捆扎机包装带的正确安装 3. 手动打包机和打包钳的正确使用 4. 捆包操作规范熟练
打码实训	1. 打码机各功能按钮的正确使用 2. 熟练进行打码操作 3. 打码机色带的正确安装 4. 打码机字粒的正确更换
标价实训	1. 能够正确调整标价 2. 价格标签纸的正确安装 3. 墨轮的正确更换 4. 标价操作规范熟练

●●●●● 本项目的知识体系

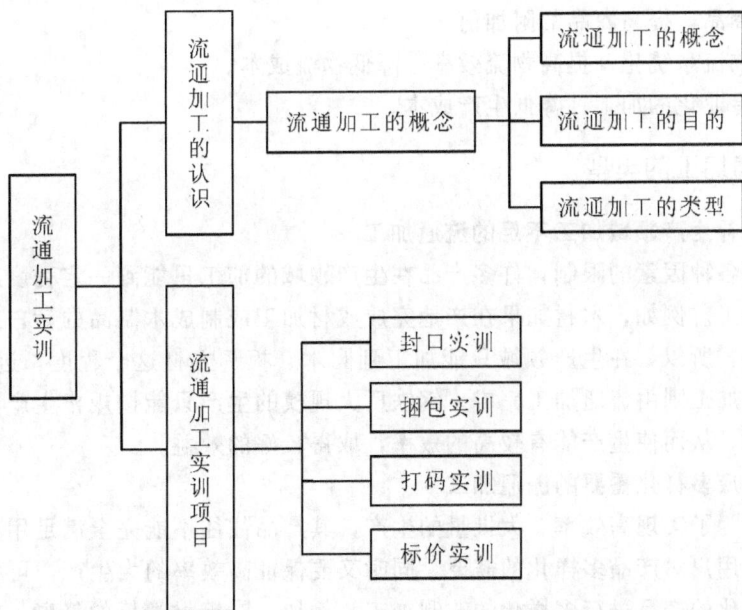

```
                                                          ┌─ 流通加工的概念
                         ┌─ 流通加工        ┌─ 流通加工 ──┼─ 流通加工的目的
                         │  的认识           的概念       │
                         │                               └─ 流通加工的类型
        流通加工实训 ──┤
                         │                               ┌─ 封口实训
                         │  流通加工        ┌──────────┼─ 捆包实训
                         └─ 实训项目 ──────┤            ├─ 打码实训
                                                          └─ 标价实训
```

任务一　流通加工的认识

一、流通加工的概念

《中华人民共和国国家标准物流术语》对流通加工有以下界定：流通加工是物品在生产地到使用地的过程中，根据需要施加包装、分割、计量、分拣、刷标志、拴标签、组装等简单作业的总称。

流通加工是为了提高物流速度和物品的利用率，在物品进入流通领域后，按客户的要求进行的加工活动，即在物品从生产者向消费者流动的过程中，为了促进销售、维护商品质量和提高物流效率，对物品进行一定程度的加工。流通加工通过改变或完善流通对象的形态来实现"桥梁和纽带"的作用，因此流通加工是流通中的一种特殊形式。随着经济增长，国民收入增多，消费者的需求出现多样化，促使企业在流通领域开展流通加工。目前，在世界许多国家和地区的物流中心或仓库经营中都大量存在流通加工业务，在日本、美国等物流发达国家则更为普遍。

二、流通加工的目的

(1)适应多样化需要，促进商品的销售。

(2)在食品方面，可以通过流通加工来保持并提高其质量，保证其提供给消费者时仍旧新鲜。

(3)美化商品，提高商品的附加值。

(4)推进物流系统化，提高物流效率，降低物流成本。

(5)开展专业化的加工，降低生产成本。

三、流通加工的类型

(一)为弥补生产领域加工不足的流通加工

由于受到各种因素的限制，许多产品在生产领域的加工只能到一定程度，而不能完全实现终极的加工。例如，木材如果在产地完成成材加工或制成木制品的话，就会给运输带来极大的困难，所以，在生产领域只能加工到圆木、板、方材这个程度，进一步的下料、切裁、处理等加工则由流通加工完成；钢铁厂大规模的生产只能按规格生产，以使产品有较强的通用性，从而使生产能有较高的效率，取得较好的效益。

(二)为适应多样化需要的流通加工

生产部门为了实现高效率、大批量的生产，其产品往往不能完全满足用户的要求。这样，为了满足用户对产品多样化的需要，同时又要保证高效率的大生产，可将生产出来的单一化、标准化的产品进行多样化的改制加工。例如，对钢材卷板的舒展、剪切加工；平板玻璃按需要规格的开片加工；木材改制成枕木、板材、方材等的加工。

(三)为方便消费、省力的流通加工

根据下游生产的需要将商品加工成生产直接可用的状态。例如，根据需要将钢材定尺、定型，按要求下料；将木材制成可直接投入使用的各种型材；将水泥制成混凝土拌合

料，使用时只需稍加搅拌即可使用等。

（四）为保护产品所进行的流通加工

在物流过程中，为了保护商品的使用价值，延长商品在生产和使用期间的寿命，防止商品在运输、储存、装卸搬运、包装等过程中遭受损失，可以采取稳固、改装、保鲜、冷冻、涂油等方式。例如，水产品、肉类、蛋类的保鲜、保质的冷冻加工、防腐加工等；丝、麻、棉织品的防虫、防霉加工等。还有，如为防止金属材料的锈蚀而进行的喷漆、涂防锈油等措施，运用手工、机械或化学方法除锈；木材的防腐朽、防干裂加工；煤炭的防高温自燃加工；水泥的防潮、防湿加工等。

（五）为促进销售的流通加工

流通加工也可以起到促进销售的作用。比如，将过大包装或散装物分装成适合依次销售的小包装的分装加工；将以保护商品为主的运输包装改换成以促进销售为主的销售包装，以起到吸引消费者、促进销售的作用；将蔬菜、肉类洗净切块以满足消费者的要求等。

（六）为提高加工效率的流通加工

许多生产企业的初级加工由于数量有限，加工效率不高。而流通加工以集中加工的形式，解决了单个企业加工效率不高的弊病。它以一家流通加工企业的集中加工代替了若干家生产企业的初级加工，促使企业的生产水平有一定的提高。

（七）为提高物流效率、降低物流损失的流通加工

有些商品本身的形态使之难以进行物流操作，而且商品在运输、装卸搬运过程中极易受损，因此需要进行适当的流通加工加以弥补，从而使物流各环节易于操作，提高物流效率，降低物流损失。例如，造纸用的木材磨成木屑的流通加工，可以极大地提高运输工具的装载效率；自行车在消费地区的装配加工可以提高运输效率，降低损失；石油气的液化加工，使很难输送的气态物转变为容易输送的液态物，也可以提高物流效率。

（八）为衔接不同运输方式、使物流更加合理的流通加工

在干线运输和支线运输的节点设置流通加工环节，可以有效地解决大批量、低成本、长距离的干线运输与多品种、少批量、多批次的末端运输和集货运输之间的衔接问题。在流通加工点与大生产企业间形成大批量、定点运输的渠道，以流通加工中心为核心，组织对多个用户的配送，也可以在流通加工点将运输包装转换为销售包装，从而有效地衔接不同目的的运输方式。比如，散装水泥中转仓库把散装水泥装袋，将大规模散装水泥转化为小规模散装水泥的流通加工，就衔接了水泥厂大批量运输和工地小批量装运的需要。

（九）生产——流通一体化的流通加工

依靠生产企业和流通企业的联合，或者生产企业涉足流通，或者流通企业涉足生产，形成的对生产与流通加工进行合理分工、合理规划、合理组织，统筹进行生产与流通加工的安排，这就是生产——流通一体化的流通加工形式。这种形式可以促成产品结构及产业结构的调整，充分发挥企业集团的经济技术优势，是目前流通加工领域的新形式。

（十）为实施配送进行的流通加工

这种流通加工形式是配送中心为了实现配送活动，满足客户的需要而对物资进行的加工。例如，混凝土搅拌车可以根据客户的要求，把沙子、水泥、石子、水等各种不同材料按比例要求装入可旋转的罐中。在配送路途中，汽车边行驶边搅拌，到达施工现场后，混凝土已经均匀搅拌好，可以直接投入使用。

考虑到学校实验的特点，我们选取了设备外形较小、价格相对比较低廉、操作比较简单的项目进行流通加工实训。主要选取的实训项目包括封口、捆包、打码、标价四个实训项目。

任务二　封口实训

一、多功能塑料薄膜封口机

多功能塑料薄膜封口机采用电子恒温控制和无级调速传动系统，具有自动连续封口、印刷产品标签、一次完成的功能，并可卧、立落地使用。用于单层薄膜及各种复合薄膜的封口、制袋，广泛应用在食品、制药、种子、化工、轻工等部门。多功能塑料薄膜封口机适用于医药、农药、食品、日化、润滑油等行业的铝箔袋、塑料袋、复合袋理想封口机械。

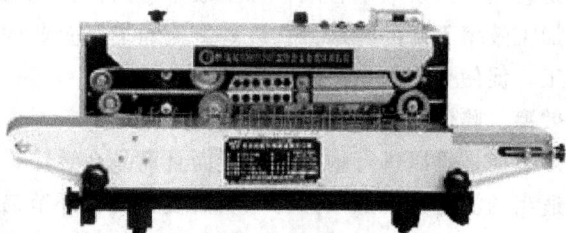

图 3-1　多功能塑料薄膜封口机

二、实训要点

本实训的主要内容：封口操作→按钮使用→字粒更换，具体包括以下内容：

(1)接通电源，指示灯亮，同时各带轮同步运转。

(2)微调滚花轮(印字轮)并调整到适当的压力。

(3)接通加热开关，电子温度控温仪的绿灯即亮，按包装袋的材料性质和薄厚程度调节控制仪至所需的温度，在室温为 20℃时。一般按下列数字调整温度：聚乙烯，150℃～160℃；聚丙烯，170℃～180℃等。

(4)加热片刻，控温仪红灯亮，说明已达到所需的调节温度，即可用预定的包装袋进行试封，视封口情况而定是否调整温度、速度和滚花轮的压力，使之达到理想的封口质量，之后即可进行连续封口作业。

(5)包装袋封口部分被送入加热区后，受到两加热板的挤压，使包装袋封口受热后黏合，然后在封口带夹持下送入冷扣区冷却，滚花轮滚压，使包装袋的封口部分，滚压出条纹状或网状，并且印出所需要的文字、记上封口袋数。

(6)印字轮装及换字方法：

①取下防卫罩，旋松印花轮压力旋钮；

②取下引导带，旋下印轴中紧固螺钉；

③将印花轮座向上提起，使印字轮与橡皮轴脱离开，用手拉出滚花轮，随即装上印字轮或更换印字装上；

④装前两项中拆下零件，调节好印字轮压力，即可开机试车。

三、注意事项

(1)安全操作规程说明：注意高温及用电安全，温度设定要正确。按包装袋的材料性质和薄厚程度调节控制仪至所需的温度，例如：聚乙烯，150℃～160℃；聚丙烯，170℃～180℃等。

(2)数量掌握各主要功能按钮的使用操作，能够进行正确的字粒更换。

(3)封口时，注意手不要碰触对口处的铁片，以免烫伤。

(4)封口操作，通过直观认知保证封口严密匀称。包装封口处应对口放平，将封口边放入，靠调节带送入(如图3-2所示)；当封口处被封口带咬合时即可自动向前进行，此时不要任意推动或阻挡，也不要用力推入或拉出，否则，会造成不匀或故障(如图3-3、图3-4所示)。

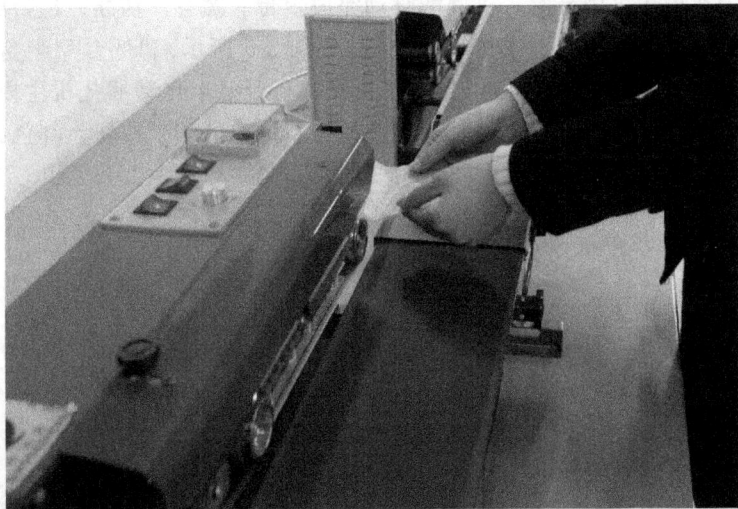

图 3-2 正确放塑封膜

图 3-3 松手机器自己塑封(正确)

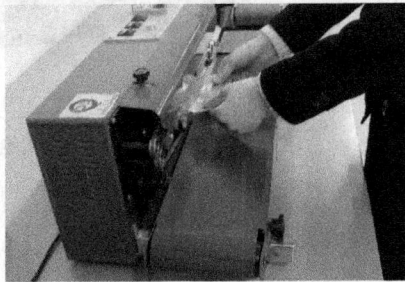

图 3-4 用手拽塑封(错误)

（5）当发现封口袋机加热块上被黏附或弄脏时，应停下清除。

（6）停机前，为保护封口带的使用寿命，先将温度调节转盘退回到零位，打开风机，大约经过数分钟，温度降到100℃以下，方可关风机和总电源开关。

（7）最后撰写实训报告总结。

任务三　捆包实训

一、捆扎机的主要类型

(一)半自动捆扎机

1.半自动捆扎机

半自动捆扎机也称半自动打包机，广泛用于食品、医药、五金、化工、服装、邮政等行业，适用于纸箱打包、纸张打包、包裹信函打包、药箱打包、轻工业打包、五金工具打包、陶瓷制品打包、汽车配件打包、日化用品打包、文体用品打包、器材打包等各种货物的自动打包。采用自动电热熔接，捆扎速度快、省时省力、接口平整牢固，能提高产品包装外观的档次。在插入机用带后，机器能自动完成聚带、黏合、切断、出带的捆扎过程。

半自动捆扎机又分为高台型半自动捆扎机（如图3-5所示）和低台型半自动捆扎机（如图3-6所示），我们常用的是高台型半自动捆扎机。高台型半自动捆扎机主要有四个按钮，从左到右依次是开关、每次自动出带长度调整按钮、绿色的倒带按钮、红色的出带按钮。

图3-5　高台型半自动捆扎机

图 3-6　低台型半自动捆扎机

2．半自动捆扎机的特点

(1)集成电路设计：新型电路设计，打包机采用插入式电路板控制整个打包动作和烫头温度，电路板更换相当方便，打包机服务便捷。

(2)瞬间加热，立即打包：创新高速热熔系统设计，5秒内可使打热片工作，使 PET 打包机进入最佳打包状态。

(3)自动停机装置，省电实用：当捆包动作完成，35 秒内不再操作时，打包机结构设计紧凑，马达会自动停止，进入待机状态，安全性高。

(4)新型刹车设计：打包机使用带盘之刹车采用特殊的弹簧设计，保证进带平稳无噪声，打包机价格合理。

(5)打包速度快：每打一条打包带仅需几秒，打包效率高。

(6)捆扎质量好：装带黏合精准、牢固。

(7)适用范围：半自动捆扎机适用于各种规格之 PP 带，可处理 6～15 mm 的 PP 带，适合于生产用地较小的纸箱和包件的捆扎。

(二)手动捆扎机

手动捆扎机又叫手动打包机，是完全利用手动完成捆扎的简单机械(如图 3-7 所示)。整个捆扎工作需要利用手动打包机、打包钳、打包带和打包扣四种工具共同完成。

图 3-7　手动捆扎机

二、实训要点

本实训的主要内容：捆包操作→按钮使用→包装带的更换。

(一)半自动捆扎机的操作步骤

(1)插上电源，打开开关。

(2)加热几分。

(3)按红色出带按钮，使打包带出来一定长度，如果太长可以按绿色倒带按钮使打包带倒回一部分，直至把打包带调到适当长度(根据箱子大小调整，大于箱子的宽度即可)。

(4)把箱子放在捆扎台上，调整到合适位置，保证打包带能够打在箱子1/3处即可。

(5)把打包带插入烫头片处，利用加热原理，打包带会自动黏合。

(6)用同样的方法打第二根打包带，打在箱子另外一侧的1/3处；打包结果如图3-8所示。

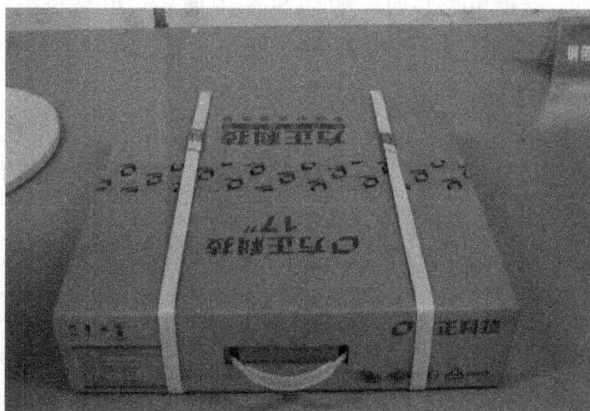

图3-8　打包在各1/3处

(7)把箱子用双手抱下，放在规定位置，至此一个箱子的打包结束。

(8)关闭开关，拔掉电源。

(二)手动捆扎机的操作步骤

(1)放置好打包带，并将被打包纸箱放置于打包带上面。

(2)将打包带于纸箱1/3处环绕一圈，不能太靠外，也不能太靠里(如图3-9所示)。

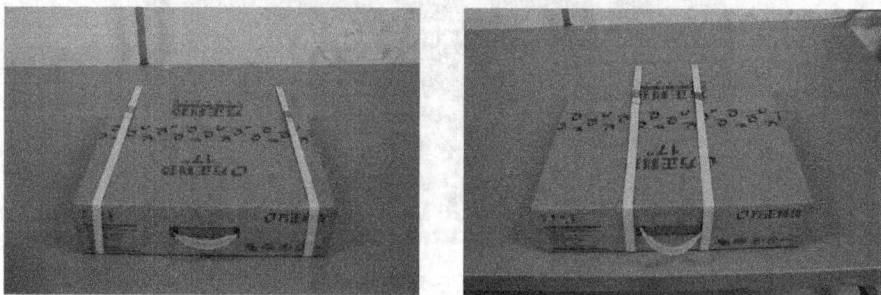

图3-9　错误打包太靠外、太靠里

(3)用手动打包机固定好环绕在纸箱上的打包带，并使打包带围绕一圈后接头部分交叠在一起。

(4)用手动打包机将打包带绕紧，不能太松(如图3-10所示)，然后用手动打包机切断余下打包带。

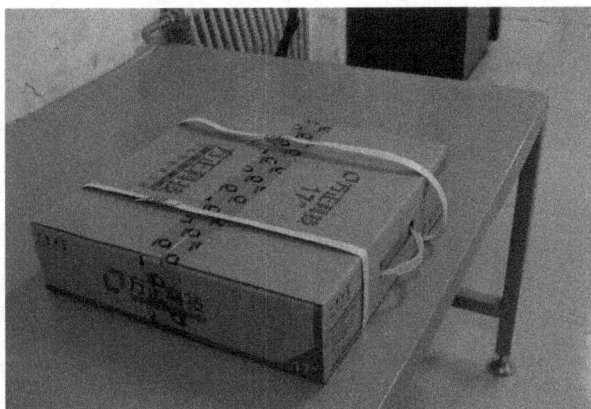

图 3-10 打包带太松

（5）用打包扣扣住交叠部分的打包带，再用打包钳夹紧打包扣。

（6）于箱子的另一侧 1/3 处重复步骤，完成另一侧箱子的打包，整个箱子打包完成。

三、注意事项

（1）实训准备：准备手动捆扎机、半自动捆扎机、包装带、打包扣、待捆包纸箱等基本工具。

（2）安全操作规程说明：注意高温及用电安全。

（3）捆包操作：捆包结实美观。

（4）主要功能按钮使用操作：实现掌握各按钮功能，进行正确操作。

（5）包装带的更换：包装带安装正确。

（6）纸箱打包一般都打两条打包带，打包带分别在纸箱两侧 1/3 处。

（7）实训完毕要撰写实训报告进行总结。

任务四 打码实训

一、打码机的种类

（一）微电脑热色带打码机

微电脑热色带打码机（如图 3-11 所示）可在塑料袋和纸袋上打印生产日期、重量、批号、有限期，印字清晰、易干不黏、换字方便。

（二）热色带打码机

热色带打码机（如图 3-12 所示）采用热打印色带代替油墨打印，可在塑料袋上打印生产日期、生产批号、有效期等。印字清晰、易干不黏、换字方便，可单独使用，也可与生产线配套运行，可印字 1～3 行。

图 3-11 微电脑热色带打码机

图 3-12　热色带打码机

(三)固体墨轮标示机

固体墨轮标示机(如图 3-13 所示)结构新颖,制造精良,光电控制,自动计数,并可预置押印张数及部位。采用先进的固体墨轮印字,字迹清晰,瞬印瞬干,不易擦除,轮墨有红、黄、兰、白、黑、绿等颜色任意选择。配有适用于 R 型或 T 型字的两用印字轮。该机可以在纸张、薄纸板及非吸收性材料塑料薄膜、铝箔上印制标签。

图 3-13　固体墨轮标示机

二、实训要点

本实训采用的主要是微电脑热色带打码机和热色带打码机。实训的主要内容:打码操作→按钮使用→字粒的更换→色带的更换。

(一)微电脑打码机操作步骤

1. 微电脑打码机的主要操作

(1)将调字粒调整为正确的日期、批号，检查色带等材料使设备运转正常。

(2)插上电源，使微电脑打码机预热，一般预热为90℃，预热时间为5~8分钟。

(3)按开印开关或脚踏板使色带转动，使字粒上的日期打印到纸或塑料袋上。

2. 微电脑打码机的使用说明

在微电脑打码机上有四个按钮，分别为"清除""启动""温度"和"印速"。"清除"按钮的功能是把以前所有的操作归零，对机器进行重新操作；"启动"按钮的功能是直接打印生产日期，截止日期和生产批次；"温度"按钮的功能是可以调整预热时的温度，范围在0~9这几个数字之间，它代表九个档位；"印速"按钮的功能是调整打印速度，范围也是0~9这几个数字之间，具体的数字代每间隔一次打印的时间(以秒为单位)。

微电脑打码机的操作可分为三种方法：

(1)打码机预热后直接点击"启动"按钮打印日期。

(2)打码机预热后用脚踩脚踏板完成打印操作。

(3)打码机预热后点击"清除"按钮，然后调整印速，一般为"5"，这样可以方便操作，最后点击"启动"按钮打印日期。

(二)热色带打码机的操作步骤

1. 热色带打码机的主要操作

(1)插上电源，打开开关，将温度按钮调至一定温度等待机器预热。

(2)打开连续按钮，将需要打码物品放于打字头的下方，按脚踏板进行打印。

(3)打开连续按钮，将需要打码物品放于打字头的下方，打开打码按钮，机器会连续打码。

(4)关闭连续按钮，调节速度按钮，将需要打码物品放于打字头的下方，打开打码按钮。

2. 热色带打码机实训的辅助操作

(1)装色带：先取下放带与收带的活动有机玻璃夹板，将色带装进放带装置内，再套上螺母，接着把色带的短头粘在空心纸筒上，再套上收带装置，放上有机玻璃夹板，旋紧螺母。

(2)调节色带宽度：调节活动导带的塑料挡圈，使两挡圈之间的距离比色带宽1 mm。

(3)送带阻力调节：打码机打印运行过程中，带子不能太松，要适当绷紧。这样可以避免产生太大的阻力，保证印字后色带有足够的张力，而且不会出现色带与被印材料相粘或者运行中色带走偏等情况的发生。

(4)打字压力的调节：根据热色带打码机技术的要求，打印字头的端面低于材料上端面1.5 mm左右。打印字头太低容易压断色带或字迹过粗，打印字头太高会导致字迹不清晰。

(5)行程调节方法：先把六角边杆上螺丝拼帽松开，再调节六角边杆，向左旋转打印头往上升，向右旋转打印头往下降，旋转一个角行程约0.4 mm，旋转一周约2.5 mm。

(6)送色带行程调节：要改变送色带行程的距离，将调节行程螺钉下的位置来改变送带的长度，字列之间的距离以1 mm为最佳。

三、注意事项

(1)实训准备：准备好热打码机、色带、备用字粒盒、塑料袋等工具。

(2)安全操作规程说明：注意高温、压力及用电安全。

(3)实际操作前要先掌握主要功能按钮使用操作。

(4)打印条码应该与下面输送带齐平，不能斜着放(如图 3-14 所示)。

(5)能够进行字粒和色带的更换。

(6)实训完毕要撰写实训报告进行总结。

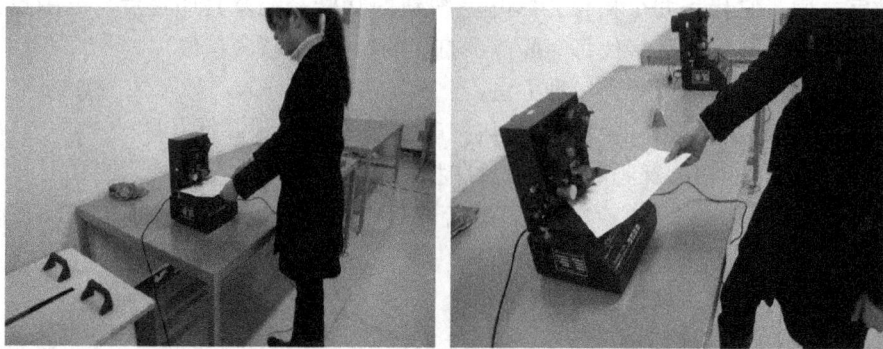

图 3-14   条码打印机正确操作和错误操作(斜着放打印纸)

任务五   标价实训

一、标价机简介

M—5500 6 位标价机(如图 3-15 所示)采用新料注塑而成，外观漂亮、持久耐用，用法简单易懂，是超市、商铺、卖场等物品标价必备之品。特点：用于在商品上标价，6 位数，可标特价和售价、￥、RMB 符号，分内销和外销两种(币种齐全)。

图 3-15   M—5500 6 位标价机

二、实训要点

本实训的主要内容：标价操作→标价调整→价格标签纸的更换→墨轮的更换，具体操作步骤包括：

(1)准备标价机、价格标签纸、塑料袋等基本工具。

(2)调整标价，正确更换价格标签纸。

(3)检查墨轮，有需要的话进行墨轮的更换，保证打印工作顺畅完成。

(4)手按标价机，将标签纸贴在塑料袋上。

(5)实训完毕填写实训报告进行总结。

三、注意事项

(1)保持实习场地整洁。

(2)根据实际需要调整变价内容。

(3)注意标签所贴的位置，应该在外包装相对平整且显眼的位置。

课后实训

项目名称：流通加工综合实训

实训目的：考核学生对流通加工各项实训掌握的程度。

实训器材：封口机、捆扎机、打码机、标价机及相关耗材。

实训步骤：每种设备以课文中的操作步骤为准。

课后练习题

1. 什么是流通加工？

2. 流通加工的主要类型有哪些？

3. 简述流通加工的主要实训项目。

【能力考核表】

考核表 3-1　专业能力实训成绩考核表

专业能力	评估标准	分项成绩
1. 封口实训能力要求	(1)封口机字粒更换正确 (2)封口机开机程序正确 (3)封口机温度正确设定 (4)封口机各功能按钮正确使用 (5)封口严密、匀称、美观 (6)封口机关机程序正确	
2. 捆包实训能力要求	(1)捆扎机装带正确 (2)穿带正确 (3)捆扎机各功能按钮正确使用 (4)捆包操作规范熟练 (5)捆包结实美观	

续表

专 业 能 力	评 估 标 准	分 项 成 绩
3. 打码实训能力要求	(1)打码机色带安装或墨轮更换正确 (2)打码机字粒更换正确 (3)打码机各功能按钮正确使用 (4)打码操作规范熟练 (5)打码清晰美观	
4. 标价实训能力要求	(1)价格标签纸安装正确 (2)墨轮更换正确 (3)标价调整正确 (4)标价操作规范熟练 (5)标价清晰美观	
总成绩Σ100		
教师评语		签名： 年　月　日
学生意见		签名： 年　月　日

项目四
叉车技能实训

●●●●● **学习目标**

☆知识目标

● 掌握叉车使用的安全问题

● 熟练掌握叉车的操作装置和使用方法

● 熟练掌握叉车驾驶和操作技巧

● 明确叉车定期检查和维护的方法和内容

☆能力目标

工作任务	能力目标
叉车概述	1. 叉车的角色与作用 2. 叉车的定义 3. 叉车的结构
叉车的使用技巧	1. 叉车使用前的安全问题 2. 叉车使用和操作中的安全问题 3. 叉车保养与维护中的安全问题 4. 使用蓄电池的安全问题
操作装置和使用方法	1. 液晶仪表显示 2. 开关部分的使用 3. 控制部分的使用 4. 车体部分的调整

续表

工作任务	能力目标
驾驶和操作	1. 新车的使用 2. 负载与叉车稳定性的关系 3. 载荷中心与负荷曲线 4. 叉车的稳定性 5. 叉车的运输和装卸 6. 开车前的准备 7. 叉车的驾驶 8. 蓄电池的使用方法 9. 熟悉叉车堆垛技巧 10. 熟悉叉车拆垛技巧 11. 明确叉车存放须知
定期检查和维护	1. 操作前的检查 2. 操作后检查 3. 每周的维护(50 小时) 4. 每月的维护(200 小时) 5. 每 3 个月的维护(600 小时) 6. 每半年的维护(1 200 小时)

本项目的知识体系

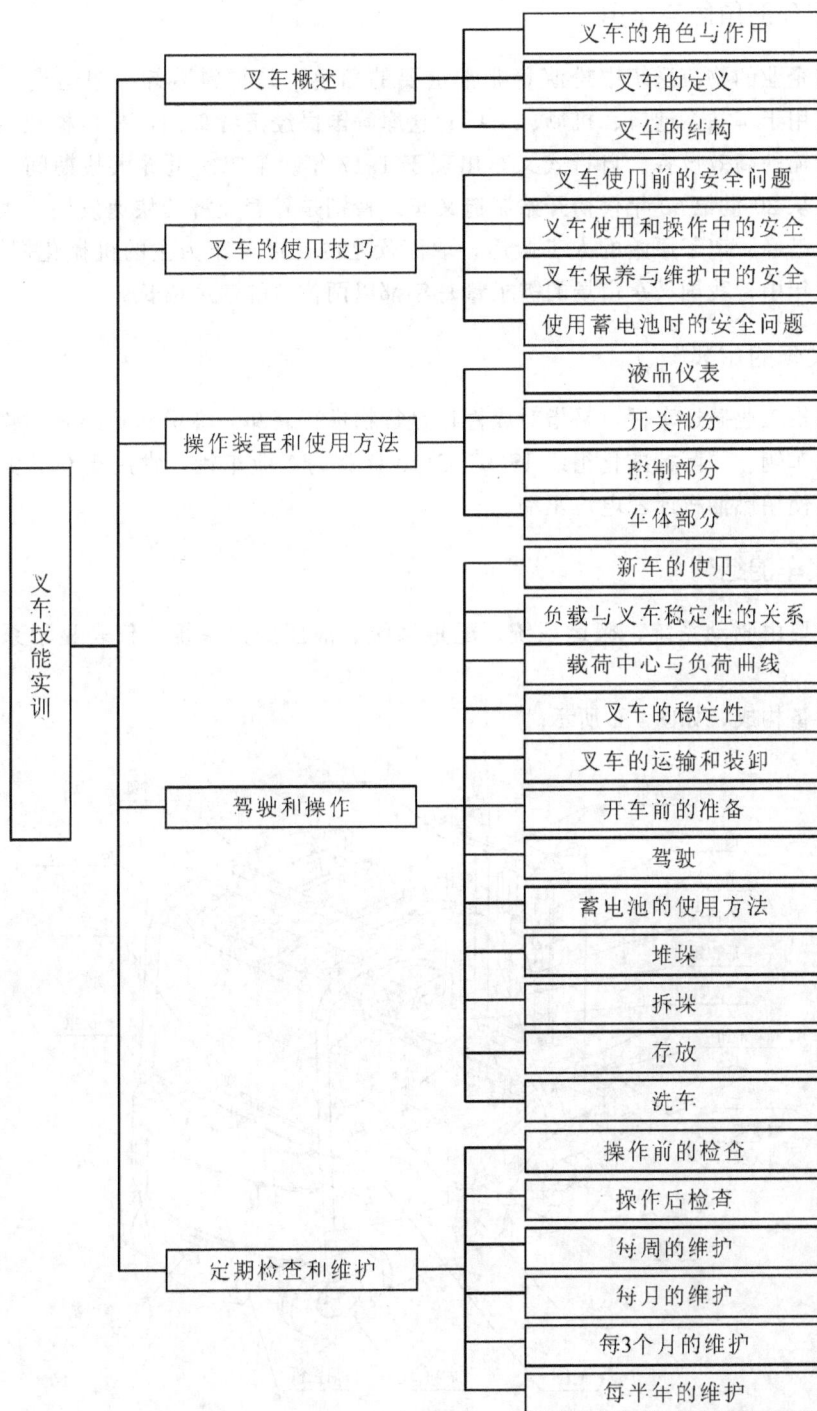

```
                                                    ┌─ 叉车的角色与作用
                                    ┌─ 叉车概述 ─────┼─ 叉车的定义
                                    │                └─ 叉车的结构
                                    │
                                    │                ┌─ 叉车使用前的安全问题
                                    │                ├─ 叉车使用和操作中的安全
                                    ├─ 叉车的使用技巧 ┤
                                    │                ├─ 叉车保养与维护中的安全
                                    │                └─ 使用蓄电池时的安全问题
                                    │
                                    │                ┌─ 液晶仪表
                                    │                ├─ 开关部分
                                    ├─ 操作装置和使用方法┤
                                    │                ├─ 控制部分
                                    │                └─ 车体部分
                                    │
                                    │                ┌─ 新车的使用
                                    │                ├─ 负载与叉车稳定性的关系
         叉                         │                ├─ 载荷中心与负荷曲线
         车                         │                ├─ 叉车的稳定性
         技 ─────────────────────── ┤                ├─ 叉车的运输和装卸
         能                         │                ├─ 开车前的准备
         实                         ├─ 驾驶和操作 ────┤─ 驾驶
         训                         │                ├─ 蓄电池的使用方法
                                    │                ├─ 堆垛
                                    │                ├─ 拆垛
                                    │                ├─ 存放
                                    │                └─ 洗车
                                    │
                                    │                ┌─ 操作前的检查
                                    │                ├─ 操作后检查
                                    │                ├─ 每周的维护
                                    └─ 定期检查和维护 ┤─ 每月的维护
                                                     ├─ 每3个月的维护
                                                     └─ 每半年的维护
```

任务一　叉车概述

一、叉车的角色与作用

叉车在企业的物流系统中扮演着非常重要的角色，是物料装卸、搬运设备中的主力军。广泛应用于车站、港口、机场、工厂、仓库等国民经济各部门，是机械化装卸、堆垛和短距离运输的高效设备。自行式叉车出现于 1917 年。第二次世界大战期间，叉车得到发展。我国从 20 世纪 50 年代初开始制造叉车。特别是随着经济的快速发展，大部分企业的物料搬运已经脱离了原始的人工搬运，取而代之的是以叉车为主的机械化搬运。因此，在过去的几年中，我国叉车市场的需求量每年都以两位数的速度增长。

二、叉车的定义

叉车是指工业搬运车辆，是指对成件托盘货物进行装卸、堆垛和短距离运输作业的各种轮式搬运车辆。国际标准化组织 ISO/TC110 称其为工业车辆。常用于仓储大型物件的运输，通常使用燃油机或者电池驱动。

三、叉车的结构

叉车主要由驱动系统、搬运系统、配重系统、液压助力系统、仪表显示系统等部分组成。

具体设备构成，如图 4-1 所示。

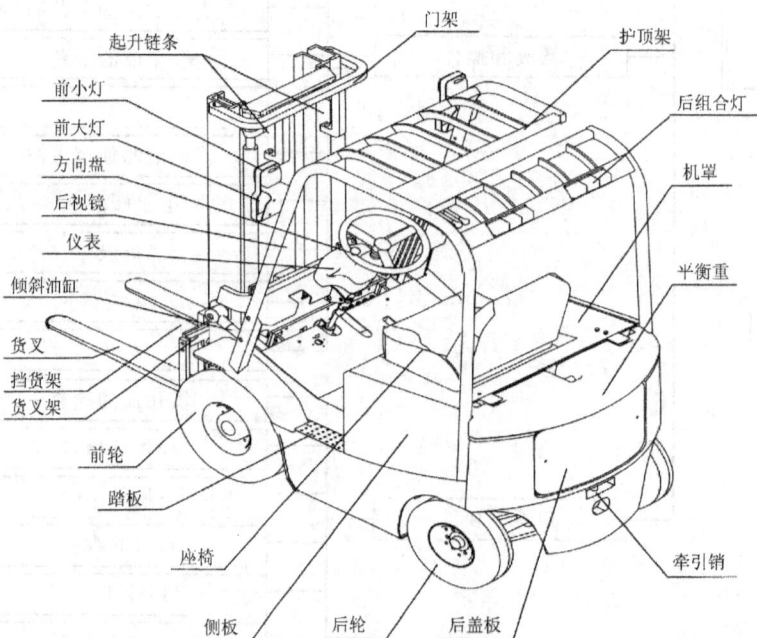

图 4-1　叉车结构图

任务二　叉车的使用技巧

一、叉车使用前的安全问题

(一)获得操作资格

(1)只有经过培训并且得到认可的操作人员才能允许操作叉车。

(2)如叉车需在操作场地意外进行作业时，除应具备叉车驾驶操作资格证外，还应具备 B 类以上车辆驾驶证。

(3)具有相同技术参数的每台叉车的制动、加速器和液压操纵手柄的特性都不尽相同。需认真阅读车辆使用说明和车辆的标牌，熟悉各项操作后，方可进行叉车驾驶操作。

(二)驾驶叉车时的穿戴

(1)驾驶车辆时请穿上工作服、劳保鞋并戴上安全帽。如图 4-2 所示。

图 4-2　叉车驾驶员穿戴示意图

(2)为了安全，请不要穿宽松的衣服，以免被挂住而导致不可预料的危险。

(三)严禁酒后驾驶

当你感到疲倦、思想不集中、用过麻醉剂或喝过酒后，请勿驾驶叉车。

(四)工作场所的安全

(1)保持良好的路况，道路应通畅。

(2)因安全需要，工作场所必须有充足的光源。

(3)在平台或码头跳板上操作时，叉车有倾翻的危险，请采用垫块或其他保护措施以防止倾翻。

(五)保持驾驶室清洁

(1)驾驶室应始终保持清洁。

(2)当手湿滑或有油污时，请不要操作叉车。

(3)驾驶室里不要放工具或其他金属物体，这些东西会妨碍操纵杆或踏板的动作。

(六)叉车的完整性

(1)叉车出厂时应装备护顶架和挡货架。

(2)护顶架用来防护物体的坠落。应当注意的是，护顶架是用于防护小件物体、箱体等的坠落冲击的，但并不能阻挡额定载荷的坠落冲击。应对坠落物采取预先防护措施。

（3）不允许对叉车进行改造或添加任何工作装置，否则可能会影响额定载荷或安全操作。

（4）不要安装任何阻挡驾驶员视线的部件。

图 4-3　不允许叉车带病工作

（七）定期检修

（1）进行每天检修和定期检修。

（2）当发现叉车有损坏或故障时，停止操作叉车并及时将叉车的状况通知维修人员。待叉车完成检修，方可从事装卸、搬运作业。

（八）避免火灾

为了防止火灾事故或其他不可预测事态的发生，应在叉车作业区内设置灭火设备。

（九）禁止超载

（1）不要超载，遵守叉车的许可载荷和载荷曲线，并使货物重心位于载荷中心处，如图 4-4 所示。

图 4-4　载荷不稳可能造成货物倾卸

（2）许可载荷是指放在货叉载荷中心的最大承载。

（十）使用适当的托盘

（1）使用尺寸和强度均合适的托盘来承载货物。

（2）确保货物固定在托盘上，并且有合适的形状。

(3)禁止无托盘搬运货物。如图 4-5 所示。

图 4-5　叉车正确载货方法

二、叉车使用和操作中的安全问题

(一)开始启动时的注意事项

(1)拉上手制动。

(2)换挡操纵手柄置于空挡。

(3)踩下离合器踏板或制动踏板。

(4)调整座椅以便手、脚操纵。

(5)确保叉车上、下、前、后无人。

(二)叉车周围的安全状况

(1)当运载庞大货物，视线不好时，请倒车行驶或由他人引导。

(2)倒车行驶时，要将脸朝向车辆后方，在对后方直接进行确认后行驶。后视镜和倒车蜂鸣器是辅助装置。参见图 4-6。

图 4-6　载运庞大物体的正确驾驶方法

(3)在狭小通道中驾驶叉车时，应有人引导。

(4)驾驶员应在十字路口或其他视线受阻的地方停车，确信叉车左右无人时再开动。叉车视线受阻时应注意左右瞭望，如图 4-7 所示。

图 4-7　叉车视线受阻时应注意左右瞭望

(5)确保叉车与路边或平台边缘有足够的安全距离，以防止叉车跌落。如图 4-8 所示。

图 4-8　叉车与操作边界保持间距

(6)叉车与汽车不同，属于后轮转向。接近转向处时，降低行驶速度，然后转动方向盘以便于叉车后部转动。

(三)禁止野蛮驾驶

(1)不要在踩下加速踏板的情况下，打开钥匙开关。

(2)不要突然地启动、制动或转向。突然的启动或制动会使货物坠落，突然的转弯会使叉车倾翻并导致严重的事故。

(3)无论在满载或空载状态下，都要慢速操纵液压控制手柄。货叉处于高位时，如果突然操纵手柄，会造成货物掉落或叉车倾翻的危险。

(4)不要辗过散落在路面上的挡板或障碍物。

(5)当行驶经过其他叉车时，降低行驶速度并鸣喇叭。

(6)不要驶入软地面。

(7)在潮湿、滑溜、不平或倾斜等路面上行驶时，请降低行驶速度。

(8)确保门架与屋顶及出入口之间具有一定的间隙。如图 4-9 所示。

图 4-9　门架与出入口保持间距

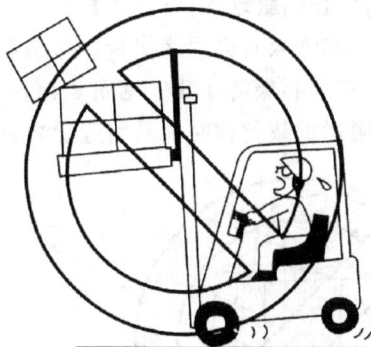

图 4-10　禁止货物处于高位时行驶叉车

(四)禁止货叉升高行驶

货叉升起时，不要驾驶叉车，否则有可能造成不稳定的状况且可能造成叉车的倾翻。如图 4-10 所示。

(五)禁止货叉尖工作

不要用货叉尖挤推货物或提升货物，当用货叉尖提升货物时，可能造成叉车或货物的抖动。

(六)禁止推拉操作

不可用叉车推拉货物，否则货物有可能会损坏或坠落。如图 4-11 所示。

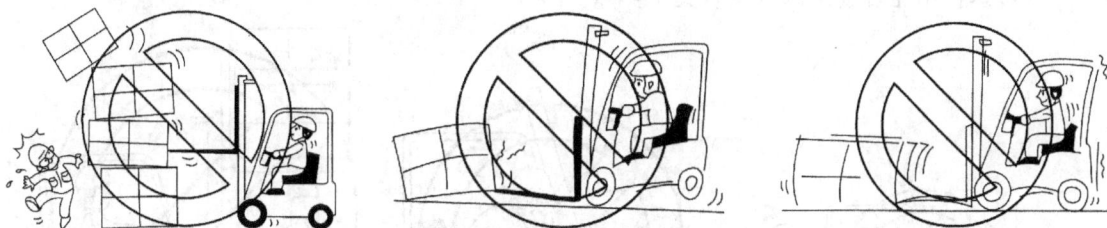

图 4-11　禁止货叉尖挤推货物

(七)坡道上行驶

(1)在坡道上驾驶叉车时，要遵循下列规则(如图 4-12 所示)：

有载：上坡时前进行驶，下坡时后退行驶。

无载：上坡时后退行驶，下坡时前进行驶。

(2)叉车下坡时要带刹行驶并谨慎驾驶，保证货叉不和地面相碰。

(3)不要在坡道上进行转向或装卸作业，否则叉车有倾翻的危险。

图 4-12　货物正确上下坡道方法

（八）禁止偏载堆垛（见图4-13）

（1）叉车堆垛时必须确保货物排放得安全稳固，货叉要准确地插入托盘，同时使货物重心与叉车中心保持一致。见图4-14。

（2）搬运偏载货物时，易引起货物坠落，叉车倾翻。见图4-15。

图4-13　禁止偏载堆垛　　图4-14　叉车要准确地插入托盘　　图4-15　偏载易造成叉车倾翻

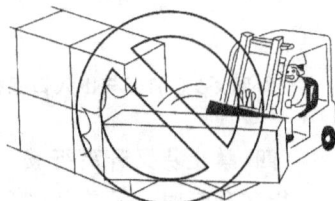

（九）禁止叉车上、下有人（见图4-16）

（1）严禁货叉、托盘上带人。

（2）不允许除司机以外的人乘车。

（3）不要用人来替代平衡重。

（4）禁止站在货物上以及从货叉下穿越。

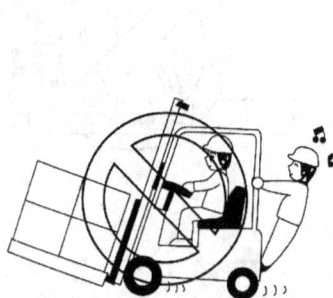

图4-16　禁止叉车上、下有人

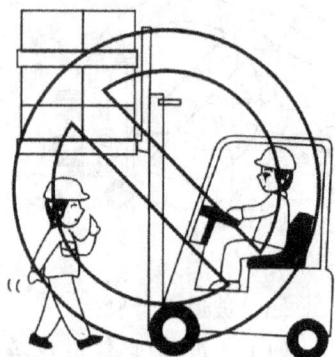

（十）禁止进入门架机构（见图4-17）

（1）禁止身体任何部位进入门架机构或门架和车身之间。

（2）请将身体置于护顶架之下，不允许将身体任何部位伸出车体之外。

（十一）门架前倾时，货叉禁止上升

（1）门架前倾时，不可起升货物和开动。

当叉车起升货物或开动叉车前，应将门架后倾到位，以稳定货物。行驶时（有载或无载），货叉和地面的距离应

图4-17　人体不能进入门架机构

保持在 150～200 mm。

(2)叉货状态下，门架不可前倾。

(3)升降货物时，应先停车。

(4)叉车处于倾斜状态时，不要装卸货物。

(十二)进箱作业

(1)叉车只能在拖车已被固定好的货台上进行装卸作业。

(2)在开始作业前，固定好过桥板并检查其强度。

(3)在进出车厢时要减速，并注意过桥板的安全。

(十三)上、下叉车

(1)禁止跳上、跳下叉车。参见图 4-18。

(2)上下叉车时，手抓住把手，脚踩在踏板上。参见图 4-19。

图 4-18 禁止跳下叉车   图 4-19 登上叉车的正确方法

(3)上下叉车时，不能抓方向盘或操纵杆。

(十四)禁止货物超高

(1)货物应靠着挡货架。货物的高度不能超过挡货架，否则易引起货物向操作人员方向滑落，驾驶员可能会被货物砸伤。

(2)重叠堆放的货物为了防止倒塌，用绳子固定好后再搬运。

(十五)链条防松

(1)当链条松弛时，不要从托盘内抽出货叉，否则会引起货物落下或叉车倾翻。

(2)链条松弛时，向上拉动一点起升手柄，使货叉上升，以纠正链条的松弛状态，然后可从托盘中抽出货叉。

(十六)货叉调节(见图 4-20)

(1)根据装卸货物托盘的大小，叉的间距调整到最合适的位置时，注意不要压到手。

(2)货叉间距调整完后，用货叉固定销将货叉固定。如果不固定，在行驶过程中货叉易移动，货物就有可能落下，也可能挤碎货物。

(十七)超宽货物的搬运

(1)搬运超长、超宽货物时，驾驶要特别小心。

(2)转向和升降货物时都要慢速，以免货物移动，同

图 4-20 货叉调节方法

时要注意四周安全。

(3)搬运超宽货物时，叉车需配备适当的加宽货叉架以防止货物掉落。

(十八)禁止徒手卸货

(十九)故障车的停放

(1)如叉车停在路边，应在车上作警示或"发生故障"的标记，拔下钥匙。

(2)当货叉因为故障不能降下来时，应在此处作一个比较明显的记号，以防止和别的车辆及行人相撞。

(二十)工作结束后，离开叉车前的注意事项

(1)门架稍前倾，货叉自然放下，否则有绊倒和伤害身体的危险。

(2)方向手柄放在空挡位置。

(3)拉上停车制动手柄。关闭钥匙开关并取下钥匙。参见图 4-21。

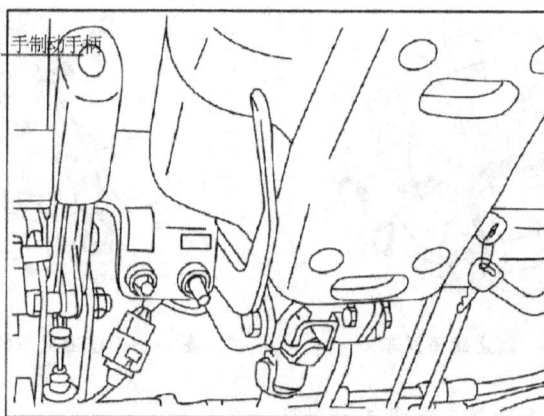

图 4-21　停车制动手柄位置

(二十一)停车

(1)请在指定的地方停车。

(2)停车处必须有足够的强度并且不妨碍交通安全。禁止在有易燃物的地方或附近停车。

(3)禁止在斜坡上停车，因叉车会发生难以预测的移动。如万不得已必须在坡道上停车，除了执行通常的停车程序外，还要在轮胎处加上止动块以防止叉车移动。参见图 4-22。

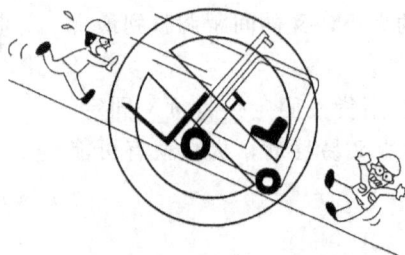

图 4-22　斜坡上停车易发生移动

三、叉车保养和维护中的安全问题

(一)维护保养的场所

(1)应为指定场所且可提供给服务机构足够的设备和安全保护设施。

(2)该场所应为水平地面，且要求通风条件良好。

(3)该场所应备有灭火装置。

(二)维护保养前的注意事项

(1)禁止吸烟。

(2)穿戴各种防护用具(防护帽、鞋、眼镜、手套和靴子)和合适的衣服。

(3)及时擦去流出的油。

(4)在加润滑油时，应先用刷子或布将接头上的油污或灰尘清理掉，然后再加润滑油。

(5)除特殊需要外，应关掉钥匙开关并拔出蓄电池的插头。

(6)在对叉车进行维护保养时，应将货叉落到地面上。

(7)用压缩空气清洁电气元件。

(三)维护保养注意事项

(1)应小心不要将脚放在货叉下面，不要被货叉绊倒。

(2)当货叉提升起来时，应用垫块或其他物品垫在内门架下方以免货叉和门架突然下落。

(3)应小心打开和关上前底板和蓄电池箱盖板，以免挤压到手指。

(4)当工作一次不能完成时，应做上记号以便后面继续工作。

(5)使用合适的工具，不要使用临时代用的工具。

(6)当被高压电击伤时，应立即找医生诊治。

(7)不要把门架总成当梯子用。

(8)严禁将手、脚和身体放于车架和门架总成之间。

(四)检查和更换轮胎

(1)拆卸和安装轮胎工作应由原销售厂家指定服务机构进行。

(2)应由专业人员搬运高压空气。

(3)使用压缩空气时，应戴护目镜。

(4)在拆卸轮胎时，不要松掉连接处的螺栓和螺母，因为轮胎内部是高压气体，螺栓、螺母和轮辋松动会造成非常危险的情况。

(五)使用千斤顶(更换轮胎时)

(1)用千斤顶顶起叉车时，身体不要钻入叉车下方。

(2)在用千斤顶顶起叉车前，应确保叉车上没有人及负载。

(3)当叉车车轮脱离地面时，应停止使用千斤顶，并将垫块垫在叉车下方，以免叉车落下。

(4)在用千斤顶顶起叉车前，应采取措施不让叉车滑动。

(六)起吊叉车

(1)应由受过专门训练的人员起吊叉车。

(2)绳索应钩住叉车上指定的起吊位置。

(3)所有绳索应有足够的承受力。

(七)排废(电解废液、油等)要求

叉车上的废液应按当地政府的规定回收，不得随意排放。

四、使用蓄电池时的安全问题

(一)禁止使用明火(见图4-23)

蓄电池在充电过程中，产生可燃性气体，当明火
(如点燃的香烟)靠近蓄电池时，会造成爆炸的火灾。

(二)防止电击

蓄电池具有高电压，当安装和维护时，不要接触
蓄电池的导电体，这会造成严重的烧伤。

(三)正确连接

当蓄电池充电时，正、负极不能接反，否则将造
成高温、燃烧、烟或爆炸。

图4-23　禁止在蓄电池周围使用明火

(四)禁止将金属类物品放在蓄电池上

不要因螺栓或工具造成正、负极接触而发生短路，这将会造成受伤和爆炸。

(五)禁止过度放电

不要将叉车使用至不能移动才停止，否则蓄电池的寿命会缩短。当蓄电池容量报警指
示灯连续闪烁时，蓄电池就需要充电了。

(六)保持清洁

(1)保持蓄电池表面清洁。

(2)不要使用干布、化学纤维布清洁蓄电池表面。不要用聚乙烯薄膜覆盖蓄电池。

(3)静电会造成爆炸。

(4)用湿布清洁蓄电池未覆盖的顶部。

(七)穿戴防护服

当维护蓄电池时，要戴护目镜、橡胶手套和橡胶靴。

(八)蓄电池电解液是有害的

(1)蓄电池电解液是由稀释的硫酸制成的，当电解液黏附在眼睛、皮肤和衣服上时，
须立刻脱掉沾有硫酸的衣服并用清水清洗患部10～15分钟，并尽快就医。如果可能，在
赴医院途中，继续用浸有清水的海绵或净布，清洗患部。

(2)大面积污染时：用小苏打(碳酸氢钠)中和蓄电池电解液或用水清洗。

(3)吞食：喝大量的水或牛奶。

(4)溅在衣服上时，应立即脱去衣服。

(九)盖紧蓄电池上盖

(1)盖紧蓄电池上盖以防止蓄电池电解液渗漏。

(2)加电解液或补充液时注意不要加得过多，电解液溢出会造成漏电。

(十)清洗

蓄电池在叉车上时不要清洗叉车，否则会造成蓄电池损坏。拧紧蓄电池上盖以防止
进水。

(十一)海水

蓄电池不能被雨水或海水打湿，这会损坏蓄电池或造成失火。搬运时要小心。否则易造成视力丧失和烫伤。

(十二)蓄电池的不正常现象

当蓄电池出现下列情况时，请与销售部门联系：

(1)蓄电池发臭。

(2)电解液变脏。

(3)电解液温度变高。

(4)电解液减少速度过快。

(十三)禁止拆卸

(1)不要将电解液从蓄电池中抽干。

(2)不要拆分蓄电池。

(3)不要修理蓄电池。

(十四)存放

当蓄电池长期不用时，应将其存放在通风良好且不易发生火灾的地方，并每月补充一次电。

(十五)废弃电池的处理

处理废弃的蓄电池时，应与叉车销售企业或专门的蓄电池回收机构联系。

任务三 操作装置和使用方法

一、液晶仪表

如果叉车显示采用 H2000-E2 组合仪表，则表明叉车采用了微电脑技术，具有实时采样、实时显示、实时控制的优点，使驾驶员的操作更加灵活、更加舒适。液晶仪表具有蓄电池欠压警告和保护功能，以更好地保护蓄电池和车辆。

(一)显示图形说明(见图 4-24)

1——电压表。显示为当前电瓶电压值；

2——灯光开关；

3——电锁；

4——电瓶电压正常状态指示灯；

5——欠压状态指示灯；

6——右转向灯指示；

7——手制动指示；

8——示宽灯工作指示；

9——车辆前进状态指示；

10——车辆后退状态指示；

11——前大灯工作指示；

12——左转向灯指示；

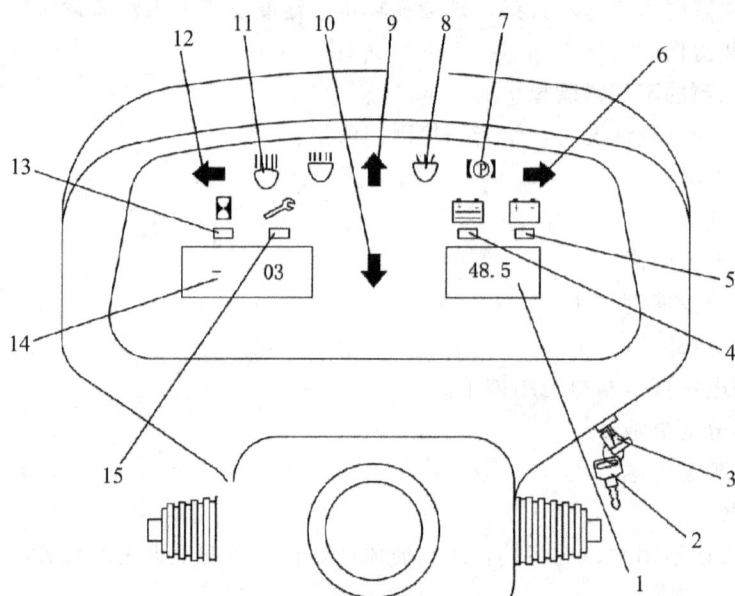

图 4-24　叉车仪表盘显示图形

13——电控小时计；

14——电控故障代码表；

15——电控故障警示灯。

(二)使用说明

(1)钥匙开关旋至"ON"后，电气控制回路接通，液晶仪表的屏幕闪烁四次后，显示信号。

(2)蓄电池容量显示。蓄电池内电量最多时，显示器共有 8 格，每格约为容量的 12.5%。

电解液液位向下降时，每一格的指示灯依次熄灭。当液位下降到最后一格时，必须给蓄电池充电。

(3)蓄电池容量报警灯。当蓄电池组单格电压小于 1.75 V，即电解液液位下降到最后一格时，蓄电池容量报警灯闪烁且倒车蜂鸣器开始报警，经过约 20 秒的延时，欠压保护继电器工作，断开起升接触器线圈电源，从而断开起升电机电源使其不能工作，保护蓄电池使其不会过放电。

(4)停车制动状态指示。当叉车处于停车制动释放状态时，液晶仪表上显示【Ⓟ】。当叉车处于停车制动状态时，液晶仪表上显示【Ⓟ】。

(5)行驶方向状态指示。当拨动方向开关，仪表指示前进且踩下加速器时，液晶仪表上显示为"↑"打向后退且踩下加速器时，液晶仪表上显示为"↓"，且倒车蜂鸣器发声。当方向开关打向中档时，显示"Ⓝ"。注意：无论前进或后退，"Ⓝ"指示灯均应熄灭。

(6)故障代码显示。故障代码从 001～009 表示不同的故障，发生故障时，扳手图形符号开始闪烁，且代码也同时显示出来，当显示的故障代码大于 10 时，表示蓄电池已用完即处于欠压状态,与功能3同时告警。

(7)计时显示。钥匙开关处于"ON"状态时显示累计工作时间,字长6位,即工作时间可累计0～99999.9小时。

打开钥匙开关,12 V电源向仪表供电,同时48 V电源经继电器盒内的启动继电器加到仪表及电气控制回路上,表面上"仪表开启"指示灯亮,时间计数器的液晶屏上先显示"88888.8",然后累加运行时间值(单位0.1 H),故障代码显示窗显示"88",表示牵引控制装置正常。

手闸制动时,表面上"制动"指示灯亮,松开手闸时该指示灯灭。

(8)蓄电池容量显示。当此灯亮时,电瓶处于欠压状态,同时起升开关的控制电源(电源负极)被切断,提升不能工作,达到保护目的。结合电瓶叉车的一般使用状况,48 V蓄电池的欠压值被调在40 V,即叉车在工作时,如电瓶电压低于40 V值,此值持续数秒,欠压保护电路工作。

二、开关部分

关(OFF):在此位置开关断开,并且钥匙能插进和拔出。

开(ON):从断开位置向右旋转,开关接通,叉车即启动。

(1)不要在打开钥匙开关的同时踩加速踏板。

(2)离开叉车时,必须取走钥匙。

(3)当停放叉车或在叉车上充电时,取走钥匙。

三、控制部分

(一)方向盘(②)和方向盘手柄球(①)(见图4-25)

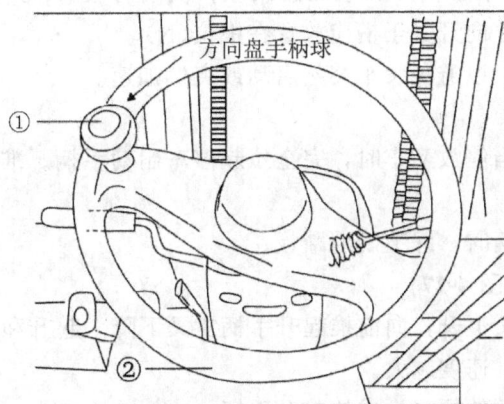

图4-25 驾驶员方向盘手柄球

方向盘以通常的方式操作,那就是说,方向盘向右边旋转的时候,叉车向右转;方向盘向左边旋转的时候,叉车向左转。转向轮安装在叉车的后部,这就使得转向时叉车的后部以向外摆动。

转向时,左手抓紧方向盘手柄球,同时右手可放在多路阀操纵手柄上或方向盘上。全液压转向系统和方向盘倾斜装置是叉车上的标准装备。

(1)根据驾驶员的位置调整方向盘到最佳角度。参见图 4-26。

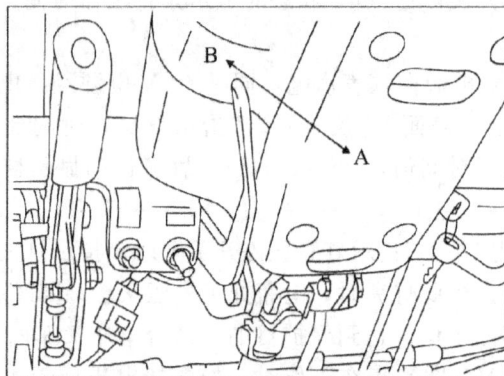

图 4-26　驾驶员方向盘调节把手

(2)调整好方向盘倾斜角度后,用倾斜手柄锁死转向管柱。

(二)喇叭按钮

按下方向盘中央的橡皮盖发出蜂鸣声。即使在钥匙开关处在关闭的状态,喇叭也会发出声。

(三)制动踏板和加速踏板

从左至右,分别是制动踏板和加速踏板。

应缓慢踩下加速踏板,叉车的速度受加速踏板踩下的角度控制。

当踩下制动踏板时,确保脚已从加速踏板上移开。

(四)方向开关手柄

向前行驶(F):向前推手柄并踩下加速踏板;向后行驶(R):向后拉手柄并踩下加速踏板;当停放叉车时,方向开关手柄应放置在中位(N)。

不要猛踩加速踏板,以避免叉车突然启动或突然加速。

(五)停车制动手柄

为防止叉车移动,当停放叉车时,完全拉起停车制动手柄。准备开车时,需将停车制动手柄向前推到底。

当操作停车制动手柄时,踩下制动踏板。

(六)起升手柄①(见图 4-27)

向后拉起升手柄货叉上升,向前推起升手柄货叉下降。起升和下降速度可由手柄的倾斜角度控制,角度越大,速度越大。

不能在打开钥匙开关的同时推或拉起升手柄。

不能突然降低货叉和降低货叉时突然停止。

(七)倾斜手柄②(见图 4-27)

向后拉倾斜手柄门架后倾,向前推倾斜手柄门架前倾。前倾和后倾速度可由手柄的倾斜角度控制,角度越大,速度越快。

不能在打开钥匙开关的同时拉或推倾斜手柄。

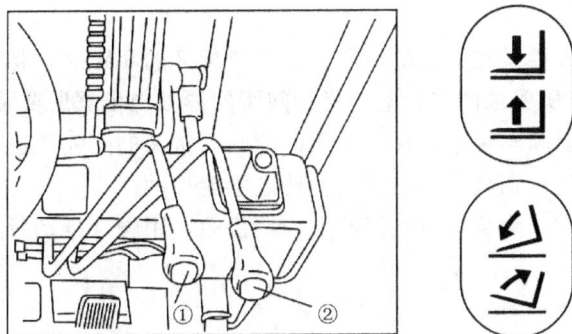

图 4-27　起升和倾斜手柄使用

四、车体部分

(一)座椅(见图 4-28)

通过调整手柄，可使座椅的位置调到与操作者体格相适合。

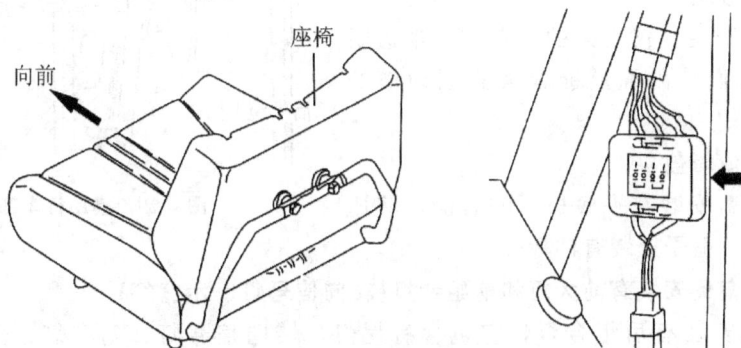

图 4-28　驾驶员座椅位置调节

手柄向上拉，固定就被解除，调整后可轻轻地前后移动座椅，要确认是否确实锁定。座椅的位置调整范围：前后可调节范围是 120 mm。

座椅带有座位开关(可选)，当司机离开座位时，叉车将不能行驶。

(二)护顶架

护顶架是防止上部物体落下，保护操作者安全的重要零件。安装松动，拆下后使用、改造后使用都非常危险，会导致重大事故。

(三)挡货架

销货架是防止货叉上装载的货物滑落向操作者的重要安全部件。安装松动，拆下后使用、改造后使用都很危险。

(四)牵引销

牵引销仅用于以下场合：

(1)不能行驶时的脱困使用(如轮胎陷入侧沟等)。车辆运输而要装上货车或从货车上卸下来时。

(2)绝对不要用于牵引或被牵引作业。

（五）货叉定位销

货叉定位销将货叉锁紧在一定的位置。要调节货叉的间距时，将货叉定位销向上拨转1/4圈，把货叉调整到所要求的位置上。货叉间距的调整应依据所要装卸的货物而起。

根据货物的重心要和车辆中心保持一致的原则，货叉的间隔要进行左右相等距离的调整。调整后，用货叉定位销确实固定货叉，使之不能移动。

在调整货叉间隔时，将身体靠在挡架上，站稳后，用脚来推动货叉进行。绝对不能用手来进行调整。

（六）脚踏板和把手

车身的两侧都提供了脚踏板，把手拉于护顶架的左前支撑杆上。上下车辆的时候都要使用脚踏板和把手，以确保安全。

（七）保险丝盒

保险丝盒安装在平底板的下面或者平衡重内电控一起。

（八）制动液罐

制动液罐安装在仪表架的内左侧，半透明的罐子使得我们从外面就能检查到制动液的液位。

（九）液压油箱盖

液压油箱盖安装在平底板下的右侧，液压油从油孔注入。盖子上装有油标尺。

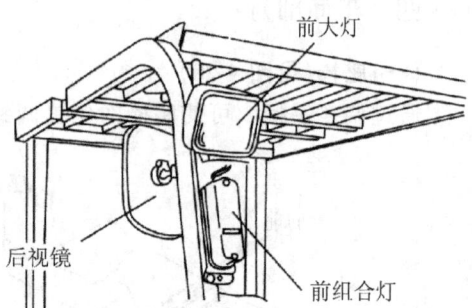

图 4-29　辅助行车部件

（十）车辆前侧安装有前大灯和前组合灯（转向信号灯、示宽灯）

车辆后侧安装有后组合灯，它包含有尾灯、转向信号灯、刹车灯、倒车灯。参见图 4-29。

确认灯类工作状况，如果灯泡烧坏、灯罩损伤或不干净，应立即更换或修理。

（十一）后视镜

后视镜安装在护顶架前脚上，左右各一个。

(1)后视镜面应保持清洁。

(2)将后视镜面调整到能够刚好看到后方的位置。

（十二）蓄电池插头

蓄电池插头是用于蓄电池与车辆电气部件间连接或断开的，通常情况是连接使用。

(1)用手接触内部电气部件场合，必须拔下蓄电池插头，防止危险。

(2)即使钥匙开关在"OFF"位置，主回路仍然有电压。

(3)车辆行驶中，拔下蓄电池插头后，将不能转向，除非不得已，绝对不得拔下蓄电池插头。

任务四　驾驶和操作

为使车辆保持良好的性能，安全使用，经济运转，在这里介绍一些正确的驾驶操作的注意事项。

一、新车的使用

车辆的使用寿命，取决于新车的使用，在最初 200 小时运转时，请十分注意以下事项：

（1）不论什么季节，作业前，必须进行热机运转。

（2）保养维护，想到做到。

（3）不要粗暴地操作，不要无理地使用。

（4）及时加润滑油、润滑脂及换油。

二、负载与叉车稳定性的关系

在负荷曲线内，叉车以前轮中心为支点，保持车体与货叉上的载荷相平衡，注意负载与载荷中心，以维护车辆的稳定。

超过负荷曲线后，容易产生严重的事故。重量应随之减小。

后轮有被抬起的危险并处于恶劣的情况，叉车有可能倾翻，导致货物靠近叉尖与增加货物重量有同样的结果。

三、载荷中心与负荷曲线

载荷中心是货叉最前端面到货物重心的距离。上述负荷曲线图例表明 2 吨叉车载荷中心与允许负载量的关系(许用载荷)负载曲线标牌贴在车辆上，该标牌如有损坏或丢失，用新品更换。

如车辆装备了处理货物的属具，如侧移器、铲斗或旋转叉，其许用载荷比相应的标准车(无任何属具)降低的原因如下：

（1）减少了相当于属具重量的负载。

（2）由于属具的长度引起载荷中心前移，许用载荷以同样的原理减少。属具的安装引起载荷中心前移，称为"载荷中心损失"。不要超过贴在车辆或属具上负荷曲线的许用载荷。

四、叉车的稳定性

叉车的稳定性标准在 ISO 或其他标准中有规定，然而，这些标准中叙述的稳定性不适用于所有的运行状态，叉车的稳定性因运行状态不同而不同。

在下列运行状态下，最大稳定性是确保：

（1）地面水平坚硬。

（2）标准空载或负载状态下运行。

标准空载状态：货叉或其他承载附件离地 30 cm，门架无负载后倾到位。

标准载荷状态：货叉或其他承载附件离地 30 cm，在标准载荷中心负载用载荷量，门架后倾到位。

装卸货物时，尽量以最小幅度前倾、后倾，除非载荷固定牢靠或用钢性货架，或低的起升高度，否则绝不要前倾。

五、叉车的运输和装卸

(一)叉车的运输

(1)用货车运输时，为使叉车不在车厢内移动，要将车轮止住，用绳索等完全将叉车固定好。

(2)装上、卸下以及在公路上运输时，要注意全长、全宽、全高，遵守相关法规。

(二)叉车的装卸

(1)请使用有足够长度、宽度、强度的搭板。

(2)切实有效地拉上货车的停车制动，止住车轮。

(3)搭板确实固定在车厢中央，搭板上不得有油脂黏附着。

(4)搭板的左右高度应相同，以便装上、卸下时车辆能平衡运行。

(5)为防止危险，请不要在搭板上转变方向或横向移动。

(6)在将叉车装上货车时，为使在搭板上左、右轮胎同时登上，缓慢地倒车运行。

六、开车前的准备

(1)司机坐稳在座位上(司机离座位时，座位开关断开，叉车不能行走)。

(2)检查方向开关手柄的位置。

把方向开关手柄打到中位 Ⓝ。

(3)接通钥匙开关。

抓住方向盘手柄球，然后接通钥匙开关，使钥匙开关处于"ON"处。

即使将钥匙开关旋至"ON"处，从控制回路开始动作到开始起步，约需 1 秒时间。

钥匙开关旋至"ON"处前，如果换档杆置于前进"F"或后退"R"处时，也不能起步。这时将换档杆返回到中档位置"N"处。

如果急速地踩下加速踏板，车辆就有可能急加速，请一定要注意。

(4)门架后倾。

后拉起升手柄使货叉从地面升起 150～200 m，向后拉倾斜手柄使门架后倾。

(5)方向开关手柄的操作。

方向开关手柄决定行驶方向(向前—向后)。

向前 F：向前推方向开关手柄。

向后 R：向后拉方向开关手柄。

(6)松开停车制动手柄，踩下制动踏板。

向前完全放开停车制动手柄，用左手抓住方向盘，把右手也轻轻放在方向盘上。

七、驾驶

(一)启动

脚从制动踏板移开并逐渐踩下加速踏板，然后叉车开始移动。

加速度的变化与加速踏板被踩下的行程有关。

不要突然启动或突然刹车，否则会造成货物附落。

(二)减速

脚慢慢松开加速踏板。根据需要，可踩下制动踏板。

如果不是紧急制动，松开加速踏板后慢慢地减速，直到停车。但是即使急速地松开加速踏板，也不能产生紧急制动。

紧急的情况下，踩下制动踏极来形成紧急制动。

在下列情况下要减速行驶：

(1)在路口转弯时。

(2)接近货物或托盘时。

(3)接近货堆时。

(4)在狭窄通道时。

(5)地面/路面不好时。

倒车时，因为叉车是后轮转向，转弯时应减速并在打方向盘时注意叉车后部的摆动。

(三)转弯

叉车不同于汽车，因为叉车是后轮转向，转弯时应减速并在打方向盘时注意叉车后部的摆动。

在转向的情况下，行驶速度越快，转弯半径越小，车辆就越易翻倒，请一定要注意。

(四)行驶和起重同时操作(微动操作)

(1)首先行驶，让货叉前端接近货物3～5 m处。

(2)完全踩下制动踏板(行驶停止)。

(3)踩下加速踏板，得到合适的作业速度。

(4)操作升降手柄，让货叉进行起重操作。

警告：

(1)行驶和起重的同时操作(微动操作)是一项对熟练要求程度很高的作业，一定要正确地理解货物的形状、重心等特征，确认好后车辆的稳定度，低速地进行货叉的升降作业。同时操作一定要十分的注意。

(2)高起升时的倾斜作业非常危险。在货台上的货物操作除了货叉的进出作业以外的操作请不要进行。

(3)为了降低高起升行驶的危险，在非常接近货台时再进行起升操作。

(五)暂时停车

(1)停车场所，应尽可能宽广、平坦。

无负荷车辆不得不停在斜面上时，车辆门架侧向下，止住车轮使之不能移动。

(2)在作业现场以外的安全场所或指定场所停车。

在必要时使用注意标识——信号灯。应在十分坚硬的路面停车，注意防止滑动、陷落。

(3)车辆因故障等货叉不能落下时，在货叉的叉尖上挂上布，方向朝人及车辆不能通行的一方。

(4)十分注意路面打滑及塌陷。

(5)在车辆完全停止以后降下货叉，车辆行驶中降下货叉非常危险。

(6)不要从车上跳下。

(7)下车时，必须面向车辆方向并利用踏脚板下车。

进行减速操作，踩下制动踏板，让车辆停下，让换档杆切换至中档位置：

①停车制动手柄后拉到位，让停车制动动作。

②让货叉下降使之接地。

③将钥匙开关旋至"OFF"处。

④拔下钥匙，进行保管。

⑤上车、下车时十分小心。

(六)停放叉车

(1)当离开叉车时，完全拉起停车制动手柄并使门架稍向前倾。放低货叉至地面。当在坡道上停放叉车时，轮子下面要放垫块。

(2)当离开叉车时，取走钥匙。如图4-30所示。

图4-30　停车以后记得取走钥匙

八、蓄电池的使用方法

(一)蓄电池的充电

选用合适的充电机对蓄电池进行充电，并严格遵照所用充电机的《使用维护说明书》要求进行操作。

(1)停车制动手柄后拉到位，让停车制动动作。

应保持蓄电池电解液达到规定液位，否则会导致蓄电池过热或烧损。

当蓄电池电解液不足时，蓄电池寿命会缩短。

(2)添加纯水或蒸气水。

(3)严禁过度充电。

(4)充电场所应保持通风良好，并且应避免受潮。

(5)充电过程中会产生氢气，充电时应打开蓄电池盖。

(6)检查接线端子、电缆线和接插件，确保其未有损伤。

出现下列情况时，不要进行充电：

接插件电极有损伤；

接线端子和电缆线有锈蚀情况。

这些情况会导致产生火花，烧损物品和起火爆炸等事故。

(7)关掉钥匙开关后充电。

(8)检查比重。

在充电前应测量所有单格蓄电池电解液的比重，这样能发现蓄电池的异常情况。先了解比重情况然后再充电会避免一些事故的发生。

(9)插拔电源接插件时，应握住插件或拉手而不应握住电缆线。

不要拔电缆线；

当电缆线和电源接插件损坏时，应与销售部门联系，换掉受损的电缆线和电源接插件。

(10)断开充电过程。

断开充电过程的步骤，必须严格按照所用充电机的《使用维护说明书》要求操作。充电时切勿拔充电机插头，否则会产生电火花造成危险。

(二)更换蓄电池

当叉车连续使用了一个工作周期，蓄电池电量完全用完时，应及时用一组已完全充足电的蓄电池换下原叉车上的蓄电池，并对换下的蓄电池进行充电。

(1)蓄电池箱底部有两个排液孔，取下堵塞即可排出积存在蓄电池箱内的废液。

排液应在专门场所进行或排在容器内，废液应按有关规定处理，不可随意倒弃。

(2)更换蓄电池时，应确保蓄电池与叉车要匹配(1~1.5 t 叉车 48 V，容量不能小于 400 Ah，2~2.5 t 叉车 48 V，容量不能小于 560 Ah)。使用与叉车不匹配的蓄电池，会使叉车工作时间缩短，如果更换容量太小的蓄电池，会因重量太轻而造成叉车行驶时倾翻。

(3)更换蓄电池应在平台上进行。

当用另一台叉车作为更换蓄电池的起吊设备时，应采用适当的吊具(属具)。吊装蓄电池应由专业人员操作。

按照下列步骤更换蓄电池：

(1)拔掉蓄电池插头，打开蓄电池上盖。

(2)卸去右侧边护罩，去掉蓄电池锁板。

采用气弹簧或其他方式以保证锁住蓄电池上盖，以避免蓄电池上盖下落砸伤人体或车体。

(3)在将蓄电池吊出叉车时，应小心以免碰坏方向盘或其他叉车部件。

(4)在安放好一组已完全充电的蓄电池之后，应将蓄电池插头牢固连接。

(5)将蓄电池两侧的锁板钩住蓄电池箱上的销轴，并将固定螺钉拧紧。

(6)盖上蓄电池上盖。

在盖上蓄电池上盖时，应小心以免压到手指。

在起吊蓄电池时，应小心以免蓄电池箱摆动而碰坏车体。

九、堆垛

开始操作叉车前，应检查下列项目：

(1)确保在装载区不会有货物坠落和损坏货物。

(2)确保没有物品和货堆妨碍安全。

当堆垛时，应按以下程序进行：

(1)当接近堆垛区时减速行驶。

(2)在堆垛区前停车。

(3)检查堆垛区周围是否安全。

(4)调整叉车位置，使叉车位于堆垛区货物放置的位置前方。

(5)门架垂直地面并起升货叉超出堆货高度。

(6)检查堆垛位置并向前行驶，在合适的位置停车。

(7)确保货物在堆货位置上方，缓慢降低货叉，确保货物已放好。当货物没有完全放在货架或托架的上面时：

①放低货叉直至货叉不再承载重量。

②叉车后退 1/4 货叉长度。

③再起升货叉 50~100 mm，向前移动叉车，然后将货物放在合适的堆垛位置上。

(8)观察叉车后部的空间，向后行驶叉牢以避免货叉与托盘或货物相撞。

(9)确定货叉前部离开了货物或托盘，放低货叉以便行驶(距地面 150~200 mm)。

十、拆垛

当拆垛时，应按以下程序进行：

(1)当接近要搬运的货物时要减速行驶。

(2)在货物前停车(货物与叉尖相距 30 cm)。

(3)在货物前调整叉车位置。

(4)确保货物不会超载。

(5)门架垂直地面。

(6)观察货叉位置的同时，向前移动叉车，直至货叉完全插入托盘。当插入 3/4 货叉长度并抬起托盘一点(50~100 mm)，拉出托盘大约 100~200 mm，然后再放低托盘。

(7)货叉插入托盘后(50~100 mm)。

(8)观察周围的空间并向后移动叉车至货物被放低。

(9)降低货物直到距地面 150~200 mm。

(10)门架后倾以保证货物稳定。

(11)搬运货物至目的地。

十一、存放

(一)存放前

叉车存放之前，彻底清洗，并按下列程序进行检查：

(1)按照需要，用布和水清除附着在车体上的油及油脂。

(2)清洗车体时，检查车辆的全面情况，特别要检查车体有无凹陷或损坏，轮胎是否穿破，花纹内是否嵌有铁钉或石块。

(3)检查是否渗、漏油。

(4)根据需要加注润滑脂。

(5)检查轮毂螺母、油缸活塞杆的接合是否松动，活塞杆表面是否有碰伤或拉痕。

(6)检查门架滚轮转动是否平衡。

(7)将起升油缸起升到顶，让油充满油缸。

警告：

只要发现叉车需要修理，失效或有不安全因素，应把情况向管理人员报告，停止使用叉车直至其恢复到安全状态。

(二)日常存放

(1)把叉车停在指定的地方，用模块垫住车轮。

(2)把换档手柄打在空档位置，拉上停车制动手柄。

(3)取下钥匙放在安全处保管。

(三)长期存放

在"日常存放"保养的基础上作下列保养和检查：

(1)考虑到雨季，将车辆停放在较高和硬的地面上。

(2)从叉车上卸下蓄电池。即使叉车停放在室内，若地方湿热，蓄电池也应放在干燥、阴凉的地方，每月充电1次。

(3)对暴露的部件，如油缸活塞杆和可能生锈的轴涂防锈油。

(4)遮盖容易受潮的零部件。

(5)车辆至少每周发动一次，装上蓄电池，除去活塞杆和轴上的油脂，启动发动机并充分预热，让车辆慢速前后运行，操作液压控制数次。

(6)夏季避免将叉车停在诸如沥青一样松软的路面上。

(四)长期存放后叉车的运行

(1)除去防潮遮盖物。

(2)除去暴露部件的防锈油。

(3)清除液压油箱中的异物和水。

(4)蓄电池充电后装上叉车，连接蓄电池插头。

(5)仔细进行启动前的检查。

十二、洗车

(一)禁止用水冲洗车辆及蓄电池

(1)避免用水冲洗车辆中的油箱、空气滤清器等零件。万不得已时可以冲洗轮胎以下的部位，另外可以拆下前底板进行冲洗。这种情况下要么不要放在桥体上，要么从桥体上拆下来。

(2)向蓄电池中加水时不纯物会从加液口进入蓄电池，这会严重影响蓄电池的寿命。

还有，冲洗过的酸性水会污染环境。蓄电池脏后请用空气吹，并用干净抹布清理。若不能做，请专业人员完成。

此时请将蓄电池取出实施，待蓄电池外水完全清理后装入车辆。

(二)禁止用水冲洗的电气装置

(1)控制器、接触器。

(2)马达类(驱动马达、泵马达)。

(3)变压器(侧盖内)。

(4)蓄电池、蓄电池插座。

(5)仪表壳体。

(6)加速装置(前底板下面)。

(三)洗车要领

(1)停车、拉起停车手柄。

(2)将启动钥匙置于"OFF",并拔出蓄电池插座。

(四)洗车后

(1)用压缩空气吹去水分,让车辆充分干燥。

(2)使用前试运行一次,确认是否有异常现象。

(五)洗车部位一览表

部 位	可否水洗	备 注
车体表面、门架、货叉、轮胎、后桥、平衡重	可	禁止水洗。零件里要防止进水。平衡重内上端禁止用水冲洗,因此部位有电气装置
侧盖板、平底板	可	侧盖内请勿进水
前底板、平底板	否	由于下部装有马达和控制器禁止水洗,请用空气吹。非常脏时取下用水冲洗,充分干燥后再装上
机罩、蓄电池盖盒	否	用压缩空气、抹布清理
仪表、方向盘	否	用压缩空气、抹布清理
马达类	否	用压缩空气、抹布清理

任务五 定期检查和维护

预先对叉车进行全面的检查可避免叉车产生故障和达不到它应有的使用寿命。维护保养程序中列出的小时数是基于叉车一天工作 8 小时,一个月工作 200 个小时的情况而定的,为了安全操作应按维护保养程序对叉车进行维护。

一、操作前的检查

为了安全操作和使叉车处于良好的状态,在操作前应对叉车进行全面的检查,这是法定的职责,发现问题时应及时修理,如果经过修理仍然达不到技术标准的,应与原销售部门联系。

(1)一个小的过失会引起一次重大事故,在完成修理工作和进行检查之前不要操作或移动叉车。

(2)应在平台上对叉车进行检查。

(3)在需对叉车电气系统进行检查时,应在检查前关掉钥匙开关并且拔掉蓄电池插头。

	序号	检查点	检查内容
制动系统	1	制动踏板	脚制动踏板的行程和制动力
	2	制动油	数量和清洁程度
	3	停车制动	停车制动手柄的行程和操作力大小
转向系统	4	方向盘操纵	松紧、转动和前后运动情况
	5	液力转向的操作	所有部件的运行情况
液压系统和门架	6	功能	功能、是否裂缝、润滑状况
	7	油管	油管是否泄漏
	8	液压油	合适的油量
	9	起升链条	左、右两边链条松紧程度一致
车轮	10	轮胎	气压大小、是否异常破损情况
	11	轮载螺母	牢固旋紧
蓄电池	12	充电	确定蓄电池容量显原状态、比重
车灯和喇叭	13	前大灯、尾灯、倒车	通断看是否亮，听喇叭是否响
监测及显示灯	14	功能	当接通钥匙开关时，是否显示"监测状态正常"
其他	15	护顶架、挡货架	螺栓、螺母是否紧固
	16	其他部件	是否异常

(4)更换下来的废油不适当的处理(排入下水管、土壤、燃烧等)会污染水、土壤、大气等，这是法律禁止的。

1.检查点和检查内容

2.检查程序

(1)检查脚制动踏板。检查制动情况并且确保在完全踩下制动踏板时，从底板平面算起，制动踏板的向下行程应超过50 mm，空载时叉车的制动距离大约在2.5 m。

(2)打开制动油箱并且检查制动油的油量和其他状况。

(3)检查停车制动手柄。将停车制动手柄向前推，观察下述情况：

是否有适当的拉力行程；

制动力大小；

是否损伤零部件。

手柄操纵力(标准为17~22 kg)大小是否适合操作者。操作者可通过安装在手柄顶部的一只螺钉进行调节。

(4)检查方向盘的转动情况。将方向盘顺时针和逆时针轻轻转动，检查其是否有回弹现象，合适的回弹行程为50~100 mm。方向盘前和后的行程都约为7°，如果满足上述情况，方向盘转动即为正常。参见图4-31。

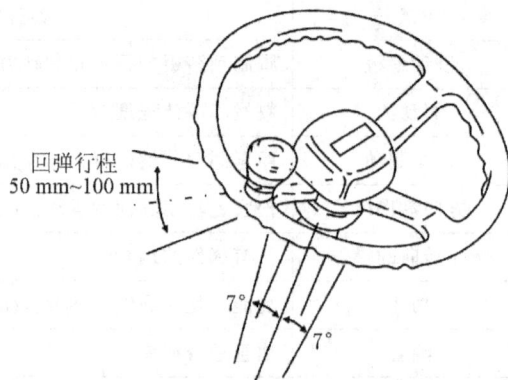

图 4-31　方向盘自由转动位置

（5）检查动力转向功能。将方向盘顺时针和逆时针转动，检查动力转向工作情况。

（6）检查液压系统和门架的功能检查提升和前后倾操作是否平滑正常。

（7）检查油管。检查起升油缸、倾斜油缸和所有管路是否有漏油现象。

（8）检查液压油。将货叉降落至地面，用油位计检查液压油油位，当油位在 H 到 L 范围时，液压油油量在合适的范围。

车型		H	L
CPD	10 15	23 升（6.1 加仑）	21 升（5.5 加仑）
CPD	10S 15S	25 升（6.6 加仑）	25 升（6.1 加仑）
CPD	20 25	27 升（7.1 加仑）	25 升（6.6 加仑）
CPD	30	31 升（8.0 加仑）	29 升（7.7 加仑）

（9）检查起升链条。将货叉提起至地面 200～300 mm 高，确保左右链条松紧度一致。检查指形棒是否处于中间位置，如果松紧度不同，可通过链条接头进行调节。

调节后，应将双螺母旋紧。

（10）检查轮胎（充气轮胎）。拔掉气嘴帽，用轮胎气压计测量车胎气压。检查气压后，在装上气嘴帽之前应确保气嘴不会漏气。

叉车轮胎气压比汽车轮胎气压高，气压不应超过规定的压力值。

车型 轮胎	CPD10	CPD15	CPD20	CPD25	CPD30
前轮	0.75 MPa	0.75 MPa	0.85 MPa	0.85 MPa	0.8 MPa
后轮	0.8 MPa	0.8 MPa	0.9 MPa	0.9 MPa	0.9 MPa

(11)检查轮胎(实心轮胎)。检查轮胎和侧面有无破损或开裂,轮轴、锁圈有无变形或损伤。

(12)检查轮毂螺母。轮毂螺母松动是非常危险的,万一松动,车轮可能脱落,导致车辆翻动。

检查轮毂螺母有无松动,即使有一只松动,也非常危险,因此预先要拧到规定的扭矩值。轮毂螺母拧紧力矩:

前轮:18×7—8   140N・m

后轮:15×41/2—8   120N・m

(13)检查充电情况。测量蓄电池的比重,当转换到30℃时,蓄电池比重为1.275～1.285,说明蓄电池充足电了,检查接线端子是否松动,电缆线有否损伤。

(14)检查前大灯。

转向信号灯和喇叭检查这些灯是否正常亮,喇叭是否正常响。

参见图4-32。

L	左转向灯亮
N	中位
R	右转向灯亮

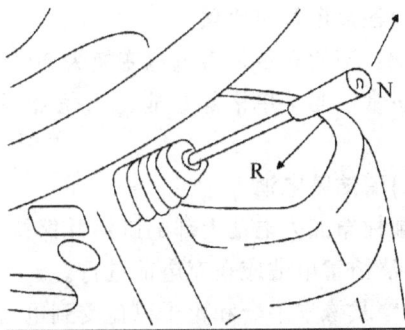

图4-32　转向灯手柄使用方法

(15)检查仪表板功能。正常情况下接通钥匙开关几秒钟后,仪表板上会出现全亮,以进行车辆自检。

(16)检查护顶架和挡货架。检查是否螺栓或螺母松动。

(17)其他。除了检查灯和操作情况外,在检查电气系统之前一定要关掉钥匙开关并拔掉蓄电池插头。

二、操作后的检查

完成工作后,应将叉车上的脏污去除并对叉车进行下述方面的检查:

(1)所有零部件是否有损坏或泄漏。

(2)是否有变形、扭曲、损伤或断裂情况。

(3)根据情况添加润滑油脂。

(4)工作后将货叉提升到最大高度数次(当每日工作未用到货叉上升到最大高度的情况时,这样做可使油流过油缸内全部行程,以防生锈)。

(5)更换在工作时引起故障的异常零部件。

一个小的过失会引起一次重大事故。在完成修理工作和进行检查之前不要操作或移动叉车。

三、每周的维护

在使用叉车之前，除了进行预检外，还应对下述方面进行检查和维护保养。

检查点	检查内容
电解液容量	检查电解液液位，液位过低时，应添加纯水
电解液比重	测量所有单格蓄电池电解液的比重和温度
清洁蓄电池	清洁蓄电池上部未覆盖部分以及盖帽
检查接触器	用砂纸将触点粗糙表面磨光

在检查电气系统时一定要拔掉蓄电池插头。

(一)检查电解液容量

(1)添加完纯水后，应将蓄电池盖帽盖紧。

(2)添加水时不要过满而使水溢出来，否则会产生漏电使人受电击。

(二)检查电解液比重

正常：当所有单格蓄电池变换为 30℃ 比重值均相同时为正常。

不正常：当某单格蓄电池比重值比其他蓄电池比重的平均值小 0.05 以上时，为不正常。

(三)清洁蓄电池

用湿棉布擦去电池上部的脏污并保持干燥，以免蓄电池上部的连接部分受到腐蚀。

(1)清洁蓄电池应在充电前进行。

(2)穿戴橡皮手套和靴子以免受到电击。

(3)不要让蓄电池插头沾到水。

蓄电池盖帽内部会变脏，应按下述步骤清洁盖帽。

①取下所有的盖帽。

②取中性清洁剂清洗盖帽内部。

③安装上盖帽。

(4)应确保所有的蓄电池盖帽应盖紧。

(四)检查接触器

将一张砂纸放入接触器触点之间，推动触点使其与静触点合上，然后拉出砂纸，重复上述过程。

四、每月的维护

除了每周的维护外(50 小时)，还要进行以下的维护。

通过检查，在确认必须进行调整和更换时，应由叉车售后的维修人员进行维修(每月的维修记录必须保留)。

系统	序号	检查部位及内容	
整车	1	总体情况	变形、裂纹和不正常噪声
	2	喇叭	声音
	3	附件(前大灯、转向信号灯)	功能
蓄电池充电器及电气系统	4	电解液	液位、比重和清洁度
	5	插头	损坏程度和清洁度
	6	钥匙开关	功能
	7	接触器	接触性和功能
	8	微动开关	功能
	9	控制器	功能
	10	牵引电机(碳刷、整流子)	磨损和弹簧力
	11	起升电机(碳刷、整流子)	磨损和弹簧力
	12	转向电机(碳刷、整流子)	磨损和弹簧力
	13	MOS 管	电流限额及功能
	14	保险位	是否松动和容量
	15	线束和接线端子	是否松动和损坏
驱动、转向门架、液压和制动系统	16	方向盘	操作和调整
	17	转向连杆	润滑
	18	齿轮箱	油量、渗漏和不正常噪声
	19	轮胎的安装螺母	是否松动
	20	轮胎	磨损情况
	21	起升链条	润滑和松紧情况
	22	油缸支座销	松动和损伤
	23	货叉架	调整、润滑、裂纹和变形
	24	货叉	裂纹和变形
	25	货叉架滚轮	调整和润滑
	26	门架滚轮	调整和润滑
	27	内、外门架	是否晃动
	28	起升油缸	是否渗漏
	29	倾斜油缸	是否渗漏
	30	多路阀	功能和渗漏
	31	液压油箱	油量和渗漏

续表

系统	序号	检查部位及内容	
驱动、转向门架、液压和制动系统	32	高压胶管	渗漏和变形
	33	护顶架、挡货架	损坏、裂纹和变形
	34	制动手柄	润滑和移动
	35	手制动及各运动点	调整和润滑
	36	螺栓和螺母	是否松动
	37	液力转向	功能

五、每 3 个月的维护

在进行每三个月的维护时，重复月维护过程，当零件必须进行调整和更换时，需与维修人员联系。

检查部位	检查内容
接触器	用砂纸打磨接触器不平整的触点 当磨损严重时，更换
电机	碳刷的磨损

六、每半年的维护

在进行每半年的维护时，重复每三个月维护过程，当零件必须进行调整和更换时，需与维修人员联系。

检查点	检查内容
接触器	当触点磨损严重时，更换
电机	碳刷的磨损
前桥	更换齿轮油
液压油	更换液压油
滤油器	清洁过滤器
制动液	更换制动液

碳刷的检查：将弹簧撬起后，拉出碳刷，检查贴整流子的平面的磨损是否超过极限。

型号	应用	厚度	磨损极限	数量
CPD10－CPD30	牵引电机	28 mm	15 mm	4
	起升电机	28 mm	15 mm	4
	转向电机	22 mm	12 mm	4

●●●● **课后实训**

项目名称：叉车驾驶综合实训

实训目的：考核学生对叉车行驶、堆垛、拆垛操作的综合操作能力。

实训器材：电动平衡重式叉车。

实训步骤：

1. 利用叉车独立进行定点停车操作。

2. 叉车方向操作，利用正八字形及倒八字形行驶路线进行独立驾驶。

3. 利用叉车进行独立的堆垛、拆垛操作。

（具体操作步骤按照课本进行）

●●●● **课后练习题**

1. 叉车的结构包括哪些方面？

2. 开始操作前，应检查叉车的哪些项目？

3. 在坡道上驾驶叉车时，要遵循哪些规则？

4. 为什么完成工作后，要将叉车货叉提升到最大高度数次？

附录1

仓储堆垛设备操作考核标准

一、叉车启动(本项目为14分,每错一步扣2分,错误超过四步,本项为0分)

1. 禁止跳上、跳下叉车。上下叉车时,手抓住把手,脚踩在踏板上,不能抓方向盘或操纵杆。

2. 应检查轮胎气压。

3. 应检查手刹所处位置。

4. 检查换挡操纵手柄是否已置于空挡。

5. 调整座椅以便手、脚操纵。

6. 车辆启动后,应立即松开启动钥匙。

7. 禁止在踩下加速踏板的情况下,打开钥匙开关。

二、叉车行驶(本项目为42分,每错一步扣3.5分,错误超过六步,本项为0分)

1. 叉车起步前应检查转向轮所处状态以及是否已松开手刹。

2. 挂挡时,是否使用离合器。

3. 起步前,应观察车辆四周,确认无妨碍车辆运行的障碍后,先鸣笛,后起步。

4. 除堆垛或装卸货物时,不得升高载荷。行驶时(有载或无载),货叉和地面的距离应保持在150~200 mm。

5. 当叉车处于弯道或交叉路口行驶时,应降低行驶速度。

6. 非特殊情况,禁止车辆在行驶过程中进行紧急制动。

7. 当行驶经过其他叉车时,降低行驶速度并鸣喇叭。

8. 由于叉车采用后轮转向机构,因此叉车进行转向时,应注意车辆两侧是否有阻挡。

9. 倒车行驶时,要将脸朝后方,在对后方直接进行确认后行驶。后视镜和倒车蜂鸣器是辅助装置。

10. 无论在满载或空载状态下,都要慢速操纵液压控制手柄。货叉处于高位时,如果突然操纵手柄,会造成货物坠落或叉车倾翻的危险。

11. 货叉升起时,不要驾驶叉车,否则有可能造成不稳定的状况且可能造成叉车的倾翻。

12. 车辆在作业区域行驶过程中,严禁撞线、压线行驶。

三、装卸作业(本项目为32分,每错一步扣4分,错误超过五步,本项为0分)

1. 禁止用货叉尖挤推货物或提升货物。

2. 禁止用叉车推拉货物,否则货物有可能会损坏或坠落。

3. 叉车堆垛时必须确保货物排放得安全稳固,货叉要准确地插入托盘,同时使货物重心与叉车中心保持一致。

4. 门架前倾时,不可起升货物和开动叉车,当起升货物或开动叉车前,应将门架后倾到位,以稳定货物。

5. 叉货状态下,门架不可前倾。

6. 升降货物时,应先停车。

7. 当链条松弛时，不要从托盘内抽出货叉，否则会引起货物落下或叉车倾翻。应向上拉动一点起升手柄，使货叉上升，以纠正链条的松弛状态，然后可从托盘中抽出货叉。

8. 禁止徒手装卸货物。

四、工作结束后(本项目为12分，每错一步扣2分，错误超过四步，本项为0分)

1. 应在指定位置停车。

2. 门架稍前倾，货叉自然放下。

3. 变速器挡位应放在空挡位置。

4. 拉起停车制动手柄。

5. 关闭钥匙开关并取下钥匙。

6. 车辆完成作业后，应熄火停车。

附录 2

叉车操作考核评议表

操作时间：

评分项目	评分内容	成绩	备注
叉车启动（权重为14%）	禁止跳上、跳下叉车。上下叉车时，手抓住把手，脚踩在踏板上，不能抓方向盘或操纵杆		
	应检查轮胎气压		
	应检查手刹所处位置		
	检查换挡操纵手柄是否已置于空挡		
	调整座椅以便手、脚操纵		
	车辆启动后，应立即松开启动钥匙		
	禁止在踩下加速踏板的情况下，打开钥匙开关		
叉车行驶（权重为42%）	叉车起步前应检查转向轮所处状态以及是否已松开手刹		
	挂挡时，是否使用离合器		
	起步前，应观察车辆四周，确认无妨碍车辆运行的障碍后，先鸣笛，后起步		
	行驶时(有载或无载)，货叉和地面的距离应保持在150～200 mm		
	当叉车处于弯道或交叉路口行驶时，应降低行驶速度		
	非特殊情况，禁止车辆在行驶过程中进行紧急制动		
	当行驶经过其他叉车时，降低行驶速度并鸣喇叭		
	由于叉车采用后轮转向机构，因此叉车进行转向时，应注意车辆两侧是否有阻挡		
	倒车行驶时，要将脸朝后方，在对后方直接进行确认后行驶		
	无论在满载或空载状态下，都要慢速操纵液压控制手柄		
	货叉升起时，不要驾驶叉车，否则有可能造成不稳定的状况，且可能造成叉车的倾翻		
	车辆在作业区域行驶过程中，严禁撞线、压线行驶		
装卸作业（权重为32%）	禁止用货叉尖挤推货物或提升货物		
	禁止用叉车推拉货物，否则货物有可能会损坏或坠落		
	叉车堆垛时必须确保货物排放得安全稳固，货叉要准确地插入托盘，同时使货物重心与叉车中心保持一致		
	门架前倾时，不可起升货物和开动叉车，当起升货物或开动叉车前，应将门架后倾到位，以稳定货物		
	叉货状态下，门架不可前倾		
	升降货物时，应先停车		
	当链条松弛时，不要从托盘内抽出货叉，否则会引起货物落下或叉车倾翻。应向上拉动一点起升手柄，使货叉上升，以纠正链条的松弛状态，然后可从托盘中抽出货叉		
	禁止徒手装卸货物		

续表

评分项目	评分内容	成绩	备注
作业结束后车辆停放（权重为12%）	应在指定位置停车		
	门架稍前倾，货叉自然放下		
	变速器挡位应放在空挡位置		
	拉起停车制动手柄		
	关闭钥匙开关并取下钥匙		
	车辆完成作业后，应熄火停车		

注意：每项满分为100分，分别按照各项权重计入总分。

项目五

自动分拣实训

●●●●● **学习目标**

☆知识目标

● 掌握自动分拣系统的种类

● 熟悉仿真实训中心自动分拣系统的工作原理和应用范围

● 掌握实训中心自动分拣系统的作业流程和技能

● 掌握现代物流企业的立体仓库中配送分拣的应用

☆能力目标

工作任务	能力目标
自动分拣的认识	1. 掌握自动分拣的种类 2. 了解自动分拣的基本设备
商品入库实训	1. 掌握入库操作系统的作业流程 2. 掌握入库操作系统的操作技能
商品分拣实训	1. 掌握自动分拣操作系统的作业流程 2. 掌握自动分拣操作系统的操作技能 3. 掌握商品从入库到分拣出库整个流程的操作

●●●● 本项目的知识体系

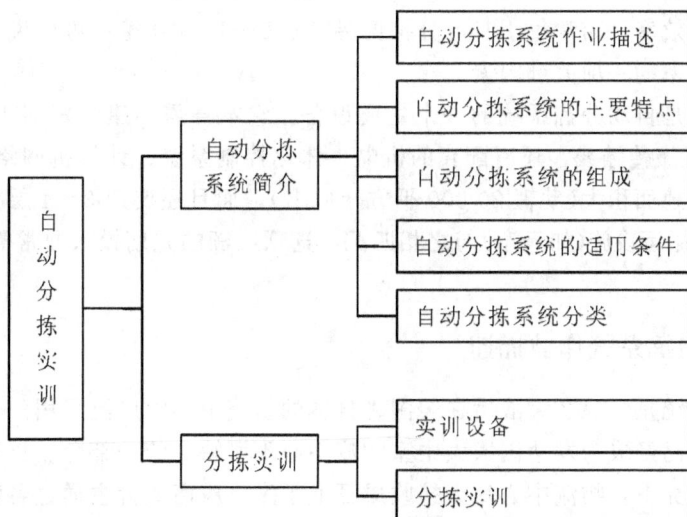

```
                              ┌──────────────────────┐
                              │  自动分拣系统作业描述  │
                              └──────────────────────┘
                              ┌──────────────────────┐
                              │  自动分拣系统的主要特点│
              ┌─────────┐     └──────────────────────┘
              │ 自动分拣 │     ┌──────────────────────┐
              │ 系统简介 │─────│  自动分拣系统的组成    │
              └─────────┘     └──────────────────────┘
   ┌──────┐                   ┌──────────────────────┐
   │ 自  │                   │  自动分拣系统的适用条件│
   │ 动  │                   └──────────────────────┘
   │ 分  │                   ┌──────────────────────┐
   │ 拣  │──────             │  自动分拣系统分类      │
   │ 实  │                   └──────────────────────┘
   │ 训  │
   └──────┘     ┌─────────┐   ┌──────────────────────┐
              │ 分拣实训 │───│  实训设备              │
              └─────────┘   └──────────────────────┘
                             ┌──────────────────────┐
                             │  分拣实训              │
                             └──────────────────────┘
```

任务一　自动分拣系统简介

自动分拣系统（Automatic Sorting System）是先进配送中心所必需的设施条件之一。具有很高的分拣效率，通常每小时可分拣商品 6 000～12 000 箱；可以说，自动分拣机是提高物流配送效率的一项关键因素。

自动分拣机是自动分拣系统的一个主要设备。它本身需要建设短则 40～50 米，长则 150～200 米的机械传输线，还有配套的机电一体化控制系统、计算机网络及通信系统等，这一系统不仅占地面积大（动辄 20 000 平方米以上），而且还要建 3～4 层楼高的立体仓库和各种自动化的搬运设施（如叉车）与之相匹配，这项巨额的先期投入通常需要花 10～20 年才能收回。

一、自动分拣系统作业描述

自动分拣系统是"二次"大战后在美国、日本的物流中心中广泛采用的一种自动分拣系统，该系统目前已经成为发达国家大中型物流中心不可缺少的一部分。该系统的作业过程可以简单地描述如下：物流中心每天接收成百上千家供应商或货主通过各种运输工具送来的成千上万种商品，在最短的时间内将这些商品卸下并按商品品种、货主、储位或发送地点进行快速准确的分类，将这些商品运送到指定地点（如指定的货架、加工区域、出货站台等），同时，当供应商或货主通知物流中心按配送指示发货时，自动分拣系统在最短的时间内从庞大的高层货存架存储系统中准确地找到要出库的商品所在位置，并按所需数量出库，将从不同储位上取出的不同数量的商品按配送地点的不同运送到不同的理货区域或配送站台集中，以便装车配送。

二、自动分拣系统的主要特点

（一）能连续、大批量地分拣货物

由于采用大生产中使用的流水线自动作业方式，自动分拣系统不受气候、时间、人的体力等的限制，可以连续运行，同时由于自动分拣系统单位时间分拣件数多，因此自动分拣系统的分拣能力是人工分拣系统可以连续运行 100 个小时以上，每小时可分拣 7 000 件包装商品，如用人工则每小时只能分拣 150 件左右，同时分拣人员也不能在这种劳动强度下连续工作 8 小时。

（二）分拣误差率极低

自动分拣系统的分拣误差率大小主要取决于所输入分拣信息的准确性的大小，这又取决于分拣信息的输入机制，如果采用人工键盘或语音识别方式输入，则误差率在 3% 以上，如采用条形码扫描输入，除非条形码的印刷本身有差错，否则不会出错。因此，目前自动分拣系统主要采用条形码技术来识别货物。

（三）分拣作业基本实现无人化

国外建立自动分拣系统的目的之一就是为了减少人员的使用，减轻员工的劳动强度，提高人员的使用效率，因此自动分拣系统能最大限度地减少人员的使用，基本做到无人化。分拣作业本身并不需要使用人员，人员的使用仅局限于以下工作：

(1)送货车辆抵达自动分拣线的进货端时,由人工接货。

(2)由人工控制分拣系统的运行。

(3)分拣线末端由人工将分拣出来的货物进行集载、装车。

(4)自动分拣系统的经营、管理与维护。

如美国一公司配送中心面积为 10 万平方米左右,每天可分拣近 40 万件商品,仅使用 400 名左右员工,这其中部分人员都在从事上述(1)、(3)、(4)项工作,自动分拣线做到了无人化作业。

三、自动分拣系统的组成

自动分拣系统一般由控制装置、分类装置、输送装置及分拣道口组成。

(一)控制装置

控制装置的作用是识别、接收和处理分拣信号,根据分拣信号的要求指示分类装置,按商品品种、商品送达地点或货主的类别对商品进行自动分类。这些分拣需求可以通过不同方式,如可通过条形码扫描、色码扫描、键盘输入、重量检测、语音识别、高度检测及形状识别等方式,输入到分拣控制系统中去,根据对这些分拣信号判断,来决定某一种商品该进入哪一个分拣道口。

(二)分类装置

分类装置的作用是根据控制装置发出的分拣指示,当具有相同分拣信号的商品经过该装置时,该装置动作,使改变在输送装置上的运行方向进入其他输送机或进入分拣道口。分类装置的种类很多,一般有推出式、浮出式、倾斜式和分支式几种,不同的装置对分拣货物的包装材料、包装质量、包装物底面的平滑程度等有不完全相同的要求。

(三)输送装置

输送装置的主要组成部分是传送带或输送机,其主要作用是使待分拣商品鱼贯通过控制装置、分类装置,并输送装置的两侧,一般要连接若干分拣道口,使分好类的商品滑下主输送机(或主传送带)以便进行后续作业。

(四)分拣道口

分拣道口是已分拣商品脱离主输送机(或主传送带)进入集货区域的通道,一般由钢带、皮带、滚筒等组成滑道,使商品从主输送装置滑向集货站台,在那里由工作人员将该道口的所有商品集中后或是入库储存,或是组配装车并进行配送作业。

以上四部分装置通过计算机网络联结在一起,配合人工控制及相应的人工处理环节构成一个完整的自动分拣系统。

四、自动分拣系统的适用条件

第二次世界大战以后,自动分拣系统逐渐开始在西方发达国家投入使用,成为发达国家先进的物流中心,是配送中心或流通中心所必需的设施条件之一,但因其要求使用者必须具备一定的技术经济条件,因此,在发达国家,物流中心、配送中心或流通中心不用自动分拣系统的情况也很普遍。在引进和建设自动分拣系统时一定要考虑以下条件。

(一)一次性投资巨大

自动分拣系统本身需要建设短则 40~50 米,长则 150~200 米的机械传输线,还要有配套的机电一体化控制系统、计算机网络及通信系统等，这一系统不仅占地面积大，动辄 2 万平方米以上，而且一般自动分拣系统都建在自动主体仓库中，这样就要建 3～4 层楼高的立体仓库，库内需要配备各种自动化的搬运设施，这丝毫不亚于建立一个现代化工厂所需要的硬件投资。这种巨额的先期投入要花 10～20 年才能收回，如果没有可靠的货源作保证，则有可能系统大都由大型生产企业或大型专业物流公司投资，小企业无力进行此项投资。

（二）对商品外包装要求高

自动分拣机只适于分拣底部平坦且具有刚性的、包装规则的商品。袋装商品、包装底部柔软且凹凸不平、包装容易变形、易破损、超长、超薄、超重、超高、不能倾覆的商品不能使用普通的自动分拣机进行分拣，因此为了使大部分商品都能用机械进行自动分拣，可以采取两条措施：一是推行标准化包装，使大部分商品的包装符合国家标准；二是根据所分拣的大部分商品的统一的包装特性定制特定的分拣机。但要让所有商品的供应商都执行国家的包装标准是很困难的，定制特写的分拣机又会使硬件成本上升，并且越是特别的其通用性就越差。因此公司要根据经营商品的包装情况来确定是否建或建什么样的自动分拣系统。

五、自动分拣系统分类

（一）堆块式分拣系统

1. 类别定义

堆块式分拣机由链板式输送机和具有独特形状的滑块在链板间左右滑动进行商品分拣的堆块等组成。堆块式分拣系统是由堆块式分拣机、供件机、分流机、信息采集系统、控制系统、网络系统等组成。如图 5-1、图 5-2 所示。

2. 分类

（1）可适应不同大小、重量、形状的各种不同商品。

（2）分拣时轻柔、准确。

（3）可向左、右两侧分拣，占地空间小。

（4）分拣时所需商品间隙小，分拣能力高达 18 000 个/时。

（5）机身长，最长达 110 米，出口多。

图 5-1　堆块式分拣机

图 5-2　堆块式分拣机

(二)交叉带式分拣系统

1.类别定义

由主驱动带式输送机和载有小型带式输送机的台车(简称"小车")连在一起,当"小车"移动到所规定的分拣位置时,转动皮带,完成把商品分拣送出的任务。因为主驱动带式输送机与"小车"上的带式输送机呈交叉状,故称交叉带式分拣机。如图5-3所示。

2.主要优点性能参数

(1)适宜于分拣各类小件商品,如食品、化妆品、衣物等。

(2)分拣出口多,可左右两侧分拣。

(3)分拣能力,一般达6 000~7 700个/时。

【注】大型交叉带式分拣系统一般应用于机场行李分拣和安检系统。

3.分类

根据作业现场的具体情况可分水平循环式或直行循环式。

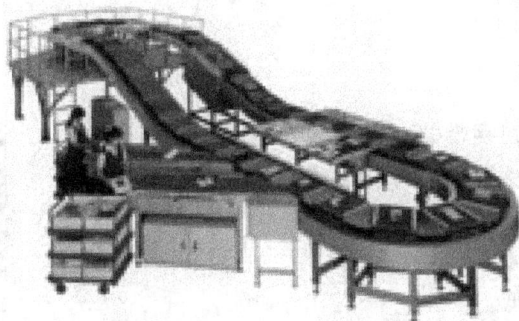

图5-3　交叉带式分拣机

(三)斜导轮式分拣机

1.类别定义

当转动着的斜导轮,在平行排列的主窄幅皮带间隙中浮上、下降时,达到商品的分拣目的。如图5-4所示:

2.主要优点性能参数

(1)对商品冲击力小,分拣轻柔。

(2)分拣快速、准确。

(3)适应各类商品,只要是硬纸箱、塑料箱等平底面商品。

(4)分拣出口数量多。

(四)轨道台车式分拣机

1.类别定义

被分拣的物品放置在沿轨道运行的小车

图5-4　斜导轮式分拣机

托盘上,当到达分拣口时,台车托盘倾斜30°,物品被分拣到指定的目的地。如图5-5所示。

2. 分类

(1)可三维立体布局,适应作业工程需要。

(2)可靠耐用,易维修保养。

(3)适用于大批量产品的分拣,如报纸捆、米袋等。

图 5-5　轨道台车式分拣机

图 5-6　摇臂式分拣机

(五)摇臂式分拣机

1. 类别定义

被分拣的物品放置在钢带式或链板式输送机上,当到达分拣口时,摇臂转动,物品沿摇臂杆斜面滑到指定的目的地。如图 5-6 所示。

2. 主要优点性能参数

结构简单,价格较低。

(六)垂直式拣选系统

垂直式拣选系统(又称折板式垂直连续升降输送系统)是不同楼层间平面输送系统的连接装置。根据用途和结构的不同,有从某楼层分拣输送至某楼层;从某楼层分拣输送至不同的各楼层;从某楼层分拣输送至某楼层的不同出口方向。如图 5-7所示。

任务二　分拣实训

一、实训设备

(一)设备介绍

自动分拣线主要由皮带输送设备、顶升平移机、流利输送机、辊筒输送机、链板输送机、弯头输送机组成。如图 5-8所示。

图 5-7　垂直式分拣机

(二)设备应用介绍

1．入库操作

根据地入库指令，把货物搬运到入库输送带上，入库输送设备感应到有货物，自动控制启动运行，结合自动立体仓库入库。

2．出库分拣操作

根据地出库指令，自动立体仓库从相应的库位中把货物出库到出库输送带上，出库输送设备感应到有货物，自动控制启动运行，根据订单的分拣口，货物出库到指定的分拣口。

图 5-8　自动分拣线

二、分拣实训

学生分组：以两个同学为一组，每组轮流实训操作。

实训岗位：入库员、上架员、出库员、分拣员、配送员。

实训案例题：如下

(一)入库管理

1．货物收货订单

货主(学号)委托物流企业收货，即存货到物流公司的仓库。首先在系统的入库管理中的货物收货订单，新增订单。具体订单货物资料如图 5-9 所示。

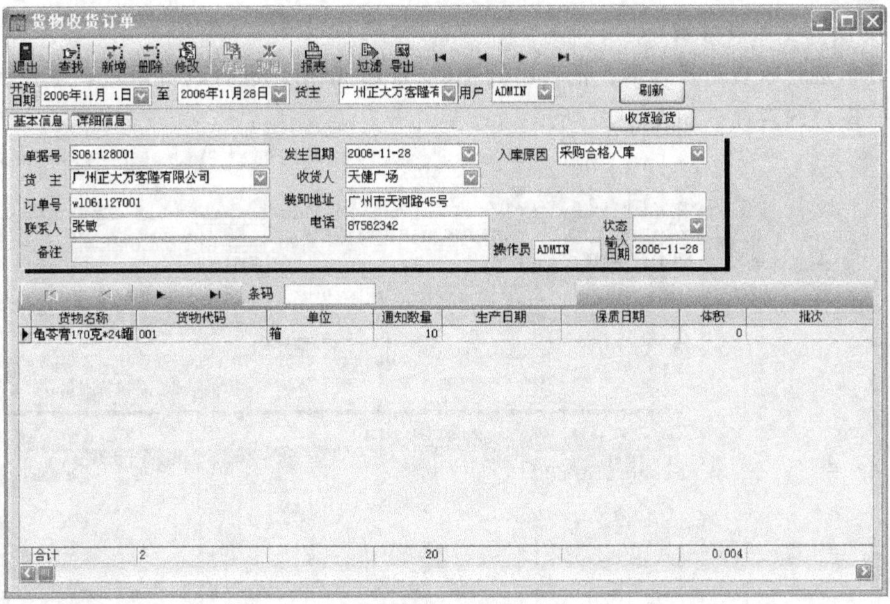

图 5-9　货物收货订单

存放货物资料，如表 5-1 所示。

表 5-1　入库货物信息表

货物代码	货物名称	单位	数量	库位
005	南方黑芝麻糊(精装)480 g(40 g×12)1×20	箱	574	D326Bc1
006	南方黑芝麻糊(AD 钙)480 g(40 g×12)1×20	箱	115	D326Bc2
007	南方黑芝麻糊(低糖)600 g(40 g×15)1×15	箱	30	D326Bc3
018	南方黑芝麻糊(无糖)600 g(40 g×15)1×15	箱	40	D326Bf2
019	南方黑芝麻糊(清真)600 g(40 g×15)1×15	箱	15	D326Bf3
008	南方黑芝麻糊 320 g(40 g×8)1×25	箱	18	D326Bc4
009	南方黑芝麻糊(精装)240 g(40 g×6)1×36	箱	413	D326Bd1
010	早餐黑芝麻糊 480 g(40 g×12)1×20	箱	100	D326Bd2
020	南方黑芝麻糊 360 g(40 g×9)1×25	箱	20	D326Bf4
022	720 g 南方黑芝麻糊(高钙礼包)720g×10	箱	35	D326Bg2
023	720 g 南方黑芝麻糊(中老年礼包)720g×10	箱	35	D326Bg3
024	800 g 南方黑芝麻糊(中老年礼盒)800g×6	箱	5	D326Bg4
016	南方无糖黑豆奶 480 g(30 g×16)1×12	箱	30	D326Be4
011	南方黑豆奶 480 g(30 g×16)1×12	箱	41	D326Bd3
013	南方纯豆粉 400 g(25 g×16)1×12	箱	120	D326Be1
014	南方早餐豆奶 480 g(30 g×16)1×12	箱	240	D326Be2
015	南方高钙豆奶 480 g(30 g×16)1×12	箱	95	D326Be3

2. 货物收货验货管理

对订单进行收货验货处理。把自己货主(学号)的单据，进行收货验货，主要涉及货物的验收、库位的存放。如图 5-10 所示。

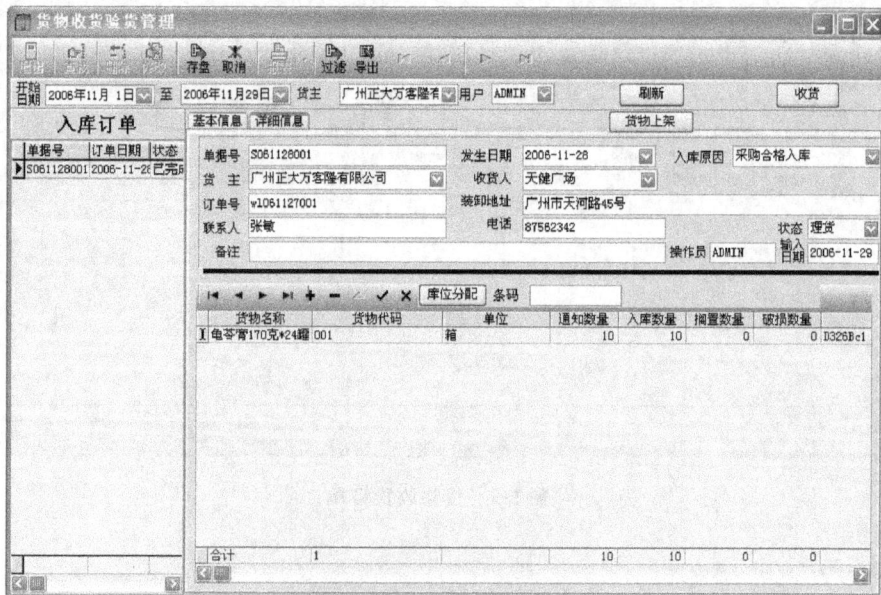

图 5-10　货物收货验货

3. 货物上架

打印入库单对货物进行上架操作。如图 5-11 所示。

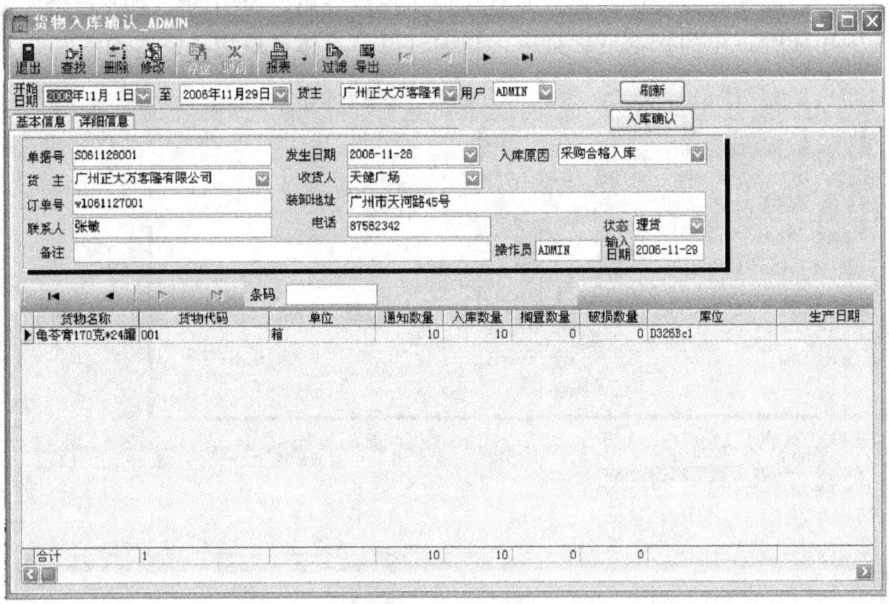

图 5-11 入库单

4. 货物入库确认

对入库货物的确认。对货主的费用录入如表 5-2 和图 5-12 所示。

表 5-2 入库货物费用表

收费类型	摘 要	金 额	备 注
理货费		100	
装卸费		100	

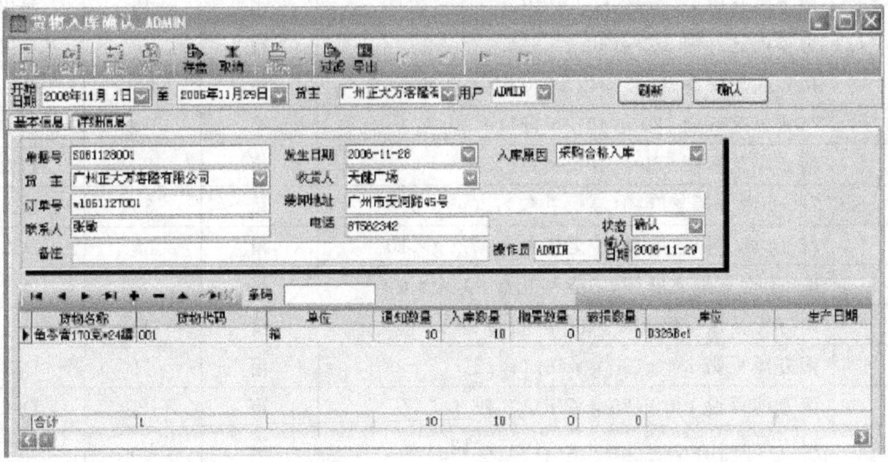

图 5-12 货物入库确认

（二）出库管理

1. 货物发货订单

货主（学号）委托物流企业发货，即对存货在物流公司仓库中的货物进行出库处理。首先在系统的出库管理中的货物发货订单，新增订单。具体订单货物资料如图 5-13 所示。

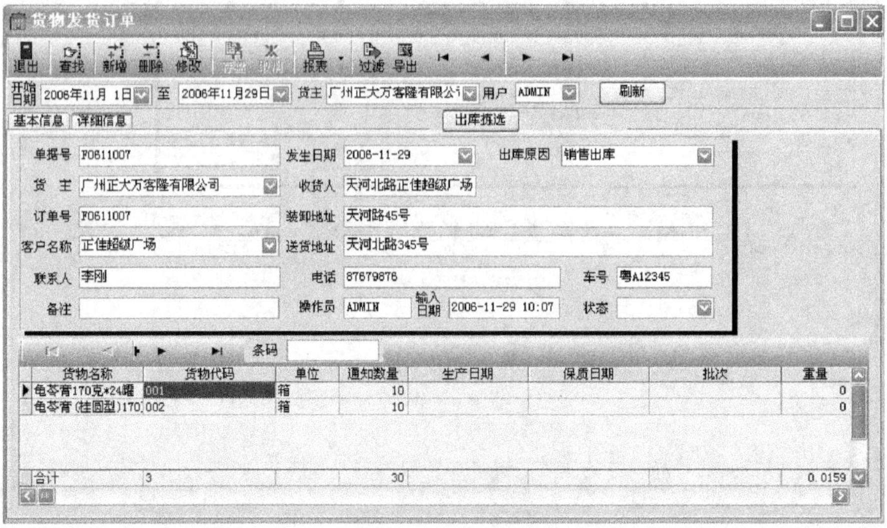

图 5-13　货物发货订单

出库货物资料如表 5-3 所示。

表 5-3　出库货物信息表

货物代码	货物名称	单位	数量	库位
005	南方黑芝麻糊(精装)480 g(40 g×12)1×20	箱	574	D326Bc1
006	南方黑芝麻糊(AD 钙)480 g(40 g×12)1×20	箱	115	D326Bc2
007	南方黑芝麻糊(低糖)600 g(40 g×15)1×15	箱	30	D326Bc3
018	南方黑芝麻糊(无糖)600 g(40 g×15)1×15	箱	40	D326Bf2
019	南方黑芝麻糊(清真)600 g(40 g×15)1×15	箱	15	D326Bf3
008	南方黑芝麻糊 320 g(40 g×8)1×25	箱	18	D326Bc4
009	南方黑芝麻糊(精装)240 g(40 g×6)1×36	箱	413	D326Bd1
010	早餐黑芝麻糊 480 g(40 g×12)1×20	箱	100	D326Bd2
020	南方黑芝麻糊 360 g(40 g×9)1×25	箱	20	D326Bf4
022	720 g 南方黑芝麻糊(高钙礼包)720g×10	箱	35	D326Bg2
023	720 g 南方黑芝麻糊(中老年礼包)720g×10	箱	35	D326Bg3
024	800 g 南方黑芝麻糊(中老年礼盒)800g×6	箱	5	D326Bg4
016	南方无糖黑豆奶 480 g(30 g×16)1×12	箱	30	D326Be4
011	南方黑豆奶 480 g(30 g×16)1×12	箱	41	D326Bd3
013	南方纯豆粉 400 g(25 g×16)1×12	箱	120	D326Be1
014	南方早餐豆奶 480 g(30 g×16)1×12	箱	240	D326Be2
015	南方高钙豆奶 480 g(30 g×16)1×12	箱	95	D326Be3

2. 货物拣选管理

对出库订单进行拣选处理，如图 5-14 所示。

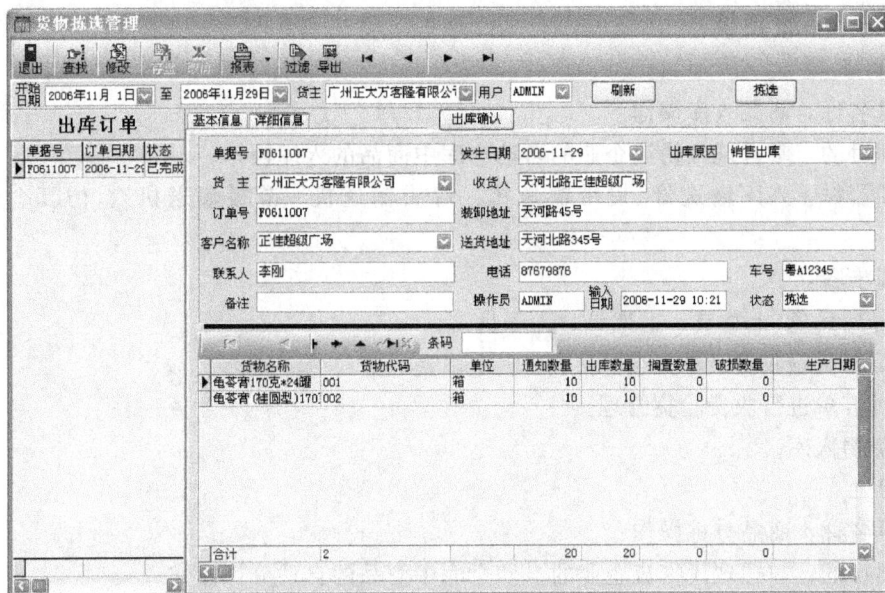

图 5-14 货物拣选管理

3. 货物出库确认

对货物进行出库处理，同时录入出库产生的费用，如表 5-4 和图 5-15 所示。

表 5-4 出库费用

收费类型	摘　要	金　额	备　注
理货费		100	
装卸费		100	

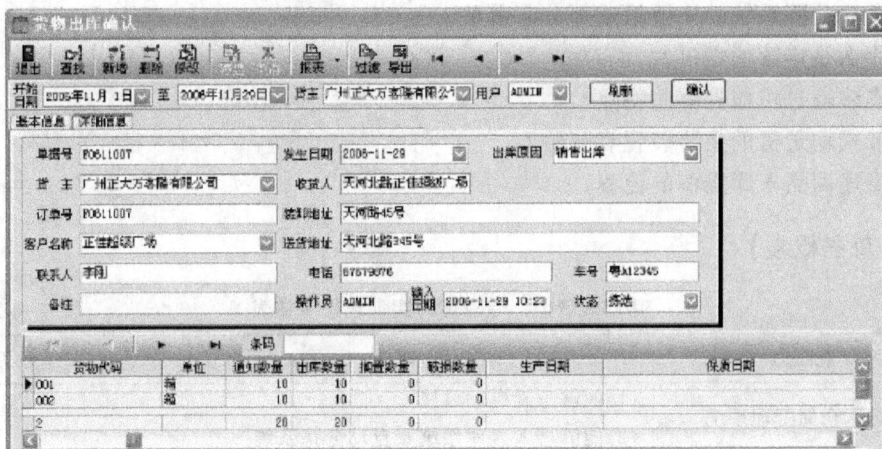

图 5-15 货物出库确认

●●●● 课后实训

项目一

项目名称：商品入库操作

实训目的：掌握现代物流企业的自动仓库中商品的入库操作。

实训器材：入库输送带(皮带输送机、弯头输送机、链板输送机)、仿真仓储管理系统。

实训步骤：

1. 分配角色(上货员、上架员、入库员)。

2. 填制货物收货订单。

3. 对订单进行收货验货管理。

4. 货物入库。

项目二

项目名称：商品分拣操作

实训目的：掌握现代物流企业的自动仓库中商品的自动分拣操作。

实训器材：滚筒输送机、流利输送机、顶升移载机、仿真仓储管理系统。

实训步骤：

1. 分配角色(上货员、配送员、分拣员)。

2. 填制货物发货订单。

3. 对订单进行拣选管理。

4. 货物分拣。

●●●● 课后练习题

1. 自动分拣系统的主要特点是什么？

2. 自动分拣系统的主要组成部分有哪些？

3. 什么是连续输送机？

4. 连续输送机械有哪些特点？

5. 带式输送机的主要装置有哪些？

6. 简述商品入库操作的流程。

【能力考核表】

考核表 5-1　专业能力实训成绩考核表

专业能力	评估标准	分项成绩
1. 认识仿真仓储管理系统	(1)能够正确启动系统	5
	(2)能够进入入库系统及自动分拣系统	5
2. 上货操作规范	(1)双手上货	5
	(2)上货位置正确，靠输送机中部，不能斜放	5

续表

专业能力	评估标准	分项成绩
3. 取货操作规范	(1)双手取货 (2)货物在正确库位	5 5
4. 入库操作系统操作	(1)能够正确填制收货订单 (2)对货物进行收货验货管理 (3)货物入库确认	10 10 10
5. 自动分拣系统操作	(1)能够正确填制发货订单 (2)对货物进行拣选管理 (3)货物分拣确认	10 20 10
总成绩Σ100		
教师评语	 签名： 年　　月　　日	
学生意见	 签名： 年　　月　　日	

考核表 5-2　职业核心能力成绩考核表

实训名称：

评估指标		评估标准	得分
职业核心能力100	自我学习Σ	1. 能进行时间管理；能选择适合自己的学习和工作方式；能随时修订计划并进行意外处理 2. 能通过相关人员的支持，检查学习进度，以及将已经学到的东西用于新的工作任务上	
	信息处理Σ	1. 能通过阅读、观察、寻访、网络搜索等方式，根据工作任务的不同需要去搜寻、获取并选择信息，同时确保安全操作和保护环境 2. 能筛选信息，并进行信息分类，建立目录、索引、文摘、简介类信息 3. 能使用合适的多媒体音像、幻灯和白板等手段来展示信息；并遵守版权和保密规定	

续表

评估指标		评 估 标 准	得 分
职业核心能力 100	数字应用Σ	1. 能从不同信息源获取相关信息；能读懂并编制坐标图、表格、直方图及示意图等图表并作出准确观测和统计 2. 能依据所给的数据信息，作简单计算 3. 能用适当方法展示数据信息和计算结果，并判断计算结果是否与工作任务要求相一致	
	与人交流Σ	1. 能把握交流的主题、时机和方式，理解对方谈话的内容，推动讨论的进行，准确表达自己的观点 2. 能找到需要阅读的资料，看懂资料所表述的观点，获取自己需要的信息，并根据工作需要，整理汇总出自己的资料	
	与人合作Σ	1. 能确定自身优势，挖掘合作资源，明确自己在合作中能够起到的作用；了解合作的基本规则并在出现异常时能采取应急措施 2. 能同合作者进行有效沟通；能理解个性差异及文化差异；能取得上级的信任和同事的信赖	
	解决问题Σ	1. 能说明何时出现问题并指出其主要特征；能采取不同方法形成两个以上解决问题的思路并加以比较 2. 能作出解决问题的计划并组织实施计划，完成计划列出的各项任务，并按照可靠的办法检查问题是否得到解决，并对解决问题的方法适时作出总结和修改	
	革新创新Σ	1. 能发现事物的不足并提出新的需要；能创新性地提出改进事物的意见和具体方法 2. 能从多种方案中选择最佳方案，并从外界获取所需的信息和资源，在现有条件下实施	
教师评语			签字： 年　　月　　日

考核表 5-3　课程成绩考核总表

种　　类	理论考核	实训考核				总 成 绩
比　　例	50%	50%				100%
第 5 单元 Σ100		组内成员互相评估 (20%)	自我评估 (20%)	教师评估活动过程 (30%)	专业能力 (30%)	

项目六
RFID 与电子标签辅助拣货实训

● ● ● ● ● **学习目标**

☆知识目标

● 了解射频技术和条形码的区别

● 了解 RFID 系统的组成

● 了解 RFID 的标签类型

● 理解 RFID 系统的工作原理

● 掌握射频技术的应用范围

● 了解射频技术的频段特点和应用领域

● 了解 RFID 技术的应用前景

● 了解电子标签辅助拣货的应用范围

● 理解电子标签辅助拣货的原理

● 掌握 RFID 出库入库的操作要领

● 掌握电子标签辅助拣货的操作要领

☆能力目标

工作任务	能力目标
RFID 的工作原理	1. 准确把握 RFID 的定义 2. 能正确区分 RFID 和条形码技术 3. 知道 RFID 系统的组成 4. 理解 RFID 系统的工作原理

续表

工作任务	能力目标
RFID 的应用范围	1. 能列举电子标签辅助拣货在各行各业的应用 2. 熟练掌握在 RFID 各种应用所处的频段 3. 了解 RFID 的应用前景
RFID 的出、入库实训	1. 能熟练、正确地进行 RFID 的出库操作 2. 能熟练、正确地进行 RFID 的入库操作
电子标签辅助拣货的原理	1. 能深刻认识到传统拣货的缺点 2. 能正确认识电子标签拣货在各个方面的优越性 3. 理解电子标签辅助拣货的工作原理
电子标签辅助拣货的操作实训	能胜任电子标签辅助拣货各个工作岗位

●●●●● 本项目的知识体系

一、RFID

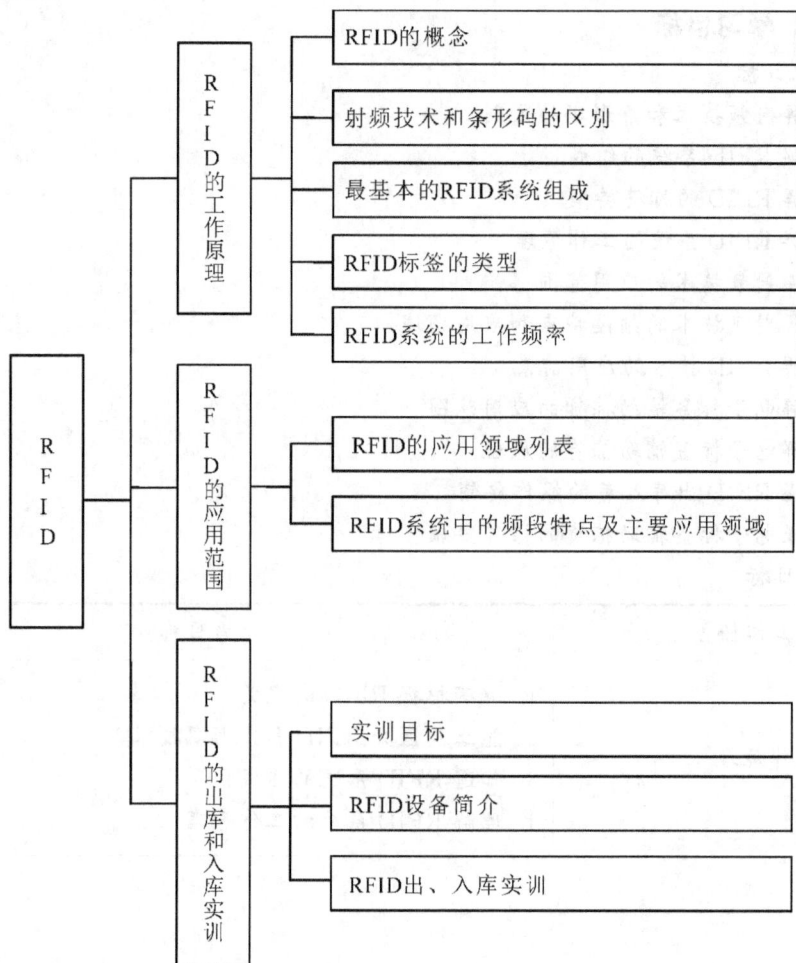

二、电子标签辅助拣货

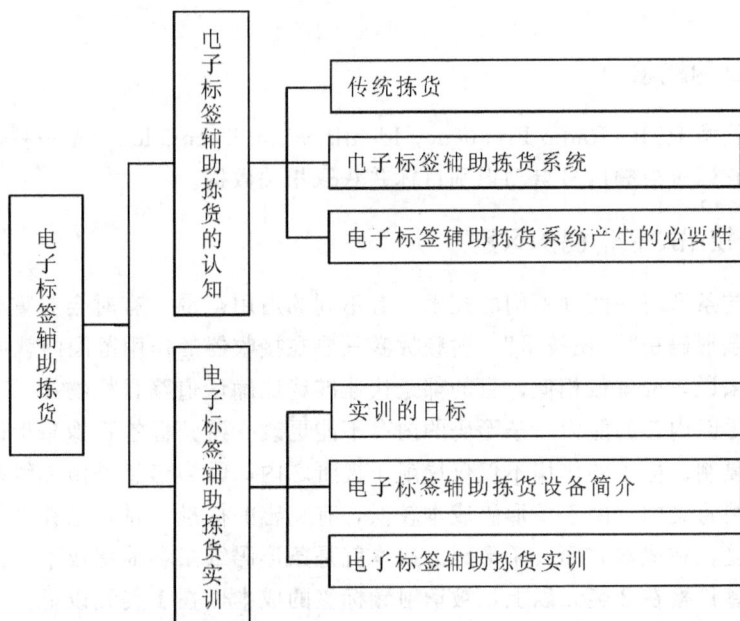

```
                ┌─────────────┐              ┌──────────────────────────┐
                │ 电          │              │      传统拣货             │
                │ 子          ├──────────────┤                          │
                │ 标          │              └──────────────────────────┘
                │ 签          │              ┌──────────────────────────┐
                │ 辅          │              │    电子标签辅助拣货系统   │
                │ 助          ├──────────────┤                          │
                │ 拣          │              └──────────────────────────┘
                │ 货          │              ┌──────────────────────────┐
                │ 的          │              │ 电子标签辅助拣货系统产生的必要性│
                │ 认          ├──────────────┤                          │
                │ 知          │              └──────────────────────────┘
  ┌─────────┐   └─────────────┘
  │ 电      │
  │ 子      │
  │ 标      │
  │ 签      ├──
  │ 辅      │
  │ 助      │
  │ 拣      │
  │ 货      │   ┌─────────────┐              ┌──────────────────────────┐
  └─────────┘   │ 电          │              │      实训的目标           │
                │ 子          ├──────────────┤                          │
                │ 标          │              └──────────────────────────┘
                │ 签          │              ┌──────────────────────────┐
                │ 辅          │              │   电子标签辅助拣货设备简介 │
                │ 助          ├──────────────┤                          │
                │ 拣          │              └──────────────────────────┘
                │ 货          │              ┌──────────────────────────┐
                │ 实          │              │   电子标签辅助拣货实训     │
                │ 训          ├──────────────┤                          │
                └─────────────┘              └──────────────────────────┘
```

任务一　RFID 的工作原理

一、RFID 的概念

射频识别技术 RFID(Radio Frequency Identification Technology)是一种非接触式的自动识别技术，它通过射频信号自动识别目标并获取相关数据。

二、射频技术和条形码的区别

射频技术与条形码是两种不同的技术，有不同的适用范围，有时会有重叠。两者之间最大的区别是条形码是"可视技术"。射频标签只要在接收器的作用范围内就可以被读取。

从概念上来说，两者很相似，目的都是快速准确地确认追踪目标物体。主要区别：有无写入信息或更新内存的能力。条形码的内存不能更改。射频标签不像条形码，它特有的辨识器不能被复制。标签的作用不仅仅局限于视野之内，因为信息是由无线电波传输，而条形码必须在视野之内。由于条形码成本较低，有完善的标准体系，已在全球散播，所以已经被普遍接受，在成本方面，条形码的成本就是条形码纸张和油墨成本，而有内存芯片的主动射频标签价格在 2 美元以上，被动射频标签的成本也在 1 美元以上。但是没有内置芯片的标签价格只有几美分，它可以用于对数据信息要求不那么高的情况，同时又具有条形码不具备的防伪功能。

三、最基本的 RFID 系统组成

(一)阅读器(Reader)

读取(或写入)标签信息的设备，可设计为手持式或固定式，如图 6-1 所示。

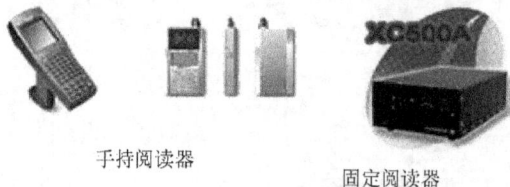

手持阅读器　　固定阅读器

图 6-1　RFID 阅读器

(二)天线(Antenna)

在标签和阅读器间传递射频信号，如图 6-2 所示。

电子标签设备天线

门型天线

图 6-2　天线

(三)标签(Tag)

由耦合元件及芯片组成,每个标签具有唯一的电子编码,附着在物体上标识目标对象;每个标签都有一个全球唯一的 ID 号码——UID,UID 是在制作芯片时放在 ROM 中的,无法修改。用户数据区(DATA)是供用户存放数据的,可以进行读写、覆盖、增加的操作。阅读器对标签的操作有三类:

(1)识别(Identify):读取 UID;

(2)读取(Read):读取用户数据;

(3)写入(Write):写入用户数据。

标签样式,如图 6-3 所示。

RFID电子标签

图 6-3 RFID 电子标签

四、RFID 标签的类型

RFID 标签分为被动标签(Passive tags)和主动标签(Active tags)两种。主动标签自身带有电池供电,读/写距离较远,体积较大,与被动标签相比成本更高,也称为有源标签,一般具有较远的阅读距离,不足之处是电池不能长久使用,能量耗尽后需更换电池。

无源电子标签在接收到阅读器(读出装置)发出的微波信号后,将部分微波能量转化为直流电供自己工作,一般可做到免维护,成本很低并具有很长的使用寿命,比主动标签更小也更轻,读写距离较近,也称为无源标签。相比有源系统,无源系统在阅读距离及适应物体运动速度方面略有限制。

按照存储的信息是否被改写,标签也被分为只读式标签(read only)和可读写标签(read and write)。只读式标签内的信息在集成电路生产时即将信息写入,以后不能修改,只能被专门设备读取;可读写标签将保存的信息写入其内部的存贮区,需要改写时也可以采用专门的编程或写入设备擦写。一般将信息写入电子标签所花费的时间远大于读取电子标签信息所花费的时间,写入所花费的时间为秒级,阅读花费的时间为毫秒级。

五、RFID 系统的工作频率

对一个 RFID 系统来说,它的频段概念是指读写器通过天线发送、接收,并识读的标签信号频率范围。从应用概念来说,射频标签的工作频率也就是射频识别系统的工作频率,直接决定系统应用的各方面特性。在 RFID 系统中,系统工作就像我们平时收听调频广播一样,射频标签和读写器也要调制到相同的频率才能工作。

通常阅读器发送时所使用的频率被称为 RFID 系统的工作频率。基本上划分为:低频

（LF，30～300 kHz）、高频（HF，3～30 MHz）、超高频（UHF，300～968 MHz）和微波（UWF，2.45～5.8 GHz）。

低频系统一般指其工作频率在 100～500 kHz，典型的工作频率有：125 kHz、134.2 kHz；高频系统一般指其工作频率在 10～15 MHz，典型的工作频率为 13.56 MHz，超高频工作频率在 860～960 MHz，常见的工作频率有 869.5 MHz、915.3 MHz。其他一些微波射频识别系统工作在 2.45 GHz 的微波段。

低频 RFID 技术一直用于近距离的门禁管理。由于其信噪比较低，其识读距离受到很大限制，低频系统防冲撞性能差，多标签同时读慢，性能也容易受其他电磁环境的影响。13.56 MHz 高频 RFID 产品可以部分地解决这些问题，13.56 MHz 高频 RFID 速度快，可以实现多标签同时识读，形式多样，价格合理。但是 13.56 MHz 高频 RFID 产品对可导媒介（如液体、高湿和碳介质等）穿透性很差，由于其频率特性，识读距离短。860～960 MHz 的 RFID 产品常常被推荐应用在供应链管理上，超高频产品识读距离长，能够实现高速识读和多标签同时识读。但超高频对于（如金属等）可导媒介完全不能穿透。为了解决 RFID 系统工作频率所造成的对特定物品（高湿）识别效果的局限性，可以将低频和高频两个频率集成到一枚芯片上。

任务二　RFID 的应用范围

一、RFID 的应用领域列表

	应用领域	应用说明
1	物流	物流仓储是 RFID 最有潜力的应用领域之一，UPS、DHL、Fedex 等国际物流巨头都在积极试验 RFID 技术，以期在将来大规模应用提升其物流能力。可应用的过程包括：物流过程中的货物追踪、信息自动采集、仓储管理应用、港口应用、邮政包裹、快递等
2	交通	高速不停车，出租车管理，公交车枢纽管理，铁路机车识别等已有不少较为成功的案例。应用潜力大
3	汽车	制造、防盗、定位、车钥匙。可以应用于汽车的自动化、个性化生产，汽车的防盗，汽车的定位，可以作为安全性极高的汽车钥匙。国际上有成功案例
4	零售	由沃尔玛、麦德隆等大超市一手推动的 RFID 应用，可以为零售业带来包括降低劳动力成本、商品的可视度提高，降低因商品断货造成的损失，减少商品偷窃现象等好处。可应用的过程包括商品的销售数据实时统计、补货、防盗等
5	身份识别	RFID 技术由于天生的快速读取与难伪造性，而被广泛应用于个人的身份识别证件。如世界各国现在开展的电子护照项目，我国的第二代身份证、学生证等其他各种电子证件

续表

	应用领域	应用说明
6	制造业	应用于生产过程的生产数据实时监控，质量追踪，自动化生产、个性化生产等。在贵重及精密的货品生产领域应用更为迫切
7	服装业	可以应用于服装的自动化生产、仓储管理、品牌管理、单品管理、渠道管理等过程，随着标签价格的降低，这一领域将有很大的应用潜力。但是在应用时，必须仔细考虑如何保护个人隐私的问题
8	医疗	可以应用于医院的医疗器械管理、病人身份识别、婴儿防盗等领域。医疗行业对标签的成本比较不敏感，所以该行业将是RFID应用的先锋之一
9	防伪	RFID技术具有很难伪造的特性，但是如何应用于防伪还需要政府和企业的积极推广。可以应用的领域包括：贵重物品(烟、酒、药品)的防伪、票证的防伪等
10	资产管理	随着RFID技术以及信息技术(包括数据库技术、网络技术、信息系统技术等)的发展，使得采用RFID技术来对资产进行管理成为可能。RFID技术能够快速、准确地对资产信息进行采集、获取和控制，而辅助的信息技术能够有效地对资产信息进行处理和分析
11	食品	由于食品、水果、蔬菜、生鲜上含水分多，会影响正常的标签识别，所以RFID设备的应用将在标签的设计及应用模式上有所创新
12	动物识别	应用于驯养动物、畜牲性口、宠物等识别管理，动物的疾病追踪，畜牲性口的个性化养殖等
13	图书馆	RFID设备的应用可以大大减少书籍的盘点、管理时间，可以实现自动租、借、还书等功能
14	航空	应用于飞机的制造，飞机零部件的保养及质量追踪，机票识别，旅客包裹的追踪
15	军事	应用于弹药、枪支、军用物资、人员、军用卡车等的识别与追踪
16	其他	在门禁管理、考勤、一卡通、电子停车场等方面也有较为广泛的应用

二、RFID系统中的频段特点及主要应用领域

对一个RFID系统来说，它的频段概念是指读写器通过天线发送、接收并识读的标签信号频率范围。从应用概念来说，射频标签的工作频率也就是射频识别系统的工作频率，直接决定系统应用的各方面特性。

在RFID系统中，系统工作就像我们平时收听调频广播一样，射频标签和读写器也要调制到相同的频率才能工作。射频标签的工作频率不仅决定着射频识别系统的工作原理(电感耦合还是电磁耦合)、识别距离，还决定着射频标签及读写器实现的难易程度和设备成本。RFID应用占据的频段或频点在国际上有公认的划分，即位于ISM波段。典型的工作频率有125 kHz、133 kHz、13.56 MHz、27.12 MHz、433 MHz、902～928 MHz、

2.45 GHz、5.8 GHz 等。

　　按照工作频率的不同，RFID 标签可以分为低频(LF)、高频(HF)、超高频(UHF)和微波等不同种类。不同频段的 RFID 工作原理不同，LF 和 HF 频段的 RFID 电子标签一般采用电磁耦合原理，而 UHF 及微波频段的 RFID 一般采用电磁发射原理。目前国际上广泛采用的频率分布于 4 种波段，低频(125 kHz)、高频(13.54 MHz)、超高频(850～910 MHz)和微波(2.45 GHz)。每一种频率都有它的特点，被用在不同的领域，因此要正确使用就要先选择合适的频率。

　　低频段射频标签，简称为低频标签，其工作频率范围为 30～300 kHz。典型工作频率有 125 kHz 和 133 kHz。低频标签一般为无源标签，其工作能量通过电感耦合方式从阅读器耦合线圈的辐射近场中获得。低频标签与阅读器之间传送数据时，低频标签需位于阅读器天线辐射的近场区内。低频标签的阅读距离一般情况下小于 1 米。低频标签的典型应用有动物识别、容器识别、工具识别、电子闭锁防盗(带有内置应答器的汽车钥匙)等。

　　中高频段射频标签的工作频率一般为 3～30 MHz。典型工作频率为 13.56 MHz。该频段的射频标签，因其工作原理与低频标签完全相同，即采用电感耦合方式工作，所以宜将其归为低频标签类中。另外，根据无线电频率的一般划分，其工作频段又称为高频，所以也常将其称为高频标签。鉴于该频段的射频标签可能是实际应用中最大量的一种射频标签，因而我们只要将高、低理解成为一个相对的概念，即不会造成理解上的混乱。为了便于叙述，我们将其称为中频射频标签。中频标签一般也采用无源设主，其工作能量同低频标签一样，也是通过电感(磁)耦合方式从阅读器耦合线圈的辐射近场中获得。标签与阅读器进行数据交换时，标签必须位于阅读器天线辐射的近场区内。中频标签的阅读距离一般情况下也小于 1 米。中频标签由于可方便地做成卡状，广泛应用于电子车票、电子身份证、电子闭锁防盗(电子遥控门锁控制器)、小区物业管理、大厦门禁系统等。

　　超高频与微波频段的射频标签简称为微波射频标签，其典型工作频率有 433.92 MHz、862(902)～928 MHz、2.45 GHz、5.8 GHz。微波射频标签可分为有源标签与无源标签两类。工作时，射频标签位于阅读器天线辐射场的远区场内，标签与阅读器之间的耦合方式为电磁耦合方式。阅读器天线辐射场为无源标签提供射频能量，将有源标签唤醒。相应的射频识别系统阅读距离一般大于 1 米，典型情况为 4～6 米，最大可达 10 米以上。阅读器天线一般均为定向天线，只有在阅读器天线定向波束范围内的射频标签可被读/写。由于阅读距离的增加，应用中有可能在阅读区域中同时出现多个射频标签的情况，从而提出了多标签同时读取的需求。目前，先进的射频识别系统均将多标签识读问题作为系统的一个重要特征。超高频标签主要用于铁路车辆自动识别、集装箱识别，还可用于公路车辆识别与自动收费系统中。

　　以目前的技术水平来说，无源微波射频标签比较成功的产品相对集中在 902～928 MHz 工作频段上。2.45 GHz 和 5.8 GHz 射频识别系统多以半无源微波射频标签产品面世。半无源标签一般采用纽扣电池供电，具有较远的阅读距离。微波射频标签的典型特点主要集中在是否无源、无线读写距离、是否支持多标签读写、是否适合高速识别应用、读写器的发射功率容限、射频标签及读写器的价格等方面。对于可无线写的射频标签而言，通常情况下写入距离要小于识读距离，其原因在于写入要求更大的能量。微波射频标签的数据存储容量一般限定在 2 Kbits 以内，再大的存储容量似乎没有太大的意义，从技术及应用的角度来说，微波射频标签并不适合作为大量数据的载体，其主要功能在于标识物品并完成无接触的识别过程。典型的数据容量指标有 1 Kbits、128 Bits、64 Bits 等。由 Auto-ID Center 制定的产品电子代码 EPC 的容量为 90 Bits。微波射频标签的典型应用包括移动车辆识别、电子闭锁防盗(电子遥控门锁控制器)、医疗科研等行业。

不同频率的标签有不同的特点，例如，低频标签比超高频标签便宜，节省能量，穿透废金属物体力强，工作频率不受无线电频率的管制约束，最适合用于含水成分较高的物体，例如水果等；超高频作用范围广，传送数据速度快，但是比较耗能，穿透力较弱，作业区域不能有太多干扰，适用于监测港口、仓储等物流领域的物品；而高频标签属中短距识别，读写速度也居中，产品价格也相对便宜，比如应用在电子票证一卡通上。

目前，不同的国家对于相同波段，使用的频率也不尽相同。欧洲使用的超高频是 868 MHz，美国则是 915 MHz。日本目前不允许将超高频用到射频技术中。

目前在实际应用中，比较常用的是 13.56 MHz、860～960 MHz、2.45 GHz 等频段。近距离 RFID 系统主要使用 125 kHz、13.56 MHz 等 LF 和 HF 频段，技术最为成熟；远距离 RFID 系统主要使用 433 MHz、860～960 MHz 等 UHF 频段，以及 2.45 GHz、5.8 GHz等微波频段，目前还多在测试当中，没有大规模应用。

我国在 LF 和 HF 频段 RFID 标签芯片设计方面的技术比较成熟，HF 频段方面的设计技术接近国际先进水平，已经自主开发出符合 ISO 14443 Type A、Type B 和 ISO 15693 标准的 RFID 芯片，并成功地应用于交通一卡通和第二代身份证等项目中。

任务三　RFID 的出库和入库实训

一、实训目标

(1)掌握现代物流企业的 RFID 无线射频应用，包括高频 RFID、低频 RFID、手持式 RFID、有源 RFID、ID 卡的维护、RFID 出/入库、进出闸应用。

(2)熟悉了解仿真实训中心 RFID 设备的工作原理和应用范围。

(3)掌握实训中心 RFID 设备的操作流程和技能。

二、RFID 设备简介

固定式高频(UHF)电子标签读写器，如图 6-4 所示。

RFID 固定式高频(UHF)电子标签读写器符合 EPC-GEN 2 标准，适用 900 MHz 的频率，可以与后台物流仿真系统相连。集成的 RFID 读写器支持现有的设备，保护了投资。兼容 EPC Class 0、0+、Class 1 和 GEN 2 的 ISO 18000-6 标准，RDFID 高频(UHF) RFID 读写器体现了相当强的灵活性。RFID 高频(UHF)电子标签读写器符合 IP54 工业标准，防尘及防护各个方向的水雾。

图 6-4　固定式高频电子标签读写器

三、RFID 出、入库实训

(一)实训准备

(1)学生分组：以两个同学为一组，每组轮流实训操作。

(2)实训岗位分配：系统管理员、理货员。

(3)商品定义。

编号	货物名称	规格	单位	ID 卡号	长度 m	宽度 m	高度 m	体积 m³	重量 t	制造商
B009	ARKE 系列方形面盆	1000×1000	箱	9787111177222	1	1	0.02	0.01	0.01	新兄弟柏森公司
B008	B－1F405 洗脸台主体组件	1000×850	箱	9787111177442	1	0.85	0.04	0.04	0.01	新兄弟柏森公司
B007	Synua 面盆环（红色）	650×650	箱	9787111177443	0.65	0.65	0.01	0.01	0.005	新兄弟柏森公司
B006	P 形排水	800×600	箱	9787111177112	0.8	0.8	0.02	0.05	0.07	新兄弟柏森公司
B005	瑞特支撑/排水组件	1000×1000	箱	9787111177321	1	1	0.01	0.16	0.003	新兄弟柏森公司
B004	瑞特镜子组件	1000×1000	箱	9787111177231	1	1	0.03	0.03	0.003	新兄弟柏森公司
B003	SIEGER 椭圆镜子	800×450	箱	9787111177342	0.8	0.45	0.02	0.03	0.003	新兄弟柏森公司
B002	混色水晶马赛克	500×500	联	9787111177576	0.5	0.5	0.02	0.0011	0.003	新兄弟柏森公司
B010	喜娜 12 mm 磨砂绿盆	1000×1000	箱	9787111177332	1	1	0.03	0.03	0.01	新兄弟柏森公司
B001	B－1F401 洗脸台主体	300×250	箱	9787111177678	1	1	0.07	0.07	0.02	新兄弟柏森公司

(二)入库操作流程

(1)系统管理员启动 RFID 出库、入库服务器电脑，进入 Windows 2000 Server 操作系统。

(2)系统初始化完成后，通过桌面上的快捷方式首先启动 SQL 2000 数据库服务器(软件)。

(3)确定数据库服务器启动完成后，启动 RFID 出库、入库管理软件，进入入库操作界面，如图 6-5 所示。

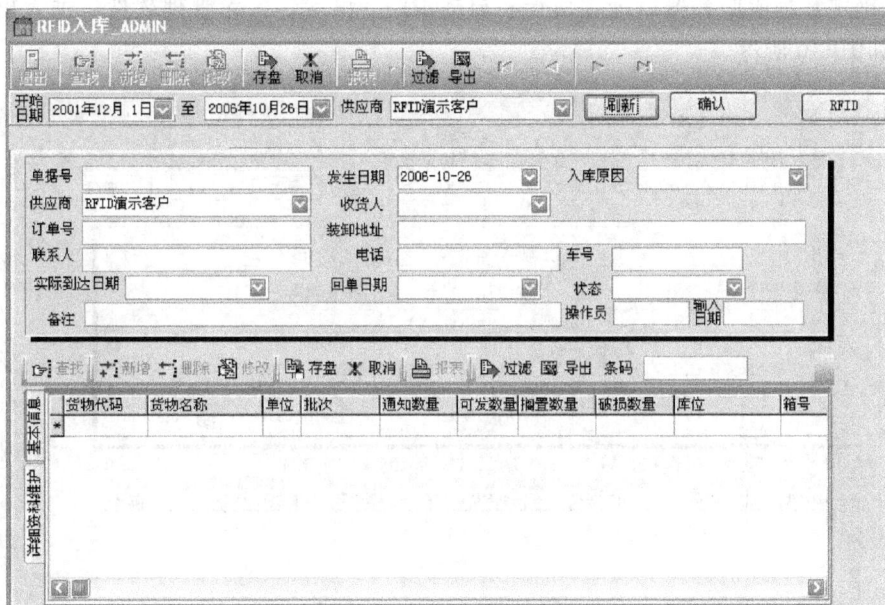

图 6-5　RFID 入库操作页面图

（4）根据货物收货订单、收获验货单填写单据号、订单号、收货人、装卸地址以及货物的基本信息。

填写货物需要注意的基本信息：

①可发数量为必填项。

②库位栏选择 A 系列库位，如库位只能是 A1001，开头字母不能是其他。

③添加另外一种货物时，保存后才能添加。

④箱号的填写要与货物 RFID 标签上 ID 号相一致，填完箱号后注意按回车键。

各种信息填写完毕后，要存盘、确定。

（5）检查所填信息有无错误，若有错误，点击工具栏的修改按钮进行修改。

（6）确认无误后点击界面上的 RFID 按钮，进入 RFID 操作界面，这时入库货物信息出现在界面上。

（7）在 RFID 操作界面上首先点击入库天线对应的按钮，激活它。

（8）在 RFID 操作界面上点击标题为"连接 RFID"的按钮，使无线射频系统处于工作状态。

（9）系统管理员通知理货员进行入库作业。

（10）入库货物经过 RFID 天线旁边时会有鸣叫声，以示进入感应范围，并读取货物信息；同时系统管理员会看到 RFID 界面上的有关商品信息的文字变为红色，显示入库操作成功。

(三)出库操作流程

（1）系统管理员启动 RFID 出库/入库服务器电脑，进入 Windows 2000 Server 操作系统。

（2）系统初始化完成后，通过桌面上的快捷方式首先启动 SQL 2000 数据库服务器（软件）。

(3)确定数据库服务器启动完成后，启动 RFID 出库、入库管理软件，进入出库操作界面，如图 6-6 所示。

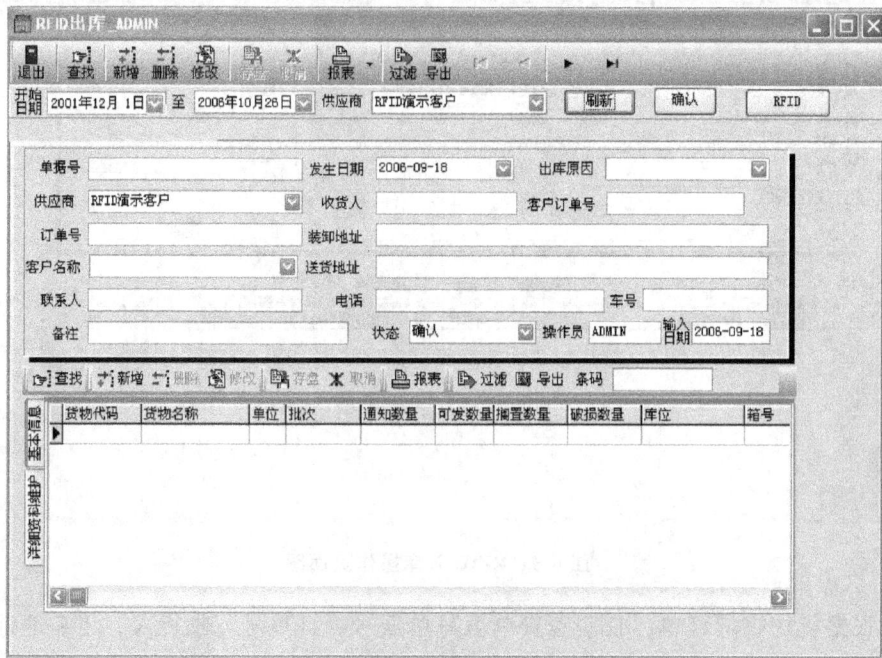

图 6-6 RFID 出库操作页面图

(4)根据货物发货订单填写单据号、订单号、收货人、装卸地址以及货物的基本信息。填写货物的基本信息时，需要注意：

①通知数量必须等于可发数量、搁置数量和破损数量之和。

②库位栏选择 A 系列库位。

③添加另外一种货物时，保存后才能添加。

④箱号的填写要与货物 RFID 标签上的 ID 相一致，填完箱号注意按回车键。

各种信息填写完毕后，要存盘、确定。

(5)检查所填信息有无错误，若有错误，点击工具栏的修改按钮进行修改。

(6)确认无误后点击界面上的 RFID 按钮，进入 RFID 操作界面，这时入库货物信息出现在界面上。

(7)在 RFID 操作界面上首先点击入库天线对应的按钮，激活它。

(8)点击连接 RFID 按钮，使无线射频系统处于工作状态。

(9)系统管理员通知理货员进行出库作业。

(10)货物经过 RFID 天线旁边时会有鸣叫声，以示进入感应范围，并读取货物信息。

(11)同时系统管理员会看到 RFID 界面上的有关商品信息的文字变为红色，显示出库操作成功。

任务四　电子标签辅助拣货认知

一、传统拣货

传统拣货的方式一般是根据客户所订购的内容打印出拣货单，再交给拣货人员，依据拣货单所指示的内容，从仓库中将应拣选的货品一一取出。人员于作业中所凭借的除了拣货单据的指示外，即是拣货员对仓库整体环境的熟悉和对商品摆放位置的记忆等，这就造成拣货的错误率难以降低，效率无法提升，人员需要的训练与熟练的时间长，整体作业方式对于效能的提高，缺乏应变的弹性，因此其所产生的相关成本亦居高不下。

二、电子标签辅助拣货系统

电子标签辅助拣货系统的电子标签显示器，安装于货架储位上，原则上一个储位内放置一个产品，并且以一张订单为一次处理的单位，系统会将订单中所有订货商品所代表的电子标签亮起，拣货人员依照灯号与数字的显示将货品自货架上取出，即称为电子标签辅助拣货系统。然而，拣货作业是否能达到应有的品质水准，亦要有良好、精确的仓储（仓储货架）管理系统和整体规划为基础，方能发挥其效益。

三、电子标签辅助系统产生的必要性

在物流配送中心，拣货作业是最繁重，也是最容易出错的工作。传统的拣货作业中，拣货人员是根据拣货单上的资料进行拣货，工作量大、效率低，而且容易出错；同时，在管理上造成许多不便，使管理效率降低。因此，为提高物流系统的运行效率，实现物流系统的现代化、信息化，实现物流系统与其他商务系统的接轨，有必要对传统的物流作业模式进行改造，融入现代的电子信息技术。电子标签辅助拣货系统就是一种提升传统物流作业质量和提高传统物流作业效率的有效方式。该系统的基本工作原理为：控制 PC 机产生订单，并通过网络传送到作业现场的电子卷标，工作人员只需按电子卷标上显示的数据取货，完成后按下"确认"键即可，减轻了工作人员的劳动强度，提高了工作效率，实现了作业无纸化。整个过程由计算机进行实时监控，不仅速度大大提高，正确率也很高，而且可方便整个物流信息系统的管理和维护。电子标签辅助拣货系统在西方发达国家是一项发展较快的技术，目前已有比较成熟的硬软件系统。如日本 AIOI（爱鸥）系统株式会社的物流电子卷标及通信系统，该系统的技术核心基于 TW（两线）系统，涉及专利封装芯片及专利核心技术。国内在这个领域是刚刚起步，部分公司和研究机构在充实这方面的研究和设计，但只要集中在广州、上海等经济比较发达的地区，且多为引进技术，成本较高，价格较贵。因此，设计一套完整的具有自主知识产权的电子标签辅助拣货系统是必要的。

任务五　电子标签辅助拣货实训

一、实训目标

(1)掌握现代物流企业的 RFID 无线射频应用，包括高频 RFID、低频 RFID、手持式

RFID、有源 RFID、ID 卡的维护、RFID 出／入库、进出闸应用。

（2）熟悉了解仿真实训中心 RFID 设备的工作原理和应用范围。

（3）掌握实训中心 RFID 设备操作流程和技能。

二、电子标签辅助拣货设备简介

（一）河北交通职业技术学院电子标签设备的组成原理

河北交通职业技术学院现代物流实训中心电子标签辅助拣货系统是一组安装在货架储位上的电子设备，透过电脑与软件的控制，借由灯号与数字显示作为辅助工具，引领拣货人员正确、快速、轻松地完成拣货工作。能弹性地控制拣货流程，并对现场的拣货状况进行即时性的监控，而且能降低拣货错误率，加快拣货速度，免除表单作业的不便与浪费，并节省部分的人力资源，使物畅其流，乐在拣货。

（二）设备特色

（1）标签采用 Cableless 无线、滑轨式设计，容易安装与维护。

（2）可连接条码读取器等输出、输入设备。

（3）可与不同的作业平台进行订单资料的整合。

（4）提供简易的硬件控制界面，可自行研发控制软件。

（5）适用于－25℃～40℃的作业环境运作。

（三）效益

（1）免除表单作业。

（2）加快拣货速度约 1/3 时间。

（3）降低拣货错误率至万分之一以下。

（4）即时掌握作业进度，标准化作业负荷，可处理紧急插单，即时反应缺货、补货信息。

（5）新进人员仅需依照简单的标准拣货程序，即可进行线上理货作业。

三、电子标签辅助拣货实训

（一）实训准备

（1）学生分组：以两个同学为一组，每组轮流实训操作。

（2）实训岗位分配：系统管理员、理货员 1（拣货员）、理货员 2（搬运员）。

（3）商品定义。

编号	货物名称	规格	单位	ID卡号	长度 m	宽度 m	高度 m	体积 m³	重量 T	制造商
B009	ARKE系列方形面盆	1000×1000	箱	9787111177222	1	1	0.02	0.01	0.01	新兄弟柏森公司
B008	B-1F405洗脸台主体组件	1000×850	箱	9787111177442	1	0.85	0.04	0.04	0.01	新兄弟柏森公司
B007	Synua面盆环（红色）	650×650	箱	9787111177443	0.65	0.65	0.01	0.04	0.005	新兄弟柏森公司
B006	P形排水	800×600	箱	9787111177112	0.8	0.8	0.02	0.05	0.07	新兄弟柏森公司
B005	瑞特支撑/排水组件	1000×1000	箱	9787111177321	1	1	0.01	0.16	0.003	新兄弟柏森公司
B004	瑞特镜子组件	1000×1000	箱	9787111177231	1	1	0.03	0.03	0.003	新兄弟柏森公司
B003	SIEGER椭圆镜子	800×450	箱	9787111177342	0.8	0.45	0.02	0.03	0.003	新兄弟柏森公司
B002	混色水晶马赛克	500×500	联	9787111177576	0.5	0.5	0.02	0.0011	0.003	新兄弟柏森公司
B010	喜娜12 mm磨砂绿盆	1000×1000	箱	9787111177332	1	1	0.03	0.03	0.01	新兄弟柏森公司
B001	B-1F401洗脸台主体	300×250	箱	9787111177678	1	1	0.07	0.07	0.02	新兄弟柏森公司

（二）电子标签辅助拣货操作流程

（1）系统管理员启动电子标签辅助拣货服务器电脑，进入Windows 2000 server操作系统。

（2）启动与货架上的电子元件电源。

（3）启动与连接服务器和货架上电子元件的控制器电源。

（4）系统初始化完成后，通过桌面上的快捷方式首先启动SQL 2000数据库服务器（软件）。

（5）确定数据库服务器启动完成后，启动电子标签辅助拣货管理软件，进入拣货操作界面，如图6-7所示。

（6）根据货物发货订单填写单据号、订单号、收货人、装卸地址以及货物的基本信息。

填写货物基本信息时，需要注意：

①通知数量必须等于可发数量、搁置数量和破损数量之和。

②库位栏选择E系列库位。

③添加另外一种货物时，保存后才能添加。

④箱号及以后内容不用填写。

各种信息填写完毕后，要存盘、确定。

（7）检查所填信息有无错误，若有错误，点击工具栏的修改按钮进行修改。

（8）确认无误后点击界面上的电子拣选，进入电子标签辅助操作界面。

（9）在电子标签辅助操作界面上首先正确选择与服务器相连的串口并连接。

(10)串口连通后，相关货架提示灯及货位液晶屏亮起。

(11)理货员1根据提示进行拣货作业。

(12)理货员2用流利式输送机进行出库作业。

(13)系统管理员点击检验结果按钮，显示拣货成功与否。

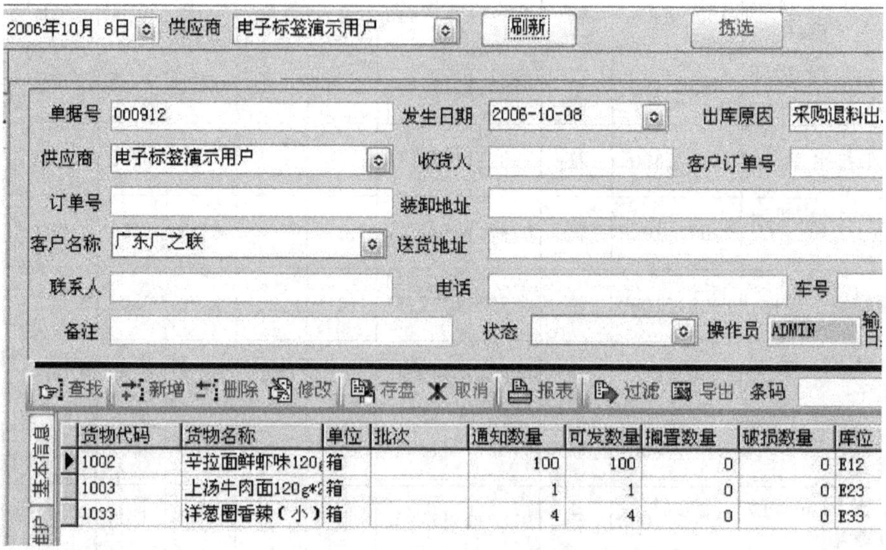

图 6-7　拣货管理界面

●●●○○ **课后实训**

项目名称：RFID和电子标签辅助拣货综合实训

实训目的：考核学生对RFID和电子标签辅助拣货的综合操作能力。

实训器材：RFID系统和电子标签辅助拣货系统。

实训步骤：

1. RFID入库操作。

2. 电子标签辅助拣货。

3. RFID出库操作。

（具体操作步骤按照课本进行）

●●●○○ **课后练习题**

1. 什么是RFID？

2. 电子标签辅助拣货系统的原理？

3. RFID系统的工作原理？

项目七
条码技术实训

●●●● **学习目标**

☆知识目标

● 掌握条码技术的概念、特点及分类

● 熟悉条码技术的应用

● 掌握条码打印设备、检测设备的特征功能

● 熟悉条码技术在物流软件的应用

☆能力目标

● 能够安装条码打印软件

● 能够应用条码软件设计条码

● 能够使用条码检测设备检测条码

● 能够进行条码应用方案设计

● 能够在物流管理中使用条码技术

● ● ● ● **本项目的知识体系**

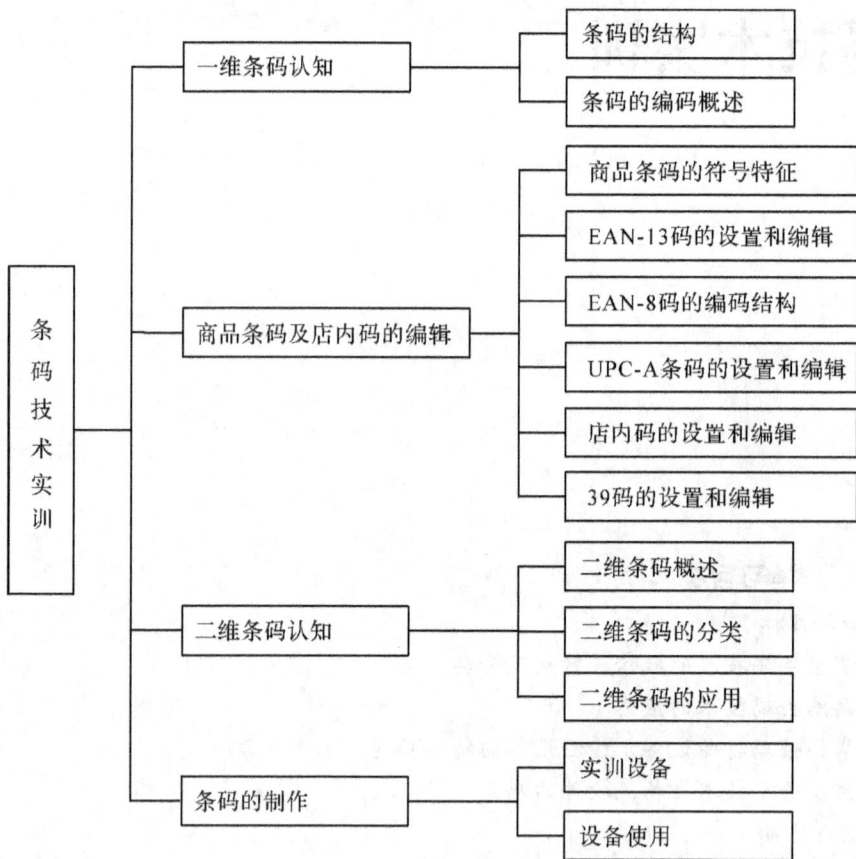

```
                                              ┌── 条码的结构
                          ┌── 一维条码认知 ──┤
                          │                   └── 条码的编码概述
                          │
                          │                   ┌── 商品条码的符号特征
                          │                   ├── EAN-13码的设置和编辑
                          │                   ├── EAN-8码的编码结构
         条码技术实训 ──┤── 商品条码及店内码的编辑 ──┤── UPC-A条码的设置和编辑
                          │                   ├── 店内码的设置和编辑
                          │                   └── 39码的设置和编辑
                          │
                          │                   ┌── 二维条码概述
                          │── 二维条码认知 ──┤── 二维条码的分类
                          │                   └── 二维条码的应用
                          │
                          │                   ┌── 实训设备
                          └── 条码的制作 ──┤
                                              └── 设备使用
```

任务一 一维条码认知

一、条码的结构

一个完整的条码符号是由两侧空白区、起始字符、数据字符、校验字符（可选）和终止字符以及供人识读字符组成，如图 7-1 所示。

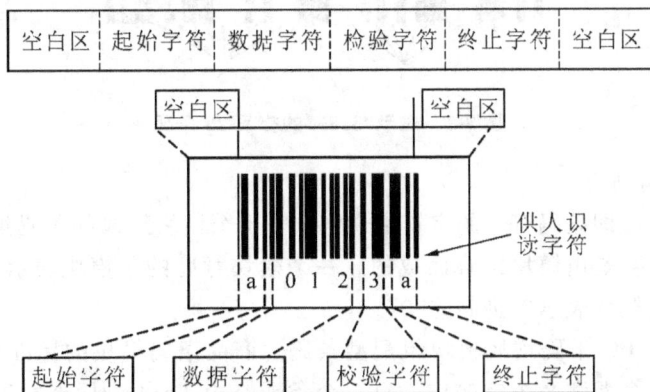

图 7-1 条码符号的结构

二、条码的编码概述

条码技术涉及了两种类型的编码方式：一种是代码的编码方式；另一种是条码符号的编码方式。代码的编码规则规定了由数字、字母或其他字符组成的代码序列的结构，而条码符号的编制规则规定了不同码制中条、空的编制规则及其二进制的逻辑表示设置。表示数字及字符的条码符号是按照编码规则组合排列的，故当各种码制的条码编码规则一旦确定，我们就可将代码转换成条码符号。

（一）代码的编码方法

代码的编码系统是条码的基础，不同的编码系统规定了不同用途的代码的数据格式、含义及编码原则。编制代码须遵循有关标准或规范，根据应用系统的特点与需求选择适合的代码及数据格式，并且遵守相应的编码原则。

（二）条码符号的编码方法

条码是利用"条"和"空"构成二进制的"0"和"1"，并以它们的组合来表示某个数字或字符，反映某种信息的。但不同码制的条码在编码方式上却有所不同。一般有宽度调节编码法和模块组配编码法两种方法。

1. 宽度调节编码法

宽度调节编码法即条码符号中的条和空由宽、窄两种单元组成的条码编码方法。按照这种方式编码时，是以窄单元（条或空）表示逻辑值"0"，宽单元（条或空）表示逻辑值"1"。宽单元通常是窄单元的 2～3 倍。对于两个相邻的二进制数位，由条到空或由空到条，均存在着明显的印刷界限。39 条码、库德巴条码及交叉 25 条码均属宽度调节型条码。下面以交叉 25 条码为例，简要介绍宽度调节型条码的编码方法。

交叉 25 条码是一种条、空均表示信息的连续型、非定长、具有自校验功能的双向条码。它的每一个条码数据符由 5 个单元组成，其中两个是宽单元(表示二进制的"1")，三个窄单元(表示二进制的"0")。图 7-2 是交叉 25 码的一个示例。

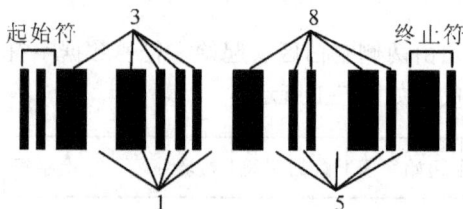

图 7-2　表示"3185"的交叉 25 条码

2. 模块组配编码法

模块组配编码法即条码符号的字符由规定的若干个模块组成的条码编码方法。按照这种方式编码，条与空是由模块组合而成的。一个模块宽度的条模块表示二进制的"1"，而一个模块宽度的空模块表示二进制的"0"。

EAN 条码、UPC 条码均属模块组配型条码。商品条码模块的标准宽度是 0.33 mm，它的一个字符由 2 个条和 2 个空构成，每一个条或空由 1～4 个标准宽度的模块组成，每一个条码字符的总模块数为 7。凡是在字符间用间隔(位空)分开的条码，称为非连续性条码。凡是在条码字符间不存在间隔(位空)的条码，称为连续性条码。模块组配编码法条码字符的构成，如图 7-3 所示。

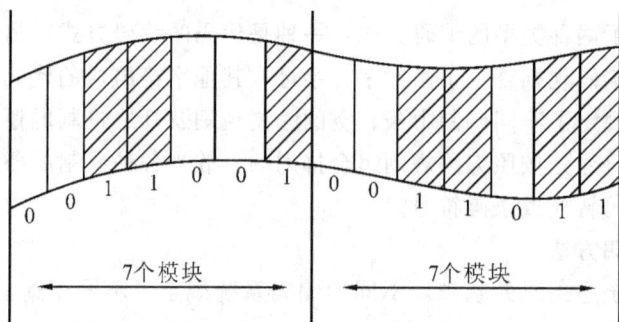

图 7-3　模块组配编码法条码字符的构成

(三)编码容量

1. 代码的编码容量

代码的编码容量，即每种代码结构可能编制的代码数量的最大值。如，EAN/UCC-13 代码的结构中有 5 位数字可用于编制商品项目代码，在每一位数字的代码均无含义的情况下，其编码容量为 100 000，所以厂商如果选择这种代码结构，最多能标识 100 000 种商品。

2. 条码字符的编码容量

条码字符的编码容量，即条码字符集中所能表示的字符数的最大值。每个码制都有一定的编码容量，这是由其编码方法决定的。编码容量限制了条码字符集中所能包含的字符个数的最大值。对于用宽度调节法编码的，仅有两种宽度单元的条码符号，即编码容量为 $C(n，k)$，这里，$C(n，k)=n(n-1)\cdots(n-k+1)/k$。其中，$n$ 是每一条码字符中所包含的单元总数，k 是宽单元或窄单元的数量。例如，39 条码，它的每个条码字符由 9 个单元组成，其中 3 个是宽单元，其余是窄单元，那么，其编码容量为

$C(9，3)=9\times8\times7/(3\times2\times1)=84$

对于用模块组配的条码符号，若每个条码字符包含的模块是恒定的，其编码容量为 $C(n-1，2k-1)$，其中 n 为每一条码字符中包含模块的总数，k 是每一条码字符中条或空的数量，k 应满足 $1\leqslant k\leqslant n/2$。

例如，93 条码，它的每个条码字符中包含 9 个模块，每个条码字符中的条的数量为 3 个，其编码容量为：

$C(9-1，2\times3-1)=8\times7\times6\times5\times4/(5\times4\times3\times2\times1)=56$

一般情况下，条码字符集中所表示的字符数量小于条码字符的编码容量。

任务二　商品条码及店内码的编辑

一、商品条码的符号特征

如图 7-4 所示，商品条码具有以下共同的符号特征：

（1）条码符号的整体形状为矩形，由一系列互相平行的条和空组成，四周都留有空白区。

（2）采用模块组合法编码方法，条和空分别由 1～4 个深或浅颜色的模块组成。深色模块表示"1"，浅色模块表示"0"。

（3）在条码符号中，表示数字的每个条码字符仅有两个条和两个空组成，共 7 个模块。

（4）除了表示数字的条码字符外，还有一些辅助条码字符，用作表示起始、终止的分界符和平分条码符号的中间分隔符。

图 7-4　商品条码符号

（5）条码符号可设计成既可供固定式扫描器全向扫描，又可用手持扫描设备识读的形式。

（6）条码符号的大小可在放大系数 0.8～2.0 所决定的尺寸之间变化，以适应各种印刷工艺印制合格条码符号及用户对印刷面积的要求。

二、EAN-13 码的设置和编辑

（一）我国 EAN-13 码的结构含义

（1）标准码共 13 位数，系由"国家代码"3 位数，"厂商代码"4 位数，"产品代码"5 位数，以及"检查码"1 位数组成。

（2）国家代码由国际物品编码协会统一管理和分配。我国的前缀码为 690～695，美国和加拿大为 00～13，日本为 45、49，中国香港为 489，中国台湾为 471 等。

代　码	国家(或地区)	代　码	国　家
00～13	美国、加拿大	50	英国、爱尔兰
30～37	法国	690～692	中国大陆
40～44	德国	88	韩国
460～469	苏联	885	泰国
471	中国台湾	888	新加坡
49、45	日本	955	马来西亚

（3）厂商识别代码是中国物品编码中心按照国家标准的规定，在 EAN 分配的前缀码的基础上增加 4 位或 5 位数编制的，用于对厂商的唯一标识（生产商或销售商向中国物品编码中心的分支机构提供营业执照及复印件和注册申请书，经分支机构初审后，由中国物品编码中分配厂商识别代码）。

（4）商品项目代码是取得中国物品编码中心核准的商品条码系统成员资格的企业，按照国家标准的规定，在已获得的厂商识别代码的基础上，自行对本企业的商品项目进行的编码，包括 5 位或 4 位数。

（5）校验码是根据前 12 位数按 GB12904—1998 附录 A 规定的方法计算得出的。

9		模块数			95			9
左空白	起始码	系统码 1位	左资料码 6位	中间码	右资料码 5位	检查码 1位	终止码	右空白
		国别码 3位	厂商代码 4位	产品代码 5位				

（二）EAN-13 码的编码结构（见图 7-5）

图 7-5　EAN-13 的编码结构

(1)最左边的前置码不参与编码。

(2)校验码的计算方法。

①包括校验码在内，由右至左编制代码位置序号(校验码的代码位置序号为1)。

②从代码位置序号2开始，所有偶数位的数字代码求和。

③将步骤2的和乘以3。

④从代码位置序号3开始，所有奇数位的数字代码求和。

⑤将步骤3与步骤4的结果相加。

⑥用大于或等于步骤5所得结果且为10的最小整数倍的数减去步骤5所得结果，其差即为所求校验码。

三、EAN-8 码的编码结构(见图 7-6)

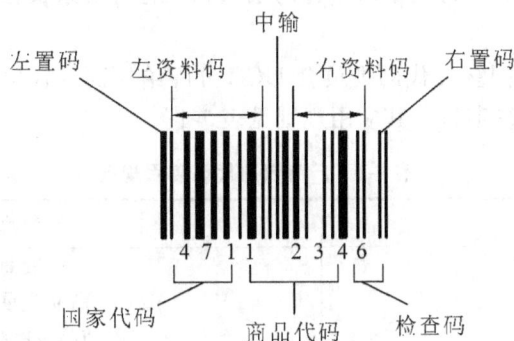

图 7-6　EAN-8 码的编码结构

前面加补 5 个零，计算方法同 EAN-13 码。

四、UPC-A 条码的设置和编辑

(一) UPC-A 条码

UPC 商品条码是由美国统一代码委员会(UCC)制定的一种条码码制。UPC-A 商品条码符号及其表示，如图 7-7 所示。

图 7-7　UPC-A 条码的编码结构

UPC-A 商品条码所表示的 UCC-12 代码由 12 位(最左边加 0 可视为 13 位)数字组成，其结构如图 7-8 所示。

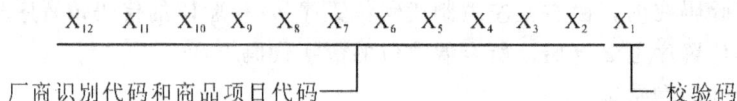

$$X_{12} \quad X_{11} \quad X_{10} \quad X_9 \quad X_8 \quad X_7 \quad X_6 \quad X_5 \quad X_4 \quad X_3 \quad X_2 \quad X_1$$

厂商识别代码和商品项目代码————————   校验码

图 7-8   UPC-A 结构图

UPC-A 条码左侧 6 个条码字符均由 A 子集的条码字符组成，右侧数据符及校验符均由 C 子集的条码字符组成，这便是 UPC-A 条码，也就是说 UPC-A 条码是 EAN-13 条码的一种特殊形式，UPC-A 条码与 EAN-13 码中 N1＝'0'兼容。UPC-A 条码左侧第一个数字字符为系统字符，最后一个字符是校验字符，它们分别放在起始符和终止符的外侧；并且，表示系统字符和校验字符的条码字符的条长和终止符的条长相等。

(二)厂商识别代码

厂商识别代码是美国统一代码委员会 UCC 分配给厂商的代码，由左起 6～10 位数字组成。其中，X12 为系统字符，其应用规则见表 7-1。

表 7-1   厂商识别代码应用规则

系统字符	应用范围
0, 6, 7	一般商品
2	商品变量单元
3	药品及医疗用品
4	零售商店内码
5	优惠券
1, 8, 9	保留

五、店内码的设置和编辑

有些商品，例如，新鲜蔬菜、水果、粮食、鱼、肉、熟食等散装商品，在销售过程中都是以随机重量销售，每一位顾客购买这些商品的重量、价格可能都不同，这些没有包装的商品，自然也不可能有预先印刷在商品外包装上的商品条码。散装商品对于方便顾客采购、扩大商场的经营领域、提高商场的销售额都起到重要作用。而这些商品的销售信息要输入商场电脑管理信息系统，就必须使用店内码(barcode in-store)。店内码是为完善商业自动化管理系统而设计的、只能在商店内部使用的条码标识，它是对规则包装商品上所使用商品条码的一个重要补充。

(一)编码

变量消费单元的代码由 13 位数字组成，其结构如表 7-2 所示。

表7-2 变量消费单元编码结构

结构种类	前缀码	商品项目代码			校验码
		商品种类代码	价格(度量值)校验码	价格(度量值)代码	
结构1	$X_{11}X_{12}$	$X_{11}X_{12}X_1X_1X_2$	无	$X_1X_1X_1X_1$	X_1
结构2	$X_{12}X_{22}$	$X_{11}X_{12}X_1X_1$	无	$X_1X_1X_1X_1X_1$	X_1
结构3	$X_{11}X_{12}$	$X_{11}X_{12}X_1X_1$	X_2	$X_1X_1X_1X_1$	X_1
结构4	$X_{11}X_{12}$	$X_{11}X_{12}X_1X_1$	X_1	$X_1X_1X_1X_1X_1$	X_1

前缀码:前缀码($X_{13}X_{12}$)由二位数字组成,其值为20,21,22~29预留给其他闭环系统。用于指示该13位数字代码为商店用于标识商品变量消费单元的代码。

商品项目代码:商品项目代码(X_{11}~X_2)由10位数字组成,包括商品种类代码、价格(度量值)代码及其校验码。其中,商品种类代码用于表示变量消费单元的不同种类;价格(度量值)代码用于表示某一具体变量消费单元的价格(度量值)信息;在结构3和结构4中,价格(度量值)代码所对应的校验码的计算同商品条码、校验码的计算方法。

(二)价格(度量值)校验码的计算方法

1. 加权积

在价格(度量值)校验码计算过程中,首先要对价格(度量值)代码中的每位数字位置分配一个特定的加权因子,加权因子包括2—、3、5+、5—。用加权因子按照特定的规则对价格(度量值)代码进行数学运算后的结果称为加权积。表7-3至表7-6分别给出了加权因子2—、3、5+、5—所对应的加权积。

表7-3 加权因子2—对应的加权积

代码数值	0	1	2	3	4	5	6	7	8	9
加权积	0	2	4	6	8	9	1	3	5	7

表7-4 加权因子3对应的加权积

代码数值	0	1	2	3	4	5	6	7	8	9
加权积	0	3	6	9	2	5	8	1	4	9

表7-5 加权因子5+对应的加权积

代码数值	0	1	2	3	4	5	6	7	8	9
加权积	0	5	1	6	2	7	3	8	4	9

表7-6 加权因子5—对应的加权积

代码数值	0	1	2	3	4	5	6	7	8	9
加权积	0	5	9	4	8	3	7	2	6	1

2. 四位数字价格(度量值)代码的校验码的计算

第一步，按照表 7-7 确定 4 位数字价格(度量值)代码中每位数所对应的加权因子，然后按表 7-3 至表 7-6 确定相应的加权积。

表 7-7　4 位数字价格(度量值)代码加权因子的分配规则

代码位置序号	1	2	3	4
价格(度量值)代码	X_1	X_1	X_1	X_1
加权因子	2—	2—	3	5—

第二步，将第一步的结果相加求和。

第三步，将第二步的结果乘以 3，所得结果的个位数字即为校验码的值。

例如：价格代码 2 875(28.75 元)校验码的计算，见表 7-8。

表 7-8　价格代码 2 875(28.75 元)校验码的计算

代码位置序号	1	2	3	4
加权因子	2—	2—	3	5—
价格代码	2	8	7	5
1. 根据表 1-8、表 1-10、表 1-11 得加权积	4	5	1	3
2. 求和 ＝ 13	4＋5＋1＋3			
3. 用 3 乘以第 2 步的结果 ＝ 39				
4. 取乘积的个位数字 9 为所求价格校验码的值 ＝ 9				

3. 五位数字价格(度量值)代码的校验码的计算

第一步，按照表 7-9 确定 5 位数字价格(度量值)代码中每位数字所对应的加权因子，然后按表 7-3 至表 7-6 确定相应的加权积。

表 7-9　5 位数字价格(度量值)代码加权因子的分配规则

代码位置序号	1	2	3	4	5
价格(度量值)代码	X_1	X_1	X_1	X_1	X_1
加权因子	5＋	2—	5—	5＋	2—

第二步，将第一步的结果相加求和。

第三步，用大于或等于第二步所得结果且为 10 的最小整数倍的数减去第二步所得结果。

第四步，在表 7-6 中，查找加权积中与第三步所得结果数值相同的加权积，与该加权积所在同一列中的代码数值即为所求校验码的值。

例如：价格代码 14 685(146.85 元)校验码的计算，见表 7-10。

表 7-10 价格代码 14 685(146.85 元)校验码的计算

代码位置序号	1	2	3	4	5
加权因子	5＋	2－	5－	5＋	2－
价格代码	1	4	6	8	5
1. 根据表 1-8、表 1-10、表 1-11 得加权积	5	8	7	4	9
2. 求和	5＋8＋7＋4＋9＝33				
3. 用大于或等于第二步所得结果且为 10 的最小整数倍的数减去第二步所得结果	40－33＝7				
4. 查表 1-11 得加权积 7 对应的代码数值为 6，即 6 为所求校验码的值					

六、39 码的设置和编辑

(一)39 码编码方式

39 码是西元 1974 年发展出来的条码系统，是一种可供使用者双向扫描的分散式条码，也就是说相临两资料码之间，必须包含一个不具任何意义的空白(或细白，其逻辑值为 0)，且其具有支援文数字的能力，故应用较一般一维条码广泛，目前较主要利用于工业产品、商业资料及医院用的保健资料，它的最大优点是码数没有强制的限定，可用大写英文字母码，且检查码可忽略不计。编码对应表，如表 7-11 所示。

表 7-11 39 码编码对应表

字 元	逻辑型态	字 元	逻辑型态
A	110101001011	N	101011010011
B	101101001011	O	110101101001
C	110110100101	P	101101101001
D	101011001011	Q	101010110011
E	110101001011	R	110101011001
F	101101100101	S	101101011001
G	101010011011	T	101011011001
H	110101001101	U	110010101011
I	101101001101	V	100110101011
J	101011001101	W	110011010101
K	110101010011	X	100101101011
L	101101010011	Y	110010110101
M	110110101001	Z	100110110101

续表

字　元	逻辑型态	字　元	逻辑型态
0	101001101101	＋	100101001001
1	110100101011	－	100101011011
2	101100101011	＊	100101101101
3	110110010101	/	100100101001
4	101001101011	％	101001001001
5	110100110101	＄	100100100101
6	101100110101	.	110010101101
7	101001011011	空白	100110101101
8	110100101101		
9	101100101101		

(二)39 码检查码的计算

39 码的检查码必须搭配"检查码相对值对照表",如表 7-11 所示,将查出的相对值累加后再除以 43,得到的余数再查出相对的编码字元,即为检查码字元。例如要算出 ＊S123＄5＊ 这笔资料的检查码,其计算过程如下:

步骤 1,参考检查码相对值的对照表,找出编码字元的相对值。参考表 7-12,得到各编码字元的相对值为:

S 的相对值为 28;1 的相对值为 1;

2 的相对值为 2;3 的相对值为 3;

＄的相对值为 39;5 的相对值为 5。

步骤 2,将各相对值累加除以 43

累加相对值＝28＋1＋2＋3＋39＋5＝78

$78 \div 43 = 1 \cdots 35$

步骤 3,查出与余数相对的编码字元,余数＝35,

查表 7-12,得到相对值＝35 之编码字元为 Z,

故检查码＝Z,得含检查码在内的 39 码,为: ＊S123＄5Z＊ 。

表 7-12　39 码的检查码查询表

编码字元	相对值	编码字元	相对值	编码字元	相对值
0	0	F	15	U	30
1	1	G	16	V	31
2	2	H	17	W	32
3	3	I	18	X	33
4	4	J	19	Y	34
5	5	K	20	Z	35

续表

编码字元	相对值	编码字元	相对值	编码字元	相对值
6	6	L	21	*	36
7	7	M	22	.	37
8	8	N	23	(SPACB)	38
9	9	O	24	$	39
A	10	P	25	/	40
B	11	Q	26	+	41
C	12	R	27	%	42
D	13	S	28		
E	14	T	29		

任务三 二维条码的认知

一、二维条码概述

二维条形码最早发明于日本,它是用某种特定的几何图形按一定规律在平面(二维方向上)分布的黑白相间的图形记录数据符号信息的;在代码编制上巧妙地利用构成计算机内部逻辑基础的"0"、"1"比特流的概念,使用若干个与二进制相对应的几何形体来表示文字数值信息,通过图像输入设备或光电扫描设备自动识读以实现信息自动处理。它具有条码技术的一些共性:每种码制有其特定的字符集;每个字符占有一定的宽度;具有一定的校验功能等。同时还具有对不同行的信息自动识别功能及处理图形旋转变化等特点。

我们在超市看到商品上的条码和储运包装物上的条码,基本上是一维条码,其原理是利用条码的粗细及黑白线条来代表信息,当拿扫描器来扫描一维条码,即使将条码上下遮住一部分,其所扫描出来的信息都是一样,所以一维条码的条高并没有意义,只有左右(条宽)的粗细及黑白线条有意义,故称一维条码。二维条码除了左右(条宽)的粗细及黑白线条有意义外,上下的条高也有意义,如图7-9所示。与一维条码相比,由于左右(条宽)、上下(条高)的线条皆有意义,故可存放的信息量就比较大。

(a) 二维条码   (b) 一维条码

图7-9 二维条码与一维条码

从符号学的角度讲,二维条码和一维条码都是信息表示、携带和识读的手段。但从应用角度讲,尽管在一些特定场合我们可以选择其中的一种来满足我们的需要,但他们的应用侧重点是不同的：一维条码用于对"物品"进行标识，二维条码用于对"物品"进行描述。信息量容量大、安全性高、读取率高、错误纠正能力强等特性是二维条码的主要特点。

二、二维条码的分类

(一)行排式二维条码

行排式二维条码(又称堆积式二维条码或层排式二维条码)，其编码原理是建立在一维条码基础之上，按需要堆积成两行或多行。它在编码设计、校验原理、识读方式等方面继承了一维条码的一些特点，识读设备与条码印刷与一维条码技术兼容。但由于行数的增加，需要对行进行判定、其译码算法与软件也不完全相同于一维条码。有代表性的行排式二维条码有 Code 49、Code 16K、PDF 417 等。其中的 Code 49，是 1987 年由 David Allair 博士研制、Intermec 公司推出的第一个二维条码，如图 7-10 所示。

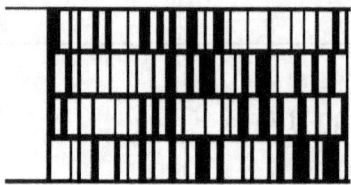

图 7-10　Code 49 条码

Code 49 是一种多层、连续型、可变长度的条码符号，它可以表示全部的 128 个 ASCⅡ 字符。每个 Code 49 条码符号由 2 到 8 层组成，每层有 18 个条和 17 个空。层与层之间由一个层分隔条分开。每层包含一个层标识符，最后一层包含表示符号层数的信息。

(二)矩阵式二维条码

矩阵式二维条码(又称棋盘式二维条码)，它是在一个矩形空间通过黑、白像素在矩阵中的不同分布进行编码。在矩阵相应元素位置上，用点(方点、圆点或其他形状)的出现表示二进制"1"，点的不出现表示二进制的"0"，点的排列组合确定了矩阵式二维条码所代表的意义。矩阵式二维条码是建立在计算机图像处理技术、组合编码原理等基础上的一种新型图形符号自动识读处理码制。具有代表性的矩阵式二维条码有 QR Code 、Data Matrix、Maxi Code、Code One、矽感 CM 码(Compact Matrix)、龙贝码等。

(三)PDF 417 条码

PDF 417 条码是由留美华人王寅敬博士发明的。PDF 取自英文 Portable Data File 三个单词的首字母，意为"便携数据文件"。因为组成条码的每一符号字符都是由 4 个条和 4 个空共 17 个模块构成，所以称为 PDF 417 条码。PDF 417 是一种多层、可变长度 、具有高容量和纠错能力的二维条码。每一个 PDF 417 符号可以表示 1 108 个字节、或 1 850 个 ASCⅡ字符或 2 710 个数字的信息。

PDF 417 条码的符号结构，如图 7-11 所示，每一个 PDF 417 符号由空白区包围的一序列层组成。每一层包括左空白区、起始符、左层指示符号字符、1～30 个数据符号字符、右层指示符号字符 、终止符、右空白区。

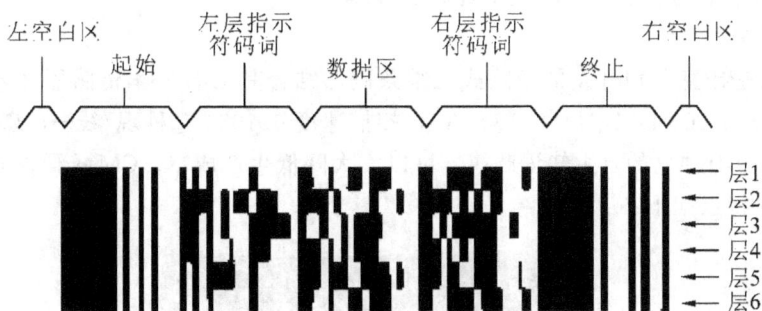

图 7-11　PDF417 符号的结构图

（四）矩阵式二维条码

矩阵式二维条码符号在结构形体及元素排列上与代数矩阵具有相似的特征。它以计算机图像处理技术为基础，每一矩阵二维条码符号结构的共同特征均是由特定的符号功能图形及分布在矩阵元素位置上表示数据信息的图形模块（如正方形、圆形、正多边形等图形模块）构成。用深色模块单元表示二进制的"1"，用浅色模块单元表示二进制的"0"。数据码字流通过分布在矩阵元素位置上的单元模块的不同组合来表示。具有代表性的有 QR Code、Data Matrix、Maxi Code、Code One、CM CODE、龙贝码等矩阵式二维条码。

1. QR Code 条码

QR Code 码是由日本 Denso 公司于 1994 年 9 月研制的一种矩阵二维码符号，如图 7-12 所示。它具有一维条码及其他二维条码所具有的信息容量大、可靠性高、可表示汉字及图像多种文字信息、保密防伪性强等优点。其特点如下：

（1）超高速识读。从 QR Code 码的英文名称 Quick Response Code 可以看出，超高速识读是 QR Code 码区别于 PDF 417、Data Matrix 等二维条码的主要特点。用 CCD 二维条码识读设备，每秒可识读 30 个 QR Code 条码字符；对于含有相同数据信息的 PDF 417 条码字符，每秒仅能识读 3 个条码字符；对于 Data Martix 矩阵码，每秒仅能识读 2～3 个条码字符。QR Code 码具有的唯一的寻像图形使识读器识读简便，具有超高速识读性和高可靠性，具有的校正图形，可有效解决基底弯曲或光学变形等情况的识读问题，使它适宜应用于工业自动化生产线管理等领域。

图 7-12　QR Code 条码

（2）全方位识读。QR Code 码具有全方位（360°）识读特点，这是 QR Code 码优于行排式二维条码，如 PDF 417 条码的另一主要特点。

（3）能够有效地表示中国汉字、日本汉字。QR Code 码用特定的数据压缩模式表示中国汉字和日本汉字，具体的转换方法是：对于内码的高字节在 A1-AA（十六进制），低字节在 A1-FE 范围内的分别都减去 A1，将高位字节的结果乘以 60 H，再加上低位的差，其和用13 位的二进制转换即可，同理，对于高位字节在 B0-FA 范围的则要减 A6，再进行相同的计算和转换，这样就仅用 13 bit 可表示一个汉字，而 PDF 417 条码、Data Martix 等二维码没有特定的汉字表示模式，需用 16 bit（二个字节）表示一个汉字。因此，QR Code

码比其他的二维条码表示汉字的效率提高了20%。

2.CM 条码

CM 条码是矽感公司开发的矩阵式二维条码，结合其 CIS 光学传感器技术，可以提供分辨率在 200～1 200 DPI，尺寸 A3～A8，扫描速度 0.1954 毫秒现/线－5 毫秒现/线的核心光电元件。具有独立的自主知识产权。可以大大降低生产成本。CM 条码图形，如图 7-13 所示。其技术特点如下：

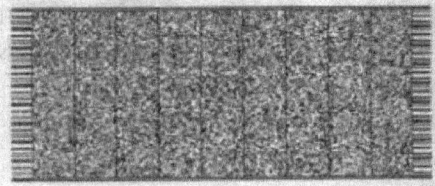

图 7-13　CM 二维条码

(1)编码容量：在第 6 级纠错等级的情况下可以达到 32 KB 的容量，还可以利用其宏功能，将 256 块 CM 条码连接，满足 8 M 的容量需求。

(2)纠错能力：具有 1～8 级纠错等级可选，最高可以允许 64% 以内的污损。由于该码没有定位图形，因此首读率高(因为发生在定位图形上的污损是影响识读的)，如图 7-14 所示。

图 7-14　可以识读的污损 CM 条码

(3)定位模式：采用分段模式定位孔定位技术，增加了定位模式的冗余，条码图形移位、扭曲、拉伸时也能解码，如图 7-15 所示。

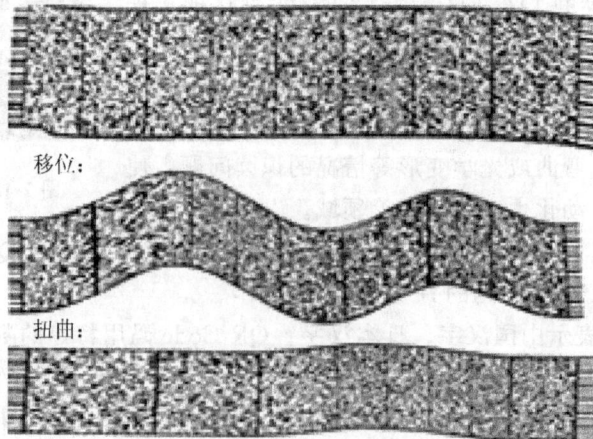

移位：

扭曲：

图 7-15　可以识读的变形 CM 条码

（4）汉字编码和自定义参数：可以用 13BIT 表示一个汉字，支持用户根据需要自定义解释参数，可作为专用条码使用。

（5）任意的长宽比例：其长宽比例可根据需要调整。如图 7-16 所示。

图 7-16　可以调整长宽比例的 CM 条码

（6）读取方式：支持正向、正向镜像、反向、反向镜像读取。

3. 龙贝码

龙贝码是龙贝公司开发的具有自主知识产权、完整技术体系的二维条码。并于 2003 年 11 月鉴定。龙贝码图形如图 7-17 所示。其技术特点如下：

图 7-17　龙贝码

（1）多向性编码和译码：具有多向性编码和译码功能，没有专门的方向符和定位符，这不仅降低了对那些衰退的样本的译码的出错率，还提高了数据密度。

（2）全方位同步信息二维条码系统：提供的同步信息，它不仅适用于二维 CCD 识读器，而且能更方便、更可靠地适用各种类型的、廉价的一维 CCD 的条码识读器，简易卡槽式或笔式识读器。降低设备的成本，提高识读器的可靠性。全方位同步信息可用来指导对各种类型畸变的校正和图像的恢复。

（3）多重信息加密功能。

①特殊掩模加密：8960 二进制数位的掩模加密。

②分离信息加密：可以根据需求，把编码信息分离存放在条码和识读器内，只有当分离存放的信息可以完整对应和结合，才可以进行解码。该项功能适用于，如护照、驾驶证等特定领域。

③不同等级加密：一个码内允许同时对不同的信息组以不同的等级进行加密。如护照上的姓名、性别、护照号等公开信息，各国海关都能读。而一些如持证人的背景身份、既往历史等特殊信息，要在更高的授权许可下才能允许查阅。

④允许用户自行加密：特殊掩膜加密码和所有的加密手段对用户全部敞开，用户可用任何手段对特殊掩膜加密码进行产生、验证、修改及加工。一旦用户进行了加密，任何人

都难以解密，包括该码的系统设计人员。

⑤多种及多重语言系统：可使用 32 种文字的互译系统。在同一个码内允许同时用两种以上语言文字进行编码。以英文或中文为常驻系统，同时还可以任选一种其他语言文字。如中国可用汉语－英语、美国可用英语－西班牙语，加拿大可用英语－法语等。

⑥数据的结构化压缩和编码：可对多种类型、不同长度的数据进行结构化压缩和编码，能将结构化数据库与二维条形码融为一体，使数据密度高，成为袖珍数据库 FDB（Pocket Data Base）。

⑦可变的码形长宽比：对外形比例任意设定。可对不同长宽比的码进行编码和译码，如图 7-18 所示。

图 7-18　可变的长宽比码形

⑧零剩余位、零剩余码字：采用浮动 Reed－Solomon(RS)算法可以自动将所有的剩余码字用于纠错，把剩余位用于提高识别方向能力，使编码区域 100％地被利用。

三、二维条码的应用

(一)物流管理中的条码应用

在 ERP/MRP Ⅱ 系统中，如果基础数据的采集或传递中出现失真，则决策系统得出的数据就可能变得毫无意义。分析国内外一些企业实施 ERP 系统失败的原因，一部分是由于失败的数据采集所致。在数据采集、数据传递方面，二维条码具有独有的优势。首先，二维条码存储容量多达上千字节，可以有效地存储货品的信息资料；其次，由于二维条码采用了先进的纠错算法，在部分损毁的情况下，仍然可以还原出完整的原始信息，从而应用二维条码技术存储传递采集货品的信息具有安全、可靠、快速、便捷的特点。

在供应链中采用二维条码作为信息的载体，不但可以有效地避免人工输入可能出现的失误，大大提高入库、出库、制单、验货、盘点的效率，而且兼有配送识别、服务识别等功能，还可以在不便联网的情况下实现脱机管理。条码技术是最基本的物流管理手段之一，条码技术的应用极大地提高了基础数据采集与传递的速度和准确性，提高了物流效率，为物流管理的科学化和现代化作出了巨大贡献。二维条码在物流管理中的应用如下。

1. 生产过程管理中的条码应用

在生产过程中，需要对产品的生产过程进行跟踪。首先由生产管理部门下达生产任务单，任务单跟随相应的产品进行流动。然后每一生产环节开始时，用生产线终端的识读器扫描任务单上的条码，更改数据库中的产品状态。产品下线包装时，打印并粘贴产品的信息条码。

2. 库存管理中的条码应用

(1)入库管理。入库时识读商品上的二维条码标签，同时录入货品的存放信息，将商品的特性信息及存放信息一同存入数据库。通过二维条码传递信息，有效地避免了人工录入的失误，实现了数据的无损传递和快速录入，将货品的管理推进到更深的层次。

（2）出库管理。根据提货单或配送单，选择相应的产品出库。为出库备货方便，可根据产品的特征进行组合查询，可打印查询结果或生成可用于移动终端的数据文件。产品出库时，扫描货品上的二维条码，对出库商品的信息进行确认，同时更改其库存状态。

（3）仓库内部管理。在库存管理中，二维条码可用于存货盘点。通过手持数据采集终端，收集库存货品信息，然后将收集到的信息由计算机进行集中处理，形成盘点报告。

3. 配送管理中的条码应用

二维条码在配送管理中具有重要的意义。配送前将配送货品资料和客户订单资料下载到移动终端中，到达配送客户后，打开移动终端，调出客户相应的订单，然后根据订单情况挑选货物并验证其条码标签，确认配送完一个客户的货物后，移动终端可以自动校验配送情况，并作出相应的提示。

（二）证卡管理中的条码应用

二维条码是一种崭新的数据存储和通信技术，由于其信息容量大，识读不需要网络及数据库支持，因此使用方便、快捷、低成本。同时二维条码具有可读而不可改写，能够实现一对一验证的可防伪性。因此，可将二维条码技术广泛应用于证卡的管理。将持证人的姓名、单位、证件号码、血型、照片、指纹等重要信息进行编码，并且通过多种加密方式对数据进行加密，有效地解决了证件的自动录入及防伪问题。

任务四　条码的制作

一、实训设备

（一）工业级条码打印机

工业级条码打印机以斑马公司的 ZEBRA Z4 工业级条码打印机为例来介绍，如图 7-19 和表 7-13 所示。

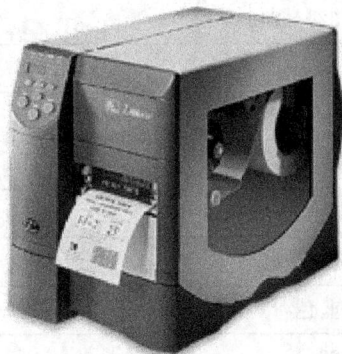

图 7-19　斑马公司的 ZEBRA Z4 工业级条码打印机

表 7-13　斑马公司的 ZEBRA Z4 工业级条码打印机参数表

		产品规格说明
主要参数	打印方式	热转印/热敏方式
	分辨率(dpi)	203
	打印速度(mm/s)	254
	打印宽度(mm)	104
	最大打印长度(mm)	4 202
	标签宽度(mm)	25～114
	标签厚度(mm)	0.058～0.254
	碳带长度(mm)	450 000
	碳带宽度(mm)	51～110
	内存(MB)	4
	接口类型	RS−232C 串行接口；IEEE 1284 双向并行接口
	字符集	IBM Code Page 850 多语种字符集
	字体	7 种点阵式，1 种平滑缩放式
	可选配件	通过 PCMCIA 可达 32 MB 附加线性快闪存储器，通过 PCMCIA 或 Compact Flash 卡可达 256 MB，附加 ATA 格式，切纸器带收集匣，介质剥离—前端安装，被动式剥离选项配件，不带衬纸卷取，衬纸卷取，卷取轴，倒卷，存储器插槽板
电气	电源电压(V)	220～240
	电源频率(Hz)	50～60
环境	工作温度(℃)	5～40
	工作湿度	20％～85％
	存储温度(℃)	−40～60
	存储湿度	5％～85％
外观	颜色	蓝色
	重量(kg)	22
	长度(mm)	475
	宽度(mm)	278
	高度(mm)	338

（二）工业级条码 ID 一体打印机

斑马公司的 ZEBRA R112 工业级条码 ID 一体打印机，如图 7-20 和表 7-14 所示。

图 7-20　斑马公司的 ZEBRA R112 工业级条码 ID 一体打印机

表 7-14　斑马公司的 ZEBRA R112 ID 一体打印机参数值

主要参数	打印方式	热转印/热敏方式
	分辨率（dpi）	203
	打印速度（mm/s）	203
	打印宽度（mm）	104
	最大打印长度（mm）	991
	标签宽度（mm）	20～114
	标签厚度（mm）	0.076～0.305
	碳带长度（mm）	450 000
	碳带宽度（mm）	20～110
	内存	16 MB SDRAM，4 MB Flash
	接口类型	RS－232C/RS－422/485，Usb 2.0 接口，IEEE 1284
	字符集	IBM Code Page 850 International 字符和图形符号
	字体	标准位图 Zebra 字体集，A、B、C、D、E(OCR-B)、F、G、H(OCR-A)、GS，平滑向量字体，（CG Triumvirate 粗体压缩字）
电气	电源电压（V）	90～264
	电源频率（Hz）	48～62
环境	工作温度（℃）	5～40
	工作湿度	20%～85%
	存储温度（℃）	－40～60
	存储湿度	5%～85%
外观	颜色	灰色
	重量（kg）	22.7
	长度（mm）	495.3
	宽度（mm）	263.5
	高度（mm）	393.7

(三)工业级手持终端

工业级手持终端 Sybol MC1000，如图 7-21 所示，其参数值如表 7-15 所示。配合河北交通职业技术学院物流仿真系统，Symbol MC1000 可以做的业务：进库、出库、销售、盘点等终端操作。终端所采集数据通过物流仿真系统外挂程序处理，直接导入系统功能即可直接应用终端所上传的数据。

通过手持终端操作，配合外挂程序即可完成客户或终端的开单基础数据的录入工作，在保证录入数据准确无误的前提下提高开单速度，客户选择货品的同时即完成了前台开单基础数据的录入工作，大大提高了工作效率。通过使用手持终端，可以大大降低手工操作所存在的错误率，在条码准确的前提下，可以做到 100％准确率。

图 7-21　工业级手持终端 Sybol MC1000

表 7-15　手持终端 Sybol MC1000 产品规格说明

主要规格	设备类型	数据终端
	扫描速率(线/秒)	100
扫描模式	快速迷你型全方位扫描	
其他特性	可以更有效/更准确地跟踪您的库存情况，从而提高您的业务处理速度和客户请求响应速度	

(四)工业级 RF 手持终端

工业级手持终端 Sybol MC3000，如图 7-22 所示，其参数值如表 7-16 所示。

图 7-22　工业级手持终端 Sybol MC3000

表 7-16　工业级手持终端 Sybol MC3000 产品规格说明

主要规格	设备类型		数据终端
	扫描速率(线/秒)		100
扫描模式	全向扫描		
其他特性	MC3000 提供的显示功能/连接性和键盘选项让您轻松而经济有效地在整个企业中为各种特定任务而设置和维护设备		

二、设备使用

(一)条码制作

(1)设备准备：设备名称 Zebra Z4，装色带，装标签条码；通电，设置设备属性。

(2)激活"河北交职仓储仿真管理系统—条码管理"模块，点击条码打印。

(3)选择打印的条码码制。如库德巴码 128 码，如图 7-23 所示。

图 7-23　条码打印图示

(二)Symbol MC1000 手持终端应用

配合物流仿真系统程序下发商品信息至 Symbol MC1000，配合终端程序进行"进货"与"销售"操作。进货/销售过程中可选择根据商品档案与不根据商品档案操作，如图 7-24 所示。进货(A)/销售(A)表示根据商品档案进货或销售，进货(B)/销售(B)表示直接进货或销售。

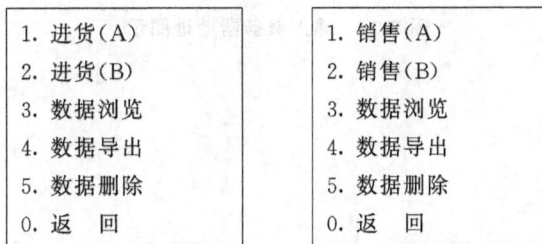

```
1. 进货(A)        1. 销售(A)
2. 进货(B)        2. 销售(B)
3. 数据浏览       3. 数据浏览
4. 数据导出       4. 数据导出
5. 数据删除       5. 数据删除
0. 返  回         0. 返  回
```

图 7-24　是否根据商品档案操作的选择图示

在 MC1000 数据采集器上扫描相应的货物条码，默认数量为 1，可以修改相应的数量，采集完毕后接上电脑，点击接收程序，将弹出下面的程序，再参数里设置数据存放的文件，在采集器上按"Fn"功能键，然后点击"tab"键就可以将数据传到电脑里，然后在电脑里点击"接收数据"即可以在相应的目录生成 txt 格式的数据，最后将此文件在应用程序相应的模块里导入即可，如图 7-25 所示。

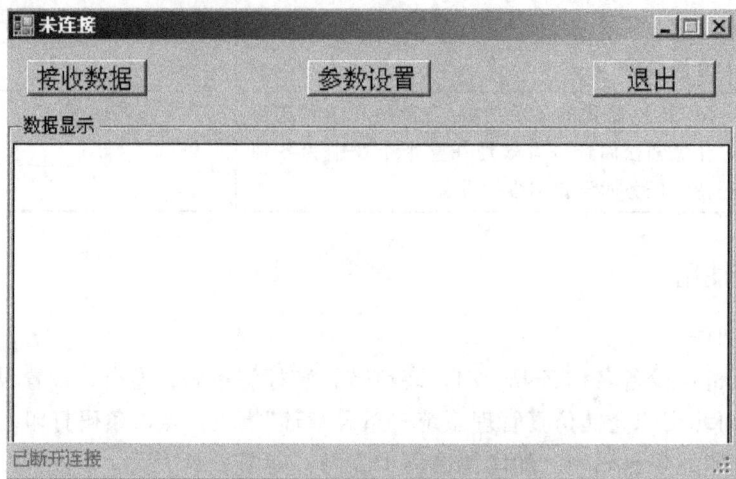

图 7-25　接收数据对话框

(三)Symbol MC3000 应用

(1)进入系统。打开 MC9000 的 IE 中录入服务器地址，如图 7-26 所示。

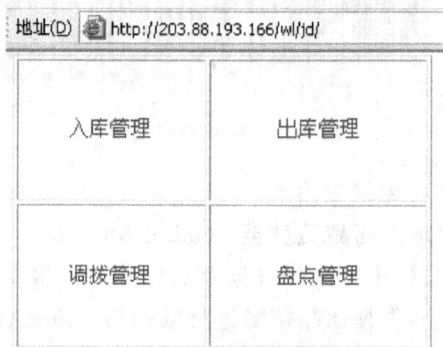

图 7-26　输入服务器地址图示

（2）入库管理。点击"入库管理"，录入单据号，选择货主，再提交界面中用 MC3000
扫描货物条码，录入数量和入库库位，如图 7-27 所示。

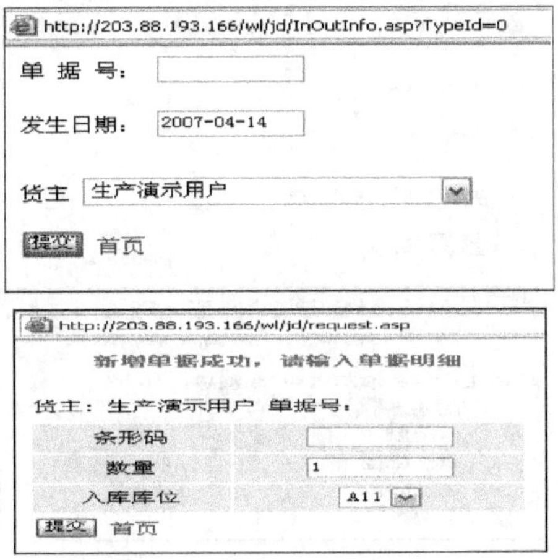

图 7-27 入库管理信息录入

（3）出库管理。点击"出库管理"，录入单据号，选择出库货主。再提交界面中用
MC3000 扫描货物条码，录入数量和出库库位，如图 7-28 所示。

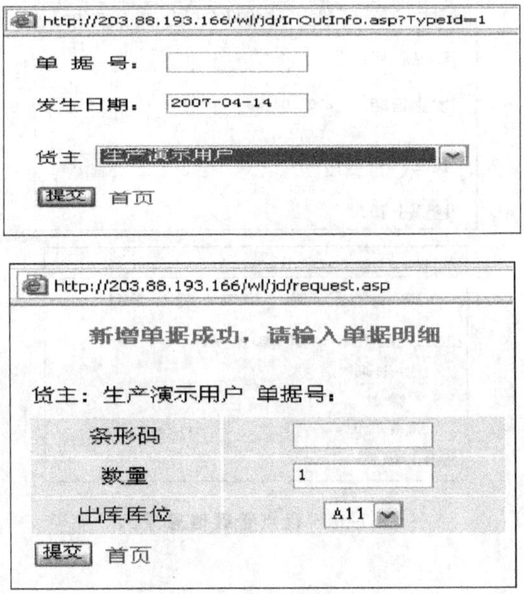

图 7-28 出库管理信息录入

(4)调拨库管理。点击"调拨管理",录入单据号,选择调拨货主。再提交界面中用MC3000扫描货物条码,录入数量和调出、调入库位,如图7-29所示。

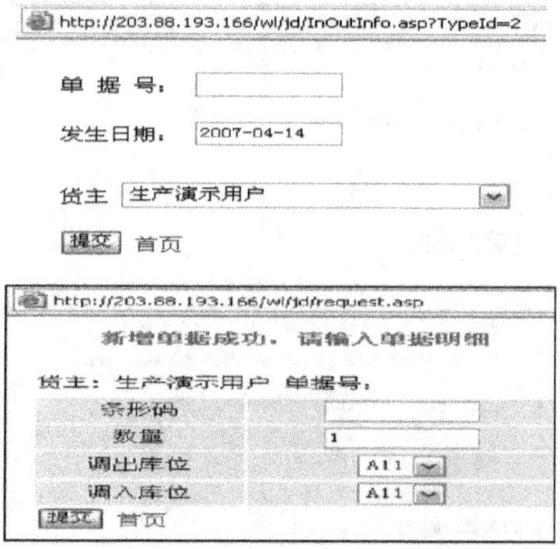

图 7-29 调拨管理信息录入

(5)盘点管理。点击"盘点管理",录入单据号,选择调拨货主。再提交界面中用MC3000扫描货物条码,录入数量和盘点库位。如图7-30所示。

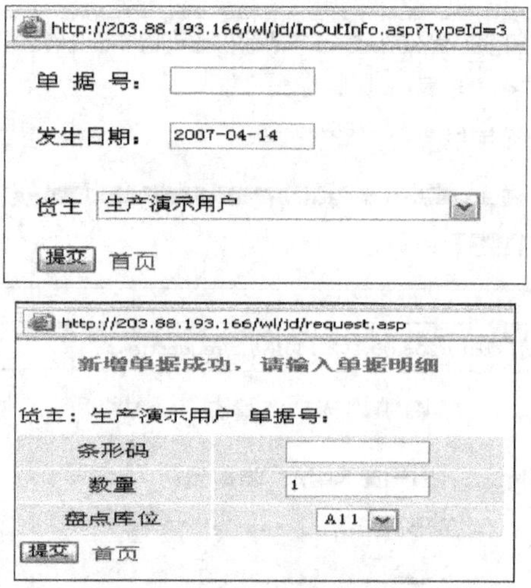

图 7-30 盘点管理信息录入

●●●● 课后实训

项目一

项目名称：条码编制实训

实训目的：建立商品信息，并打印商品条码，同时检测条码。

实训器材：条码手持终端、打印机、条码制作软件。

实训步骤：

步骤一：在货物资料维护中建立好货物信息资料，如图 7-31 所示。

图 7-31　货物资料维护窗口

步骤二：建立如下条码信息，如表 7-17 所示。

表 7-17　商品条码信息列表

商品编号	条　码
01	7824664856783
02	2546648445624
03	2985556655473
04	3253323213327
05	2406464826578
06	4905564823308
07	6330997893306
08	3326004825587
09	9006774826623
10	6906664823327

步骤三：打印条码，如图 7-32 所示。

6906664823327

图 7-32　条码式样

步骤四：打印好条码检测是否完好并记录，如表 7-18 所示。

表 7-18　条码检测记录表格

商品编号	条　码	条码检测情况
01	7824664856783	
02	2546648445624	
03	2985556655473	
04	3253323213327	
05	2406464826578	
06	4905564823308	
07	6330997893306	
08	3326004825587	
09	9006774826623	
10	6906664823327	

项目二

项目名称：通过手持进行库存管理条

实训目的：通过手持终端 Symbol MC1000/MC3000 作出/入库管理、调拨管理、盘点管理。

实训器材：条码手持终端。

实训步骤：

步骤一：登录系统。

在手持终端系统上录入服务器 IP 地址，每个学生以自己的学号进行用户登录。

打开 MC9000 的 IE 中录入服务器地址，如图 7-33 所示。

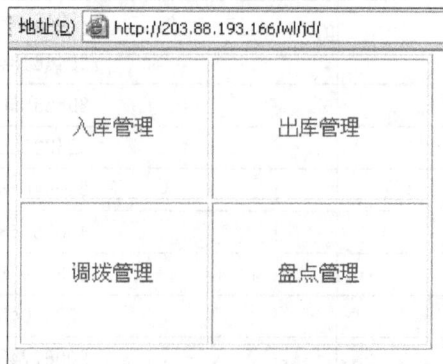

地址(D) http://203.88.193.166/wl/jd/

| 入库管理 | 出库管理 |
| 调拨管理 | 盘点管理 |

图 7-33　登录系统窗口

步骤二：入库管理。

点击"入库管理"，录入单据号，选择货主，再提交界面中用 MC3000 扫描货物条码，录入数量和入库库位。录入单据号：D200709001，建立货主为生产演示用户，如图 7-34 所示。

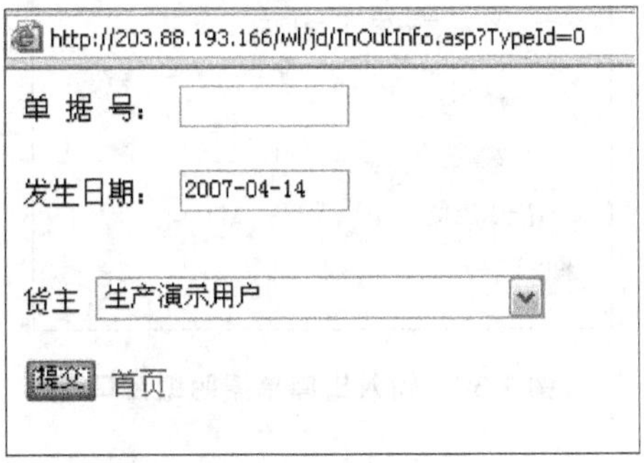

图 7-34　入库信息登录窗口

扫描商品条码和录入商品数量，如图 7-35 所示。

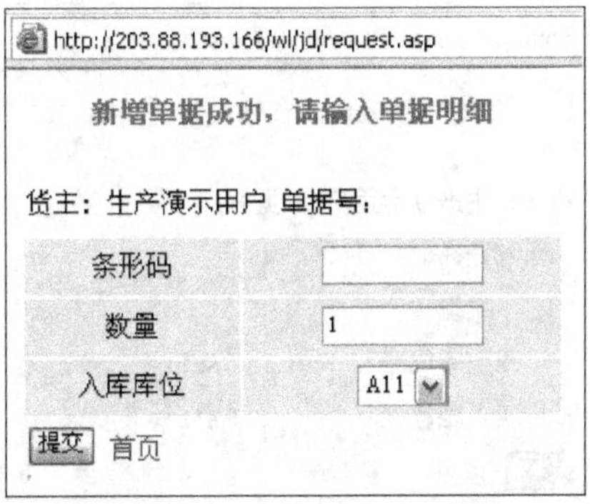

图 7-35　输入入库单据明细窗口

步骤三：出库管理。

点击"出库管理"，录入单据号，选择出库货主。再提交界面中用 MC3000 扫描货物条码，录入数量和出库库位。录入单据号：F20070902001，如图 7-36 所示。

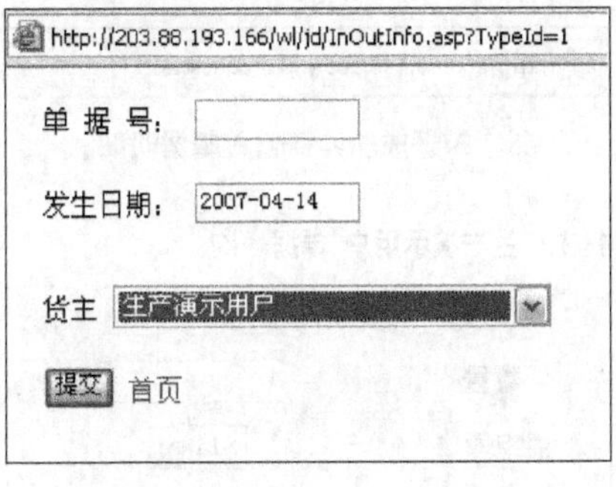

图 7-36　出库信息登录窗口

录入需要出库的商品条码和出库数量，如图 7-37 所示。

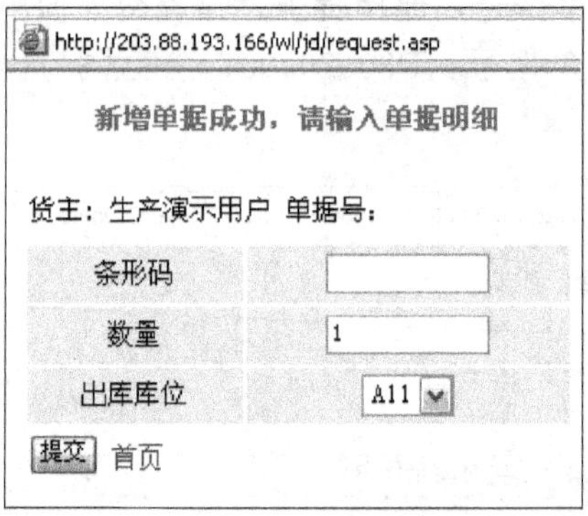

图 7-37 输入出库单据明细窗口

步骤四：调拨管理。

点击"调拨管理"，录入单据号，选择调拨货主。再提交界面中用 MC3000 扫描货物条码，录入数量和调出、调入库位，如图 7-38 所示。

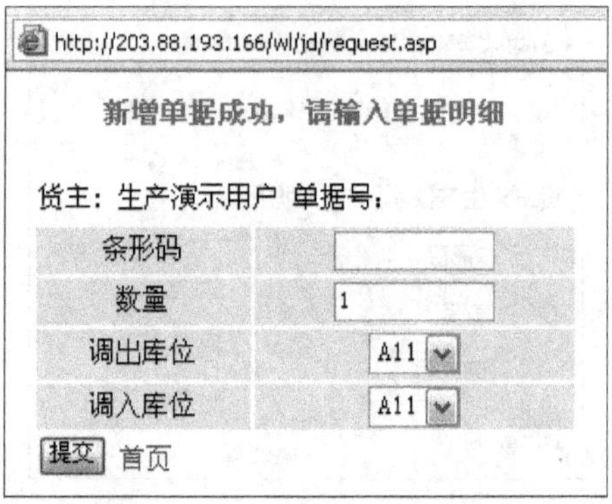

图 7-38 调拨管理单据录入窗口

步骤五：盘点管理。

点击"盘点管理"，录入单据号，选择调拨货主。再提交界面中用 MC3000 扫描货物条码，录入数量和盘点库位，如图 7-39 所示。

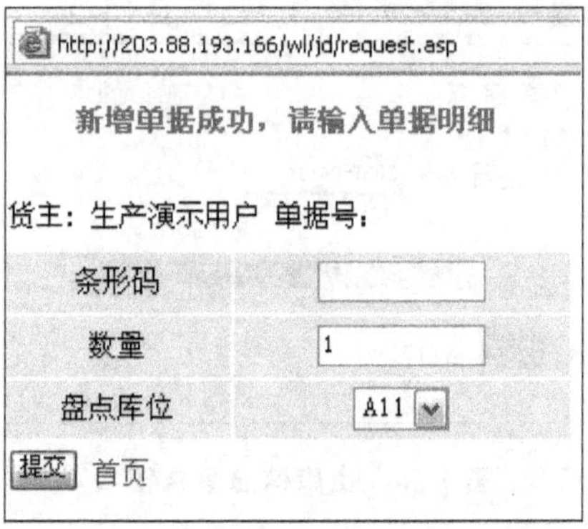

图 7-39 盘点管理单据录入窗口

●●●●● 课后练习题

一、单选题

1. 所谓对物品的标识，就是首先给某一物品分配一个代码，然后以（　　）的形式将这个代码表示出来，并且标识在物品上，以便识读设备通过扫描识读条码符号而对该物品进行识别。

　　A. 图形　　　　　B. 条码　　　　　C. 识别　　　　　D. 数字

2. EAN/UCC-13 厂商识别代码由（　　）位数字组成，由中国物品编码中心负责分配和管理。

　　A. 4～6　　　　　B. 7～9　　　　　C. 8～10　　　　　D. 9～11

3. 厂商识别代码由 7～9 位数字组成，由（　　）负责分配和管理。

　　A. 中国物品编码中心　　　　　　B. 厂家

　　C. 上级部门　　　　　　　　　　D. 主管机关

4. （　　）是条码技术的基本内容，也是制定码制标准和对条码符号进行识别的主要依据。

　　A. 编码规则　　　B. 识读技术　　　C. 符号表示技术　D. 条码数据符

5. （　　）是条码应用系统的核心，它是应用系统中所有数据的源和目的。

　　A. 应用程序　　　B. 系统安装　　　C. 计算机　　　　D. 数据库

二、多选题

1. 二维条码的识读设备按识读原理的不同可分为（　　）。

　　A. 线性 CCD 识读器　　　　　　B. 线性图像式识读器

　　C. 带光栅的激光识读器　　　　　D. 图像式识读器

2. 关于二维条码的特点下列说法正确的是（　　）。

　　A. 安全性高、读取率高

　　B. 可用线阵 CCD 扫描器识读

　　C. 信息密度高，信息容量大

　　D. 可通过校验字符进行错误校验，但没有纠错能力

3. 哪些是商品标识代码（　　）。

　　A. EAN-13　　　B. EAN-8　　　C. UCC-12　　　D. EAN-14

4. 商品包装上常用的条码印刷载体大致可分为哪几类（　　）。

　　A. 纸张　　　　　B. 金属　　　　　C. 塑料　　　　　D. 纤维

5. 商品条码包括（　　）。

　　A. EAN 条码　　　B. UPC 条码　　　C. ITF 条码　　　D. 128 码

三、简答题

1. 商品条码的特征有哪些？

2. 简述一维条码与二维条码的区别。

3. 简述数据采集器的作用。

4. 数据采集器如何应用条码？

5. 简述 EAN-13 码结构的含义。

【能力考核表】

考核表 7-1 专业能力实训成绩考核表

专业能力	评估标准	分项成绩
1. 条码软件安装	(1)从指定网址下载条码软件 (2)正确安装条码打印软件	10
2. 条码设计	(1)根据应用环境选择合适的条码码制 (2)正确编写条码代码	10
3. 条码打印与识读	(1)使用条码打印机正确打印设计好的条码 (2)使用条码扫描枪识读条码内容	20
4. 条码检测	(1)使用条码检测仪正确检测条码 (2)对错误条码能够进行调整	15
5. 条码系统应用	(1)能够掌握物流软件中条码的应用 (2)能够按照系统要求设计条码	15
6. 数据采集器与条码应用	(1)具备使用数据采集器识读条码的能力 (2)能够在物流系统中运用数据采集器使用条码	30
总成绩∑100		
教师评语		签名: 年　月　日
学生意见		签名: 年　月　日

考核表 7-2　职业核心能力成绩考核表

实训名称：

评估指标		评估标准	得分
职业核心能力100	自我学习Σ	1. 能进行时间管理；能选择适合自己的学习和工作方式；能随时修订计划并进行意外处理 2. 能通过相关人员的支持，检查学习进度，以及将已经学到的东西用于新的工作任务	
	信息处理Σ	1. 能通过阅读、观察、寻访、网络搜索等方式，根据工作任务的不同需要去搜寻、获取并选择信息，同时确保安全操作和保护环境 2. 能筛选信息，并进行信息分类，建立目录、索引、文摘、简介类信息 3. 能使用合适的多媒体音像、幻灯和白板等手段来展示信息；并遵守版权和保密规定	
	数字应用Σ	1. 能从不同信息源获取相关信息；能读懂并编制坐标图、表格、直方图及示意图等图表并作出准确观测和统计 2. 能依据所给的数据信息，作简单计算 3. 能用适当方法展示数据信息和计算结果，并判断计算结果是否与工作任务要求相一致	
	与人交流Σ	1. 能把握交流的主题、时机和方式，理解对方谈话的内容，推动讨论的进行，准确表达自己的观点 2. 能找到需要阅读的资料，看懂资料所表述的观点，获取自己需要的信息，并根据工作需要，整理汇总出自己的资料	
	与人合作Σ	1. 能确定自身优势，挖掘合作资源，明确自己在合作中能够起到的作用；了解合作的基本规则并在出现异常时能采取应急措施 2. 能同合作者进行有效沟通；能理解个性差异及文化差异；能取得上级的信任和同事的信赖	
	解决问题Σ	1. 能说明何时出现问题并指出其主要特征；采取不同方法形成两个以上解决问题的思路并加以比较 2. 能作出解决问题的计划并组织实施计划，完成计划列出的各项任务，并按照可靠的办法检查问题是否得到解决，并对解决问题的方法适时作出总结和修改	

续表

评 估 指 标		评 估 标 准	得 分
职业核心能力 100	革新创新∑	1. 能发现事物的不足并提出新的需要；能创新性地提出改进事物的意见和具体方法 2. 能从多种方案中选择最佳方案，并从外界获取所需的信息和资源，在现有条件下实施	
教师评语		签字： 年　　月　　日	

考核表 7-3　课程成绩考核总表

种　类	理论考核	实训考核				总 成 绩
比例	50％	50％				100％
第 7 单元 ∑100		组内成员互相评估（20％）	自我评估（20％）	教师评估活动过程（30％）	专业能力（30％）	

　　（说明："考核表 7-3"是课程结业考核的各类成绩汇总表，其中："理论考核"等知识考核成绩，由任课教师根据"单元测试卷"和"期末考试卷"的成绩填写。"实训考核"成绩，由任课教师根据"考核表 7-1"和"考核表 7-2"的考核成绩填写。）

项目八

物流 POS 门店销售实训

●●●●● **学习目标**

☆知识目标

● 熟悉 POS 门店销售工作原理和应用范围

● 了解 POS 在企业中的应用

● 掌握 POS 后台管理系统的作业操作流程

● 掌握超市的门店管理技能

☆能力目标

● 能够进行系统初始设置

● 能够对 POS 前台销售系统进行操作

● 能够操作后台 POS 管理系统

●●●● 本项目的知识体系

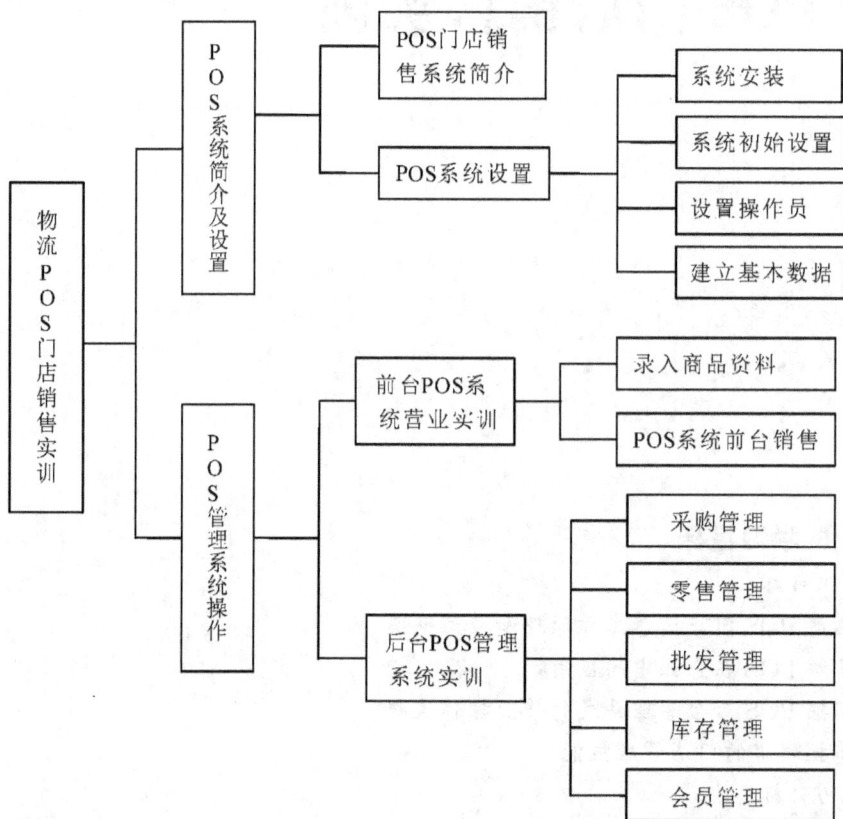

```
物流POS门店销售实训
├─ POS系统简介及设置
│   ├─ POS门店销售系统简介
│   └─ POS系统设置
│       ├─ 系统安装
│       ├─ 系统初始设置
│       ├─ 设置操作员
│       └─ 建立基本数据
└─ POS管理系统操作
    ├─ 前台POS系统营业实训
    │   ├─ 录入商品资料
    │   └─ POS系统前台销售
    └─ 后台POS管理系统实训
        ├─ 采购管理
        ├─ 零售管理
        ├─ 批发管理
        ├─ 库存管理
        └─ 会员管理
```

任务一　POS 门店销售系统简介

一、POS 系统概念

POS(Point of Sale)系统即销售时点信息系统，是指通过自动读取设备(如收银机)在销售商品时直接读取商品销售信息(如商品名、单价、销售数量、销售时间、销售店铺、购买顾客等)，并通过通信网络和计算机系统传送至有关部门进行分析加工，以提高经营效率的系统。POS 系统最早应用于零售业，以后逐渐扩展至其他如金融、旅馆等服务行业，利用 POS 系统的范围也从企业内部扩展到整个供应链。

POS 机在应用上有几大特点：

(1)时间长、次数多、频率高，这就要求收款机稳定性要高，不能经常发生故障。

(2)环境差，灰尘污染大，要求防尘性能好。

(3)人流多，容易发生碰撞和震动，有的商场没有空调，夏天气温高，有时可能有茶水洒到收款机上，因此收款机要有防尘、防震、耐高温、防水的功能。

这些都是一般的 PC 机所无法替代的。在信息技术飞速发展的今天，性能稳定、功能强大的工控 POS 机，在市场上的竞争力更加强劲，更受欢迎。

二、POS 系统的构成

POS 系统主要由后台进销存系统、收银机监控系统、前台管理系统和前台销售系统四部分组成。

(一)后台进销存系统

充分利用 SQL 大型数据库的大容量、高效率等特点，为用户提供强大的功能支持，对企业进货业务、库房业务进行管理，并处理前台销售数据和后台批发业务，利于商业流通企业的商品管理、客商管理和客户管理，为经营管理者提供分析与决策必需的数据和信息。后台提供给前台所需的商品信息、客户资料等数据，并处理前台上传的销售数据。

(二)收银机监控系统

负责后台与前台的连接作业，并能通过多级次设置统一对前台 POS 机和下级监控系统进行管理。主要功能包括从后台获取前台必需的系统数据，将前台销售数据汇总成订单发送给后台，以及销售数据的查询、统计。

收银机监控系统能根据用户的选择实现远程连接，便于对下属连锁店或销售分支机构进行统一管理。并通过收银机监控程序和前台管理系统的不同组合，实现商业连锁组织中复杂的链状、级连等多层次的管理方式。使用收银机监控系统的另一个优点是减轻了网络的负担，并节约了服务器数据库的存储空间，保证网络的运行速度。

(三)前台管理系统

前台管理系统的主要功能在于获取收银机监控系统的数据和发送前台销售的数据，以及本地销售数据查询。将前台管理和前台销售分开利于前台销售能以尽可能快的速度运行，不受网络数据传输速度的影响，且便于商场管理人员随时进行查询和管理，而不影响前台销售人员的操作。

将前台从进销存中独立出来的好处是平时销售时无须依赖网络，在网络或服务器出现故障时仍然能保证销售。

（四）前台销售系统

前台仅包括销售商品时必须且仅需的功能，尽可能地做到简化操作程序，利于收银员快捷、准确地进行收款。功能包括前台交易的收款、退货及会员卡、折扣和优惠，商品查询和销售查询，完成前台交易中的扫描条码或输入商品编码、收款、打印收据、弹出银箱等一系列操作。

三、POS系统的发展

过去传统的零售业者并没有一个好的工具可以统计商品的库存，特别是无论哪一种商店的商品都动辄上千上万种，无论在订货与库存管理上都难以掌握，商家为了了解自身的库存状况，还必须浪费大量的人力去盘点商品数量，一些大型的零售业者为了管理的方便，往往要设计许多复杂的表格，导致成本上升、经营无效率。

随着市场经济的发展，信息技术的挑战，每个经营者都想提高商品流通效率，降低经营成本，发挥规模整合效应，同时消费者对商品的需求日益多元化，商品种类的多样化，商品经营方式更是连锁化和规模化，以及商品行为过程中信息数据化。为了满足消费者的需求，合理处理信息数据，把握市场动态。一种全新理念的POS机在市场的呼唤下应运而生。

POS收银机从第一代收银机到第二代收银机（ECR电子收款机），现已经发展到目前功能齐全的第三代收银机（如图8-1所示）。第三代收银机具有开放系统，可应用于多种平台和应用软件，也可连接多种外设，还可使用IC卡、银行卡授权终端，可单机或联网，还可以连接Internet。随着POS工业的不断迅猛发展，有着高性能的各种POS机的价格已经较容易为商家所接受，加上竞争激烈，对商场来说，信息系统在竞争中的作用明显提高，对POS机的需求也就明显增加了。采用POS收银系统，大大降低了收银人员的强度，提高收银效率，也为消费者提供了更多的快捷和便利。

图 8-1　几种不同的 POS 机

四、POS系统的实训内容

物流POS门店销售实训主要讲解了现代企业中末端零售POS系统销售与后台的商业流通的应用，包括POS系统前台使用和后台管理系统操作。要求学生掌握后台采购业务、收货业务、库存管理业务、批发业务、营运业务、会员业务、储值卡业务等相关业务流程操作和前台多种付款方式交易、挂单、退货和赠送、作废、柜台销售等各种收银方法的操作。

POS 门店系统包括基本信息、采购管理、库存管理、批发销售、零售管理、财务管理、会员管理、决策分析和系统管理等功能模块(如图 8-2 所示)。通过实训使学生能够在了解 POS 系统工作原理的基础上自己分配各功能模块的具体参数。如商品信息、供应商资料、客户需求、币种等基本档案,并通过参数设置了解从进货、仓储到销售等各环节中的步骤。使学生们身临其境,掌握 POS 系统作业技术以及相关设备实际操作的技能,让学生从订货、销售、补货实训整个商业物流的末端 POS 门店销售。

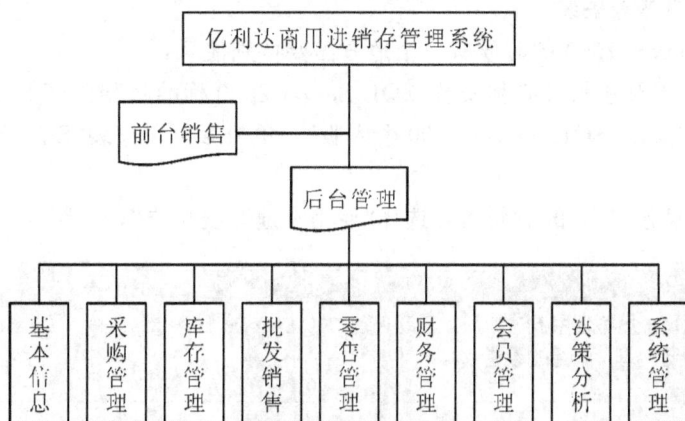

图 8-2 POS 系统功能模块结构图

任务二 系统设置

一、系统安装

系统安装内容包括 POS 系统的运行环境、数据库安装、应用程序安装以及日常维护等内容(如图 8-3 所示)。它适用于系统管理员,以便于系统管理员进行日常维护。

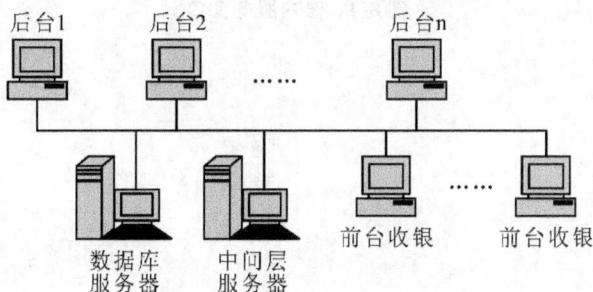

图 8-3 POS 系统框架结构图

(一)安装环境

1. 硬件配置

可以运行的条件：586 以上的 CPU，内存不少于 64 M，硬盘可用空间大于 1 G，支持 800×600 以上的显示适配器。

最佳运行条件：INTER 赛扬 1 G 以上，内存 128 M 以上，硬盘可用空间大于 20 G，支持 800×600 以上的显示适配器。

2. 网络环境

Windows 98 对等网或采用 Windows NT 或 Windows 2000 作为服务器。网络协议安装 TCP/IP 和 NetBEUI 协议，客户端要能连接到服务器并能往服务器端写入文件。

(二)数据库服务器安装

安装 SQL Server 2000 的时候有三个地方需要特别注意：

(1)网络版、连锁版软件必须安装"SQL Server 2000 标准版"或"SQL Server 2000 企业版"，绝对不允许安装"SQL Server 2000 个人版"。单机版可以安装"SQL Server 2000 个人版"。

(2)在选择"服务账户"的时候需要选择"使用本地系统账户"，如图 8-4 所示。

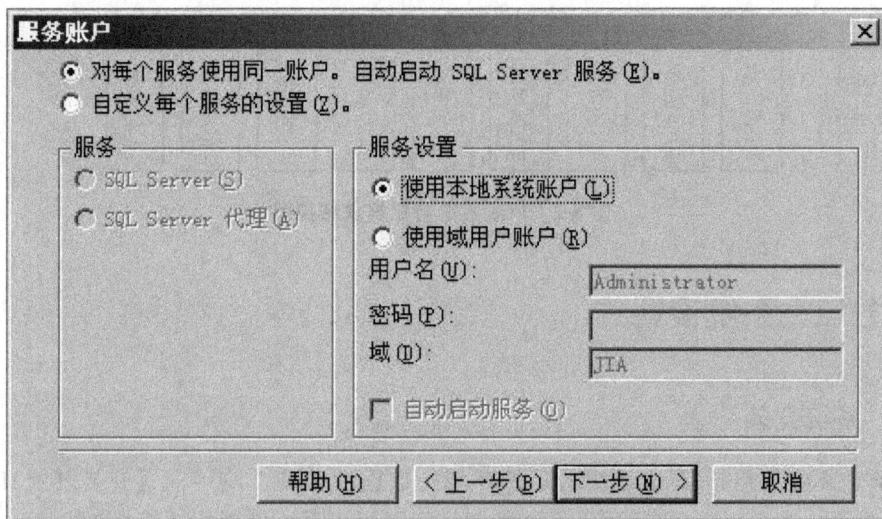

图 8-4　账户服务窗口

（3）在"身份验证模式"对话框中，请选中"混合模式"，并选中"空密码"，然后单击"下一步"按钮，其他地方选择默认方式即可，如图 8-5 所示。

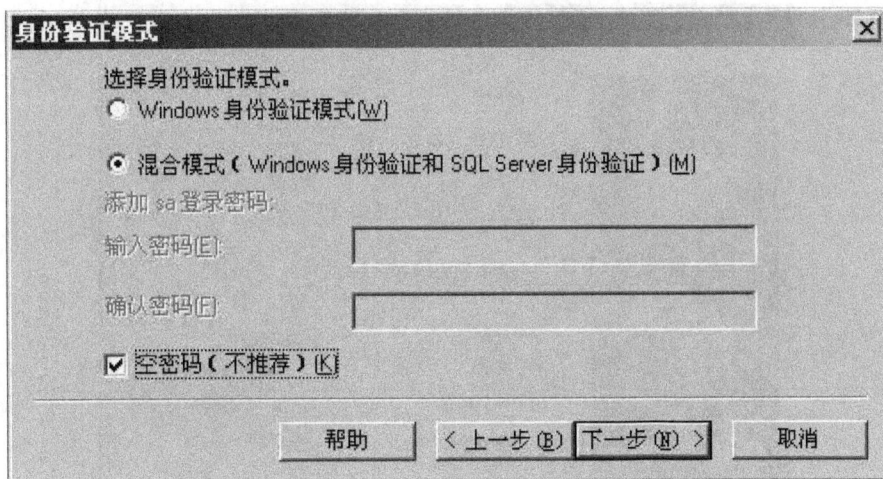

图 8-5　身份验证模式串口

(三)安装中间层服务器

1. 执行加密狗安装软件(如图 8-6 所示)

图 8-6　加密狗安装图示

缺省状态下"USB 狗驱动"和"并口狗驱动"都被选中，然后去掉"USB 狗驱动"前面的勾，只选择"并口狗驱动"，然后单击"安装"。安装完成后如图 8-7 所示。

图 8-7　加密狗安装完成图示

如果在红框位置显示："驱动安装失败"，可能是电脑并口硬件故障或者其他未被发现的原因，此安装可能需要较长的时间，请耐心等待。

2. 安装中间层服务器软件

运行服务器安装程序，选择"中间层服务器"，单击"下一步"等待其安装完毕后自动关闭，完成安装。中间层服务器软件必须安装在 Windows 2000 Server 或者 Windows 2000 Advance Server 或者 Windows XP Server 或者 Windows 2003 服务器版的操作系统上，如果操作系统错误，将导致安装不成功。安装中间层后必须重新启动中间层服务器，系统才能正常工作。

3. 配置中间层服务器

在中间层服务器上设置数据库连接参数，单击[测试]，如图 8-8 所示。

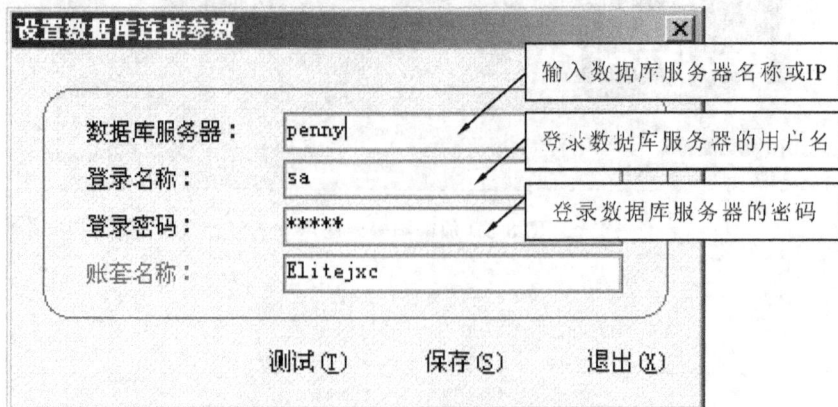

图 8-8　设置数据库连接参数窗口

(四)安装后台和前台管理软件

根据提示进行安装，并可以选择"自定义"，选择需要安装到的目录以及需要安装的组件，如图 8-9 所示。如果选择[典型安装]，则前台软件、后台软件全部安装。

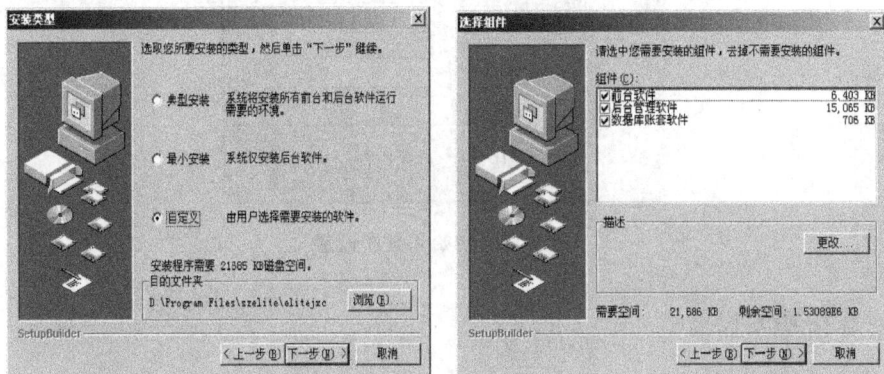

图 8-9　安装类型和组件的选择

(五)前台 POS 数据连接

1. 设置收银机号

进入 POS 收银机之前，首先要在后台设置好收银机号码，分配好收银员等。选择进入软件中：[零售管理——收银机设置]和[零售管理——收银员设置]。

2. 初始化服务器

第一次启动时，系统会提示"和服务器连接错误，请输入正确的连接参数"。按[OK]键后，出现"初始化服务器设置"窗口，在"初始化服务器设置"窗口，输入服务器名称或服务器 IP 地址，两个只要输入其中一个即可，如图 8-10 所示。输入完后，按[测试 F10]键，如果服务器名称(IP 地址)输入正确，系统会提示"网络连接正常"。如果参数输入错误，请重新输入。

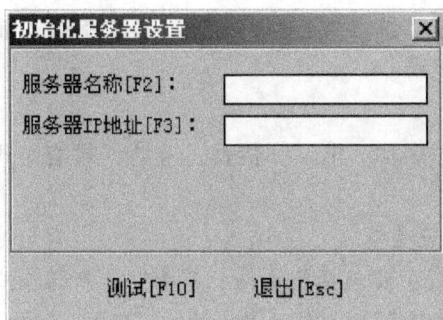

图 8-10　初始化服务器设置

3. 初始化系统

网络连接正常后，随即出现"初始化系统设置"窗口(如图 8-11 所示)，输入刚刚在后台设置好的机构编号、收银机号、商场编号，输入完后，按[检查 F10]键，输入正确后，进入登录界面。

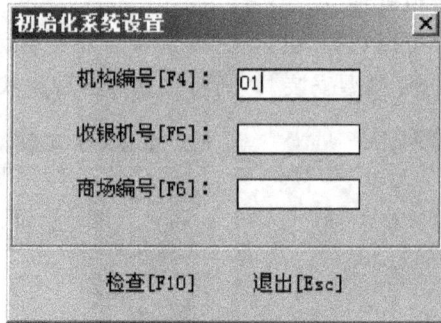

图 8-11　初始化系统设置

二、系统初始设置

(一)系统进入

双击桌面上的后台管理系统图标(如图 8-12 所示)。系统进行"连接数据库",如果连接上了数据库服务器后,系统进入登录界面。选择用户名,如果是本系统的最高权限人,选择系统管理员,选择对应的用户名后,按回车键,光标跳到密码输入窗口,输入对应的用户密码,再按"确定"进入系统主界面。

图 8-12　后台管理系统图标

(二)业务模式设置

业务模式设置内容包括系统参数、编码规则、业务参数、前台键盘锁设置、数据库管理、会员卡设置、企业信息等。

1. 单位信息设置

单位信息设置包括单位名称、电话、传真、地址、邮编、开户银行、银行账号、备注等信息。

2. POS 前台销售功能设置

POS 前台销售功能设置主要包括票头一、票头二、打印格式、票尾一、票尾二、原价打印、累计购物额打印、本次积分打印、累计积分打印、会员/储值卡是否能积分、前台销售启用业务员功能、前台交班显示收款额和开单张数、允许欠款销售、欠款销售提示、打印会员资料及付款金额和结余金额、禁止键盘录入并掩盖卡号等系统参数设置(如图 8-13所示),各零售企业可以根据实际情况进行选择设置。

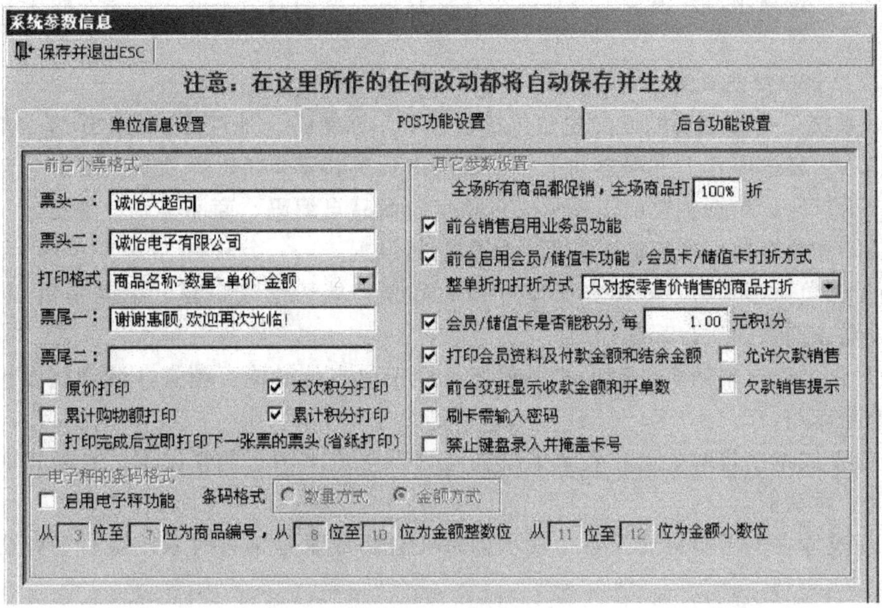

图 8-13　POS 系统参数信息设置

(1)票头一和票头二：设置前台收银时打印小票的标题第一行和第二行(票头一或者票头二中必须包括注册单位名称，否则不能进入前台)。

(2)票尾一和票尾二：设置打印在前台收银的小票上的票尾第一行和第二行。

(3)打印格式：表示前台收银小票打印出来的小票格式，目前有四种格式：品名—数量—单价—金额；条码—数量—单价—金额；商品名称—数量—单价—金额；品名—条码—数量—单价—金额。

(4)原价打印：如果选择表示会在有折扣或特价时打印原价，否则不打印。

(5)累计购物额打印：选定表示在收银小票上打印会员累计购物额。

(6)本次积分打印：选定表示在收银小票上打印本次积分。

(7)累计积分打印：选定表示在收银小票上打印累计积分。

(8)全场所有商品都促销，全场商品打 100％折扣：表示前台在销售时所有的商品都是按此折扣销售。

(9)前台启用会员卡/储值卡功能：选择表示前台收银时可以输入会员卡号和储值卡号。

(10)会员卡/储值卡是否能积分：表示用会员卡/储值卡消费的同时给该会员进行积分。

(11)前台销售启用业务员功能：表示在前台收银时可以输入业务员编号，以便进行业务员开单统计提成。

(12)前台交班显示收款金额和开单张数：表示在前台收银交班报表中是否打印交易笔数和收款额。

(13)允许欠款销售：表示前台会员能否欠款销售。

(14)欠款销售提示：表示如果前台会员欠款销售需不需要提示。

(15)禁止键盘录入并掩盖卡号：表示在刷会员卡或刷储值卡时是否禁止键盘录入卡号并需要掩盖卡号。

3. 后台管理功能设置

POS 系统后台管理功能设置主要包括是否负库存销售、是否低于成本销售、低于成本销售时提示、超过库存上下限自动报警、每次进货更新零售价、每次进货更新进价、单据生效后提示打印、单据生效前先提示、自动生成商品自编码、商品类别允许更改、启动自动备份功能和后台单据作废的方式等系统参数的设置。

(1)是否负库存销售：表示如果库存没有数量，能否继续销售，也就是负库存销售，该功能设置在前台和后台都起作用。

(2)是否低于成本销售：表示如果销售价低于成本价时能否销售，该功能设置在前台和后台都起作用。

(3)低于成本销售时提示：表示如果在允许低于成本销售的情况下，在销售时是否需要弹出提示对话框。

(4)超过库存上下限自动报警：表示如果在进货或者是销售时系统会自动弹出提示对话框。

(5)每次进货更新零售价：表示在进货单中输入的零售价是否需要更新商品档案中的零售价，如果选择，每次进货将零售价进行更新。

(6)每次进货更新进价：表示在进货单中输入的进价是否需要更新商品档案中的进价，如果选择，每次进货将进价更新。

(7)单据生效后提示打印：选择表示每次单据生效完后，会弹出打印对话框。

(8)单据生效前先提示：选择表示在单据每次生效前都会提示是否生效。

(9)自动生成商品自编码：表示在商品档案中新建商品时，是否需要系统自动生成商品自编码。

(10)商品类别允许更改：表示在修改商品档案时可以更改该商品的类别。

(11)启动自动备份功能：表示系统能够自动备份数据。选中以后，系统会根据备份的频率(每隔多少天备份一次)和备份的时间(在一天的哪个时间进行备份)，将数据备份在默认的备份路径下面。

(12)后台单据作废的方式：表示后台删除和作废单据时，采用的是删除单据还是红字冲单的方式。

三、设置操作员

(一)前后台操作员档案设置

点击操作员档案，在此可输入前台收款员和后台操作员；点击新建，在其中输入操作员的编号、姓名和密码等信息，如图 8-14 所示。

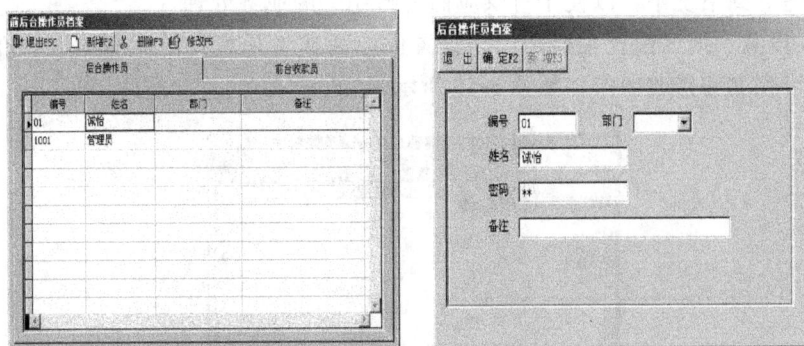

图 8-14 前后台操作员档案设置

(二)权限设置

在进行权限设置时,将业务的功能与系统维护功能分开管理,管理员有所有权限,职员权限必须进行手动处理;选择相应的操作员,然后选中相应的权限,如图 8-15 所示。

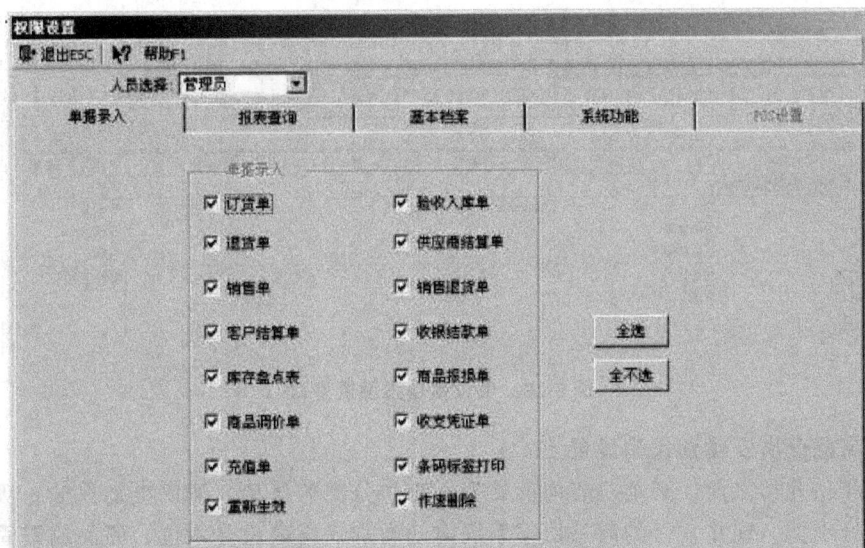

图 8-15 管理员权限设置窗口

四、建立基市数据

基本资料作为商业管理系统中最基本的数据,基本信息在管理系统中是否科学、规范、合理的管理,将直接影响到以后的业务以及数据的统计。它的功能在于为系统录入必要的基础数据,使系统能够良好运行。基础数据包括仓库机构、商品、供应商、客户等基本信息。

(一)区域资料和供应商资料

建立区域信息能更有利地利用区域来分类型管理供应商客户资料以及利用区域来分析批发客户群。与供应商的商务谈判成功,并建立了业务关系之后,商场管理者应把供应商的相关档案建立到系统中，以便于对供应商进行相关的业务处理。

(1)地区设置。地区设置主要是用来设置供应商或者是客户的所属地区，在此界面中可进行增加、删除和修改操作，如图 8-16 所示。

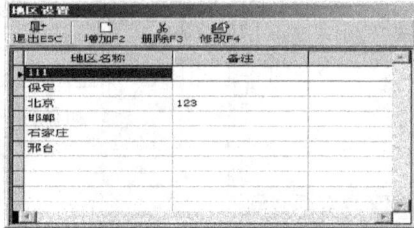

图 8-16　地区设置窗口

(2)供应商档案。供应商档案浏览窗口是查询和新建供应商的地方，主要设置供应商的一些基本信息。可进行新建、删除、修改、打印、导出 Excel、设置等。如需新增供应商档案，则按新增按钮即可，如图 8-17 所示。

图 8-17　供应商档案设置窗口

(二)商品分类及类别代码设置

在做商品分类之前，必须对店内商品类别有个分类的草稿，建议类别只分一级，即只分大类不分小类。现在软件的商品档案系统内部类别代码最长是六位，商品编码固定为后面四位，例如：010001 编号的前面两位是类别代码，后面四位是商品编码。

以某超市的商品分类为例：010001，010002……其中"01"表示"食品类"，0001 表示食品类下的第一个商品，依次类推；020001，020002……其中"02"表示"日化类"，0001表示日化类下的第一个商品，依次类推；030001，030002……其中"03"表示"烟酒类"，0001 表示烟酒类下的第一个商品，依次类推。建议用户在建商品类别时只分一级类别，即只分大类，不分小类，如图 8-18 所示。

图 8-18　商品分类设置窗口

具体操作方法：

(1)新建大类：点新建大类，将"新部类"改为您所需要的类(例如副食类)，再点新建大类，继续新建其他类别，如将"新部类"改为您所需要的类(例如日化类)等，直到建完所有的类。

(2)新建小类：点中需要新建小类的大类名称再点新建小类，将"新部类"改为您所需要的类(例如小副食类)，再点新建小类，继续新建其他类别，如将"新部类"改为您所需要的类(例如膨化食品类)等，直到建完所有的小类。

(3)类别代码设置：双击"食品类"，进入食品类的类别代码设置，在其中填上"01"就可以了。全部设置好以后，点确定。依此类推，双击"其他类"输入其他类的类别编码。

(三)包装单位的建立

商品的包装信息，在"基本信息→包装单位"，单位名称最大支持四个字符，为了便于识别，建议使用汉字。具体操作如图 8-19 所示。

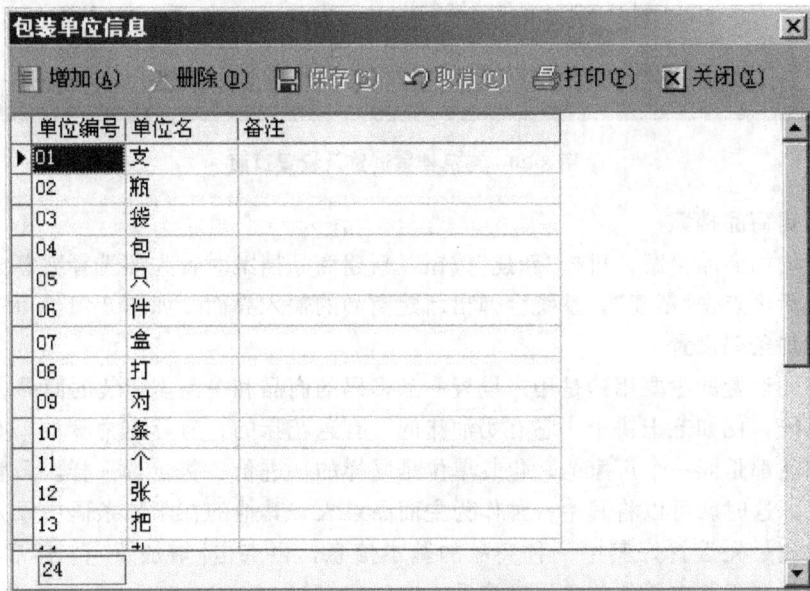

图 8-19　包装单位信息的设置窗口

任务三 前台 POS 系统营业实训

一、录入商品资料

商品是所有业务(采购、销售、库存、账款及数据分析)的核心。商品档案是练习不同业务的基本信息和纽带。商品档案包括商品的供应商、条码、价格以及包装规格等。操作方法如下。

(一)商品档案设置及查询

进入基本档案→商品档案，出现商品档案浏览界面，如图 8-20 所示。商品档案界面的左边是商品的分类结构，右边是对应类别下的商品，上边是按商品名称查询、按自编码/条码查询，最上边是按钮选项。

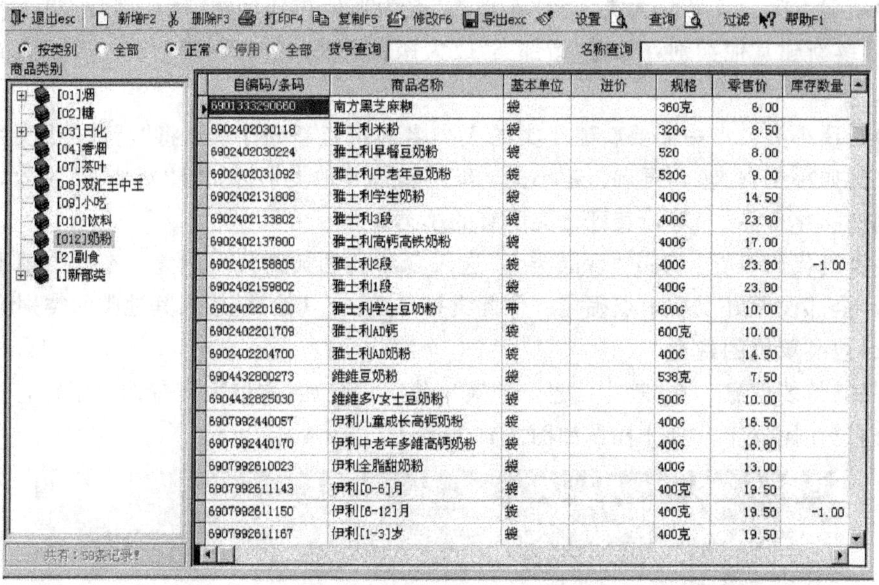

图 8-20 商品档案浏览及设置页面

(二)新建商品档案

如果需增加商品档案，可按"新建"按钮，新建商品档案时首先要选择要新建商品所属的类别，然后再点击"新建"，系统会弹出新建商品的输入界面，如图 8-21 所示。

(三)附加条码设置

附加条码设置的主要用途是用来设置一品多码的商品和一品多包装的商品。

一品多码，比如芝士饼干，它有奶油味的、有葱花味的、有巧克力味的，有苹果味的等，这些商品都是同一个厂家的，包装单位是同样的，进价、售价都一样，只管理一个总库存就行了，这时就可以将其中一种作为主商品录入，其他的在附加条码中录入条码就行了。设置方法是先设置好其中一种商品的基本信息，再点击[增加 F5]，然后输入条码，选择该条码是属于基本单位的条码，最后点击确定按钮。

一品多包装，比如一小袋三元牛奶的条码是 6901028012345，而一小箱三元牛奶的条

图 8-21　新建商品档案窗口

码是 6901028012456，就需要在此设置。设置方法是先设置好一小袋三元牛奶的基本信息，再设置大件单位(一箱三元牛奶)的基本信息。具体设置方法：点击[增加 F5]，然后输入条码，选择该条码是属于小件单位，最后按"确定"；在所属的单位下面的辅助条码框中输入辅助条码，然后按回车键，将以上信息全部输入完成后，按确定按钮便可将所输入的信息全部保存，如图 8-22 所示。

图 8-22　附加码设置窗口

二、POS 系统前台销售

(一)启动 POS 系统

根据系统设置方式的不同，有几种不同的启动方式：

(1)启动电脑后，POS 系统自动运行。

(2)在桌面上用鼠标双击 POS 系统的快捷图标。

(3)在开始菜单中，点击：开始—程序—诚怡商业管理系统—诚怡商业管理系统 POS，即可运行前台程序。

在进入系统时必须要注意核对系统日期是否与实际日期一致，如不一致可按 F12，再输入实际的年月日，这样软件就将系统的日期改为刚输入的日期了，然后按"确定"，进入下一步，如图 8-23 所示。这一点很重要，如果系统日期与实际日期不一致，这样在前台产生的销售，到后台按正常的日期来查询就不能查询了。

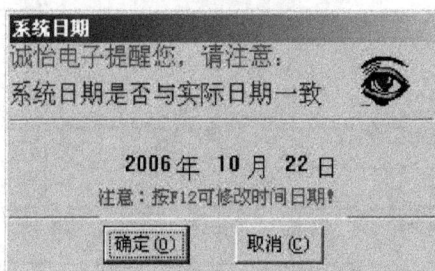

图 8-23　系统日期提示

（二）登录系统

在登录窗口中，在工号处输入收款员的工号，按回车键，在密码处输入收款员的密码，按回车键就进入前台系统界面了，如图 8-24 所示。

图 8-24　前台系统界面

（三）销售收银

上班登记工作完成后，点击收款（回车）图标或按［回车］键，即可进入前台收款操作界面（如图 8-25 所示）。

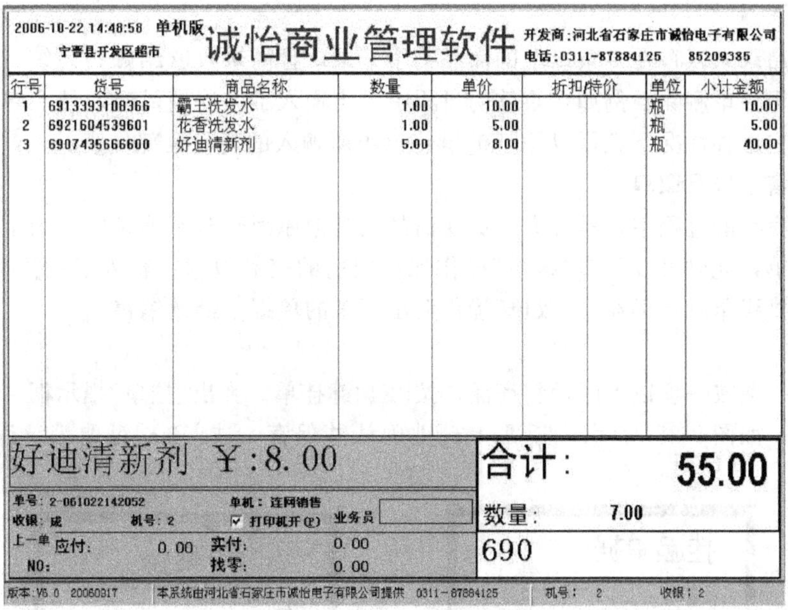

图 8-25 前台收款操作界面

在收款界面按了[＋]键或者是[F2]键时，系统会弹出如下界面（如图 8-26 所示）。在此界面中显示：应收、实收、找零。输入顾客的实付金额，再按两次回车。如果有客户在收款时需要去掉零头，可按[F5]键，在弹出的界面中输入需要抹去的金额，那么应收金额就会减去抹掉的那部分金额。如果在收款时需要改变收款方式（比如改为信用卡），可按[＋]键，在弹出的界面中选择所需要的收款方式，按回车完成收款，如图 8-27 所示。

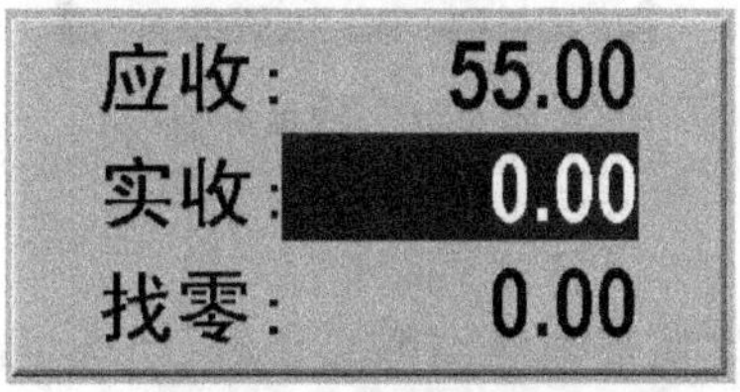

图 8-26 销售收银界面

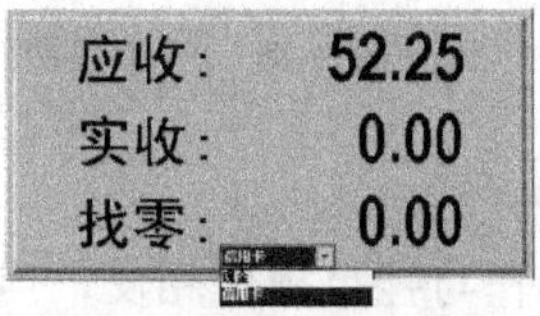

图 8-27 选择收款方式界面

(四)一种商品的多件销售

(1)按[＊]或[F6]键，光标跳入"数量"区域中。在"数量"区域中输入有效合法的数量值后，按 [Enter]键回到"输入"区域中。

(2)扫描商品条码或手动输入条码/编码。

(3)按[Enter]键确认，商品信息框中将显示该商品的销售数量，那么销售的商品就是刚输入的数量。

(4)如果在输入的数量前加负(－)号，再扫条码，则就是退货销售。

(五)删除商品的销售记录

1. 删除销售目录中的一个商品记录

在输入过程中，有录入错误的商品或者顾客不要的商品，可以输入该种商品所在行的行号，再按[del]键或[F12]键。

2．整单删除

如果商品录入区存在一条以上的商品销售记录，且尚未收款结账，系统将允许取消该笔交易，进行整单删除。例如在收款的过程中，当输入了一些商品时，然后客户说全部不要了，那么在这种情况下就可以按[F9]键将该单所输入的商品全部作废。

（六）销售挂单及取单

在销售商品的过程中，顾客需要更换商品或其他原因暂时不能结账，为了不延误其他顾客正常买单，此时可以采取"挂单"操作保存当前的交易数据，转入下一位顾客的销售，等此顾客需要买单时，再通过"取单"操作调出原来的单据，继续销售。

1．挂单

已存在一项或一项以上的销售商品，按[F4]键挂单。弹出"挂单"提示框，在光标处输入挂单名称，如图 8-28 所示。按[Enter]键确认并保存，或[Esc]键取消，返回"销售界面"。

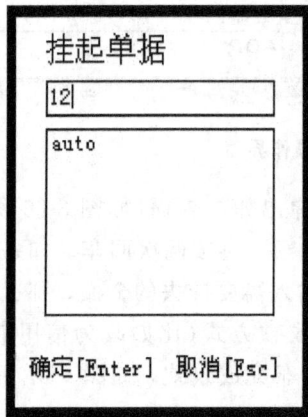

```
┌──────────────────┐        ┌──────────────────┐
│ 挂起单据          │        │ 取出单据          │
│ ┌──────────────┐ │        │ ┌──────────────┐ │
│ │12│           │ │        │ │12│           │ │
│ └──────────────┘ │        │ └──────────────┘ │
│ ┌──────────────┐ │        │ ┌──────────────┐ │
│ │auto          │ │        │ │12            │ │
│ │              │ │        │ │auto          │ │
│ │              │ │        │ │              │ │
│ │              │ │        │ │              │ │
│ └──────────────┘ │        │ └──────────────┘ │
│ 确定[Enter] 取消[Esc] │    │ 确定[Enter] 取消[Esc] │
└──────────────────┘        └──────────────────┘
```

图 8-28　挂单界面　　　　　　　　图 8-29　取单界面

2．取挂单

取挂单操作与挂单操作相反，当挂单的顾客需要继续结账买单时，收银员可通过此功能继续销售，完成该笔交易。按[F4]键取单，在"取单"界面的光标处输入要取的挂单名称，如图 8-29 所示。按[Enter]键确认，单据商品信息将显示在收银界面，同时打印机将重新打印该单据。若要取消挂单操作可按[ESC]键返回"销售界面"。

（七）折扣销售

1．单品打折

在收款过程中，对某些需要优惠的商品进行折扣优惠。

（1）按[/]或[F7]键进行折扣率设置。输入折扣时注意：如果是九五折，那么直接输入的数字是 95；如果是八五折，那么直接输入的数字是 85。

（2）在光标显示处输入折扣率大小，按[Enter]键确认。则在收银界面上的"折扣"区域会出现刚才设置的折扣大小，如图 8-30 所示。

（3）在收银界面的"输入"区域，输入商品条码或编码。则在"商品信息框"中会显示新输入的商品的折后单价和折扣率。那么刚销售的商品就按刚输入的折扣进行销售。

（4）完成此项操作后，折扣率将恢复到"100"。

2. 整单折扣

在"多种付款方式"界面下，收银员在权限允许的情况下，可以对整笔销售交易单据进行打折或折让金额。按[F7]键弹出"整单折扣/折让"界面；输入需要的打折率或折让金额（如图8-31所示）；按[Enter]确认，则会在"多种付款方式"界面下看到整单折扣率或整单折让金额大小，同时消费金额变为打折优惠后的应付款金额。

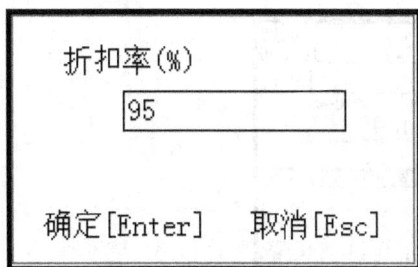

图 8-30　单品折扣界面

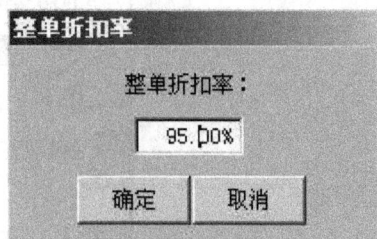

图 8-31　整单折扣界面

(八)会员卡销售

如果使用会员卡销售，必须在商品录入前出示会员卡，收银员需先输入会员卡号，系统才会按照会员价或折扣价取商品价格。操作步骤如下：

(1)按[/]或[F3]键，光标定位到会员卡输入区域。

(2)输入会员卡号，输入时可直接用键盘输入，也可以将会员卡通过POS机的刷卡器刷出。按[Enter]键确认，光标自动移至商品"输入"区域。

(3)扫描商品条码或者输入商品条码/编码，按[Enter]键确认。

(4)重复步骤(3)，直至所有商品销售完成，系统便会自动根据会员的优惠方式进行打折计算。

(5)如果是储值卡的话，操作同上，那么此单的金额会直接从卡里面扣除。

(九)专柜商销售

专柜商销售功能，主要用于商场专柜销售，操作的大概流程：顾客先在营业员的指导下挑选商品，然后营业员开出销售单，由营业员或者顾客拿销售单到收银台付款。收银员根据销售单录入数据、收款、盖章。完成后顾客才可从专柜拿走商品。销售步骤如下：

(1)首先输入专柜商编号与营业员的名称，如图8-32所示。

(2)输入商品条码/编号，系统弹出以下提示框(见图8-33)，如果销售的价格或金额与默认值不同，那么请输入新的价格或金额。价格或金额只需输入其中一个，另一个由系统自动换算出来。

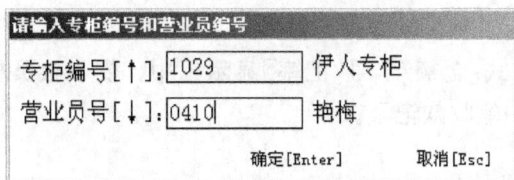

图 8-32　专柜编码填写窗口

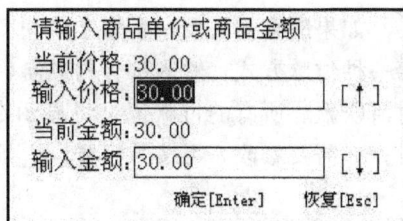

图 8-33　输入商品条码窗口

(十)收款

POS 系统在收款时，可支持多币种现金方式付款和多种非现金方式付款。付款方式及货币之间的汇率需在后台软件中预先设置。

1. 多币种现金方式收款

(1)在销售商品界面，输入完商品后，按[F11]键，进入收款界面，如图 8-34 所示。

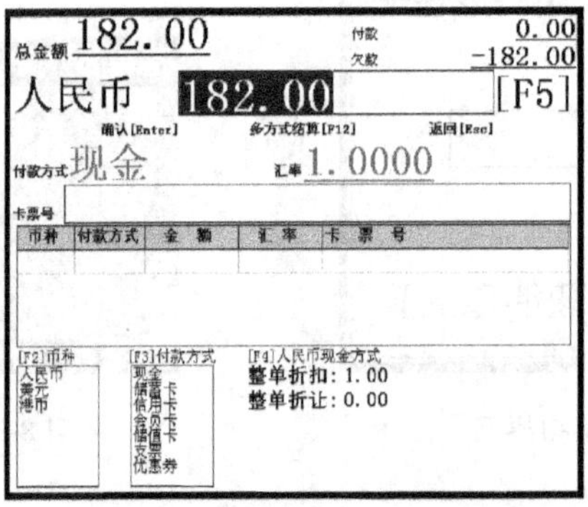

图 8-34　现金付收款界面

(2)按[F12]键切换到其他付款界面。

(3)按[F2]键切换付款币种，选择顾客付款的币种。选择的同时，系统在右边的显示框中，自动换算出顾客需要付款的外币金额。

(4)在外币金额显示框中，输入顾客实际付给的外币金额，按[Enter]键确认。则需要找零的外币金额转换成本币金额显示在找零框中。

(5)再按[Enter]键确认，钱箱打开。如果找零金额不为零时，需要按照找零金额大小找赎本币给顾客。完全成付款操作。

2. 使用非现金支付方式

POS 系统在收款时，除使用现金外还可以使用其他非现金的交易方式付款，例如信用卡、会员卡、优惠券等。

(1)在销售商品界面，输入完商品后，按[F11]键，进入收款界面。

(2)再按[F12]键切换到其他付款界面。

(3)按[F3]键切换卡类型，选择顾客付款的卡类型。

(4)在卡金额显示框中，输入付款金额，按[Enter]键确认。在卡票号信息框中输入卡票号(卡票号可以直接在 POS 机上刷卡取得)。如果是需要输入密码的卡，请顾客输入密码后按[Enter]键确认。

3. 一笔交易的多方式付款

如果顾客需要用一种以上的付款方式付款。在输入付款金额时操作步骤需增加：选择第一种付款方式，输入部分付款金额；选择第二种付款方式，输入第二种付款金额，直至付清账款。所有的付款记录将显示在[付款方式/金额/卡号/汇率]显示框中，供收银员核对。如需要修改，可按数字键[—]删除最后一笔收款记录。

任务四 后台 POS 管理系统实训

一、采购管理

(一)新建采购订货单

采购订货单是采购管理的第一环节，为采购货品提供有效依据。生效后不影响库存数量和应付款。采购订货单新建步骤如下。

1. 创建新订单，输入供应商信息

单击新建，显示出来的界面为一张新的采购订货单，需输入订货单号、开单日期、经手人、供应商编号、备注、最低价、最高价和最新价等信息。

(1)订货单号：此单据号为系统自动产生，用户不可更改。

(2)开单日期：此日期为采购订货单的订货日期，默认为当天，可以更改。

(3)经手人：表示本公司的对此笔单的订货经手人。

(4)供应商编号：表示需采购的供应商编号，输入编号后，系统自动调出该编号的供应商信息，如果不知道供应商编号，可用鼠标点击输入框后的小按钮或按[F7]键，系统自动弹出选择供应商的界面，选中供应商后按"确定"即可。

(5)备注：可输入一些相关说明性的信息。

(6)最低价：表示该供应商所供商品的最低价格。

(7)最高价：表示该供应商所供商品的最高价格。

(8)最新价：表示该供应商所供商品的最新价格。

2. 输入商品信息

上述供应商信息全部输入完成后，接下来要输入的便是需要订购什么商品，如图 8-35 所示。具体输入方法如下：

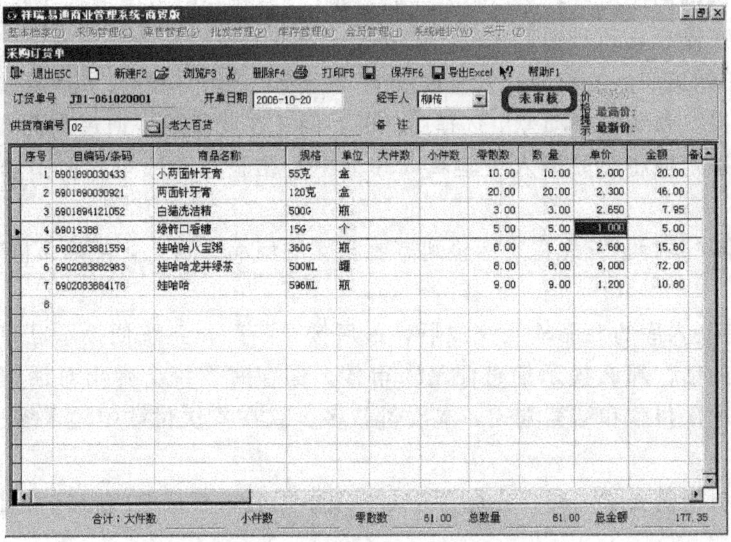

图 8-35　新建采购订单界面

（1）将光标移到"自编码/条码"一栏中，输入商品的自编码或者条码，系统会自动调出符合该编码的商品信息，然后输入订货数量（只需在零散数中输入要订货的数量），然后输入单价，按回车键后自动跳到下一行，可继续输入下一条商品的信息。

（2）如果不知道商品的编号，可通过双击"自编码/条码"一栏，系统会自动弹出选择商品的界面，在此界面中选中需要订货的商品，然后按确定便将商品调入至订货单中，在订货单界面中修改数量及单价即可。

（3）如需删除某行，首先将光标移到需要删除的商品条目上，然后按[Ctrl＋Delete]键即可。

（4）将所有要订货的商品输入完成后，最后按保存，系统便提示已审核状态，如果没有点保存的话，那么提示信息便是未审核。

（二）新建验收入库单

验收入库单是采购管理的关键一步，生效后库存数量增加，应付款增加。

1. 验收入库单新建

单击"新建"，显示出来的界面为一张新的验收入库单，需输入进货单号、原始单号、开单日期、经手人和供应商编号等信息。

（1）进货单号：此单据号为系统自动产生，用户不可更改。

（2）原始单号：是供应商（方）同货物一起过来的单据号，即原始进货单号。

（3）开单日期：此日期为入库验收单的入库日期，默认为当天，可以更改。

（4）经手人：表示此笔单的入库经手人。

（5）供应商编号：表示需采购的供应商编号，输入编号后，系统自动调出该编号的供应商信息，如果不知道供应商编号，可用鼠标点击输入框后的小按钮或按[F7]键，系统自动弹出选择供应商的界面，选中供应商后按"确定"即可。

以上信息全部输入完成后，接下来要输入的便是需要采购什么商品了，输入方法：

（1）将光标定位到"自编码/条码"一列中，输入商品的自编码或者是条码，系统会自动调出符合该编码的商品信息，然后输入实收数量（只需在零散数中输入实收数量），然后输入单价，按回车键后自动跳到下一行，可继续输入下一条商品的信息。

（2）如果不知道商品的编号，可通过双击"自编码/条码"一栏或者是通过按[F8]键或者按[商品选择]键，系统会自动弹出选择商品的界面，在此界面中通过查询选中需要入库的商品，然后按确定便将商品调入至验收入库单中，在验收入库单界面中修改数量及单价即可。

（3）如需删除某行，首先将光标移到需要删除的商品条目上，然后按[Ctrl＋Delete]键即可。

（4）将所有要入库的商品输入完成后，最后按"保存"，系统便提示已审核状态，如果是没有点保存的话，那么提示信息便是未审核。保存时系统会弹出对话框，显示合计金额、已付款、本次付款和结算方式，本次付款多少就在本次付款中输入多少，最后按"确定"即可。

当有多个单据需要录入时，在保存完上一个单据后，直接按"新建"就可进行新单据的录入。

2. 验收入库单查询

需要查询和修改以前的验收入库单时，只需按"浏览"按钮，系统会调出浏览验收入库单界面，进入此界面后，分三个部分，第一部分为查询条件区，下面两个部分是两个表格，上一个表格是入库单的表头，下面一个表是相应入库单的明细。

3. 验收入库单修改

查询方法是输入查询条件，然后按"查询"按钮，在上面的表格就会显示所输入条件的单据。将光标移到某个验收入库单上按"确定"即可将该入库单调出到验收入库单界面中。

(1)修改信息：在验收入库单界面中修改有关信息，最后按"保存"便可重新审核此单。

(2)删除和作废：如需删除和作废某个验收入库单时，可通过浏览出该入库验收单，然后按"删除"即可将该入库验收单删除。要注意的是如果操作员没有权限的话，那么就不能删除和作废。如果在参数设置中设置单据作废方式是删除单据，那么该单以后便查询不到，如果选择的方式是红字冲单，那么该单变为红色，统计入库数据将不会把此单统计进去。

(3)重新保存：重新保存的意思是，如果某入库验收单打错了，可以通过重新保存功能修改单据，操作方法是浏览出该验收入库单，修改完后再按一次"保存"即可。

(三)采购退货单

采购退货单是库存商品由于某些原因需要退给供应商时所做的一个单据，保存后库存数量减少。新建采购退货单，显示出一张新的采购退货单，输入供应商及具体的退货信息，如图 8-36 所示。填写步骤同采购订单，此处省略。

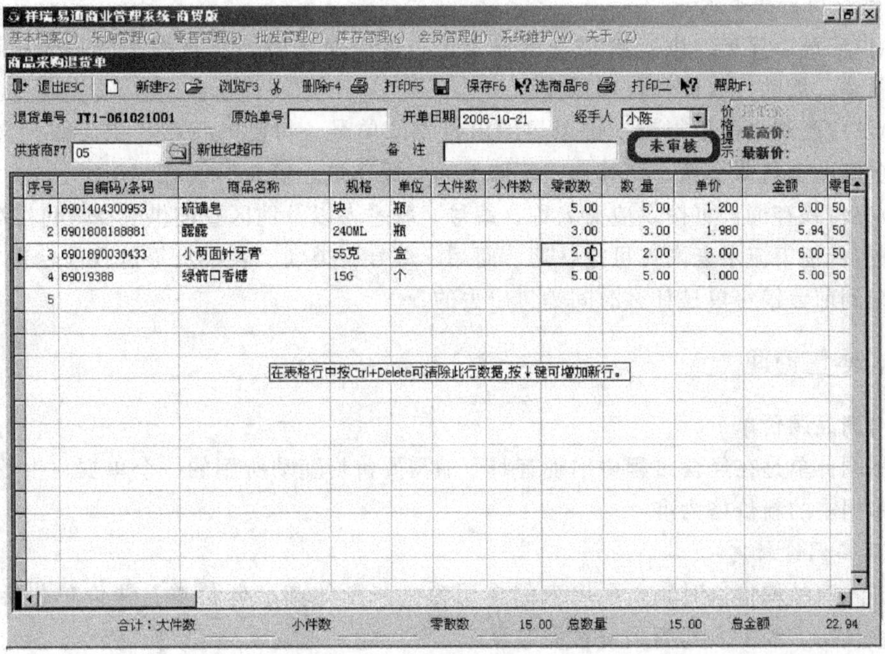

图 8-36　新建采购退货单界面

(四)采购报表查询

1. 供应商报表查询

(1)供应商供货商品销售汇总报表查询：可按日期、类别、供应商及商品进行查询，可进行打印、导出 Excel 操作，不可修改数据。

(2)供应商商品销售明细查询：可按日期、类别、操作员、业务员、供应商及商品进行查询。

(3)供应商供货商品查询：按供应商、商品或者是类别查询供应商的供货情况和商品的供应商的情况。

(4)供应商供货排行报表查询：可按日期、供应商、排行数、排行方式等进行进货的排行。

(5)历史进价查询：可按商品、供应商进行查询商品的历史进价，但一定要在设置供应商时选中商品进价跟踪，本表格才能体现出来，如果没有选中记住上一次进价，那本报表就是空白的。

2. 采购报表查询

(1)商品进货汇总：可按日期、类别、供应商及商品进行查询统计进销的汇总。

(2)商品进货明细查询：可按时间段、类别、经手人、操作员、供应商、商品等查询统计商品的进货明细情况。

(3)商品进货排行：可按日期、商品类别、商品、供应商、排行数、排行方式等进行进货的排行。

3. 供应商付款查询

(1)供应商结算单：供应商结算单是公司与供应商之间结算过程中的一个凭证依据，可进行新建、删除、修改和打印操作。

(2)供应商结算明细报表：可以显示出付款的单号、付款的日期、供应商、金额、本次付款金额、免付款金额、结算方式、经手人、操作员、摘要等信息。

(3)应付款查询：可按供应商名称、编号、联系人以及地区查询供应商应付情况。

(4)前台销售流水查询：可按日期、商品、单号、类别、收银员等进行前台销售统计，可以查询到前台销售单是什么时间销售出去的。

二、零售管理

(一)商品调价单

商品调价单是在经营过程中出现有些商品需要价格变动所用的一个单据，生效后价格全部以单据中的新价格为准。

1. 商品调价新建

刚进入商品调价单时，显示出来的界面为一张新的商品调价单。调价单包括调价单号、调价日期、经手人和商品信息等内容。

(1)调价单号：此单据号为系统自动产生，用户不可更改。

(2)调价日期：此日期为商品调价单的调价日期，默认为当天，可以更改。

(3)经手人：表示调价经手人(在员工档案中设置了，员工在此处便可选择，如果没有设置，那么就不能选择出来)。

（4）商品信息：输入商品编码、数量、价格变化等信息。

将所有要调价的商品输入完成后，最后按"保存"，系统便提示已审核状态，如果是没有点"保存"的话，那么提示信息便是未审核。当有多个单据需要录入时，在保存完上一个单据后，直接按"新建"就可进行新单据的录入。

2. 商品调价单查询和修改

需要查询和修改以前的商品调价单时，只需按"浏览"按钮，系统会调出浏览商品调价单界面，进入此界面后，分三部分，最上面一部分为查询条件部分，下面两部分是两个表格，上一个表格是调价单的表头，下面一个表格是调价单的明细。查询方法是输入查询条件，然后按"查询"按钮，在上面的表格就会显示所输入条件的单据。将光标移到某个商品调价单上按"确定"即可将该调价单调出到商品调价单界面中。在商品调价单界面中修改有关信息，最后按"保存"便可重新审核此单。

（二）收银员缴款

收银员缴款单是前台收银员向财务交款时，财务审核的一个单据，操作方法：进入缴款管理，系统便自动进入收银缴款单，输入需要缴款的收款员的编号，系统会自动将该收银员的缴款金额调出至表格中，财务人员只需按表格中显示的数据，核对收银员的交款，核对无误后，先选中缴款下的小框，再输入实缴金款，再按"缴款"键即可完成交款工作。

（三）收支凭证单

收支凭证单是财务管理中管理往来账的一个重要单据，通过做此单据，系统会自动产生往来明细账和往来对账单，系统可以对收支凭证单提供新建、修改、删除、打印等操作。

（四）促销商品查询

促销商品查询可以统计出本店所有的促销商品以及商品的零售价、促销价、小件单位、小件零售价、小件促销价、大件单位、大件零售价、大件促销价、促销开始日、促销结束日、日促销开始时间、日促销结束时间、库存数量、供应商等信息。

（五）前台销售报表

（1）商品销售汇总：进入汇总表，会显示出两个表格。上表格统计出商品的条码、名称、总共销售数量、总共金额等；下表格会根据上表格的商品信息显示出该商品销售的单号、时间、客户、销售数量、毛利、金额、业务员、操作员等详细信息。

（2）商品销售明细：可按日期、商品、单号、类别、收银员等进行销售统计，还可输入查询条件，根据日期、商品类别、商品编号/商品条码、商品名称、赠送商品、业务员、操作员、客户来查询数据。

（3）前台 POS 赠送明细报表：可以通过设定：商品的编号、客户名称、类别、单据号、时间等查询出前台赠送的商品。

（4）前台 POS 退货明细报表：可以通过设定：商品的编号、客户名称、类别、单据号、时间等查询出前台退货的商品。

（5）部类销售查询表：可按日期、类别查询部类销售情况。

（6）业务员销售报表：可按日期、类别、商品编号、商品名称、业务员等查询业务员的销售情况。

(六)前台收银报表

(1)收银员日报表:可按日期、收银员查询收银员的收银情况。

(2)收银员交班记录:可按收银员、日期进行查询,统计收银员的交班记录情况。

(3)收银员工作情况报表:可按收银员、日期进行查询,统计收银员的工作情况。

(4)收银员收银排行:可按日期、排序方式等进行收银员收银排序,可查询某段时间内哪个收银员收款最多,哪个收银员收款最少。

(七)利润报表

(1)时段销售利润报表:可日期、类别查询每小时的收银情况。

(2)每单销售利润报表:可按日期、类别查询每一单的收银情况。

(3)每天销售利润表:可日期、类别查询每天的收银情况。

(4)每月销售利润表:可按月份、类别查询每个月的收银情况。

(5)每年销售利润表:可按年份、类别查询每个月的收银情况。

(6)前台销售流水查询:可按日期、商品、单号、类别、收银员等进行前台销售统计,可以查询到前台销售单是什么时间销售出去的。

三、批发管理

(一)批发销售单

批发销售单是在公司业务过程中有批发业务才用到的一个单据,生效后库存数量减少,应收款增加。批发销售单可提供新建、查询、删除、打印等功能。

(二)批发销售退货单

批发销售退货单是在以往销售中售给客户的商品由于某些原因需要退回时所做的一个单据,保存后库存数量增加,应收款减少。

四、库存管理

(一)商品报损单

商品报损单是在经营过程中出现有些商品变质或者是过期,或者是自用的商品所用的一个单据,生效后库存减少。商品报损单提供新建、修改、删除、打印等操作。

(二)库存盘点表

库存盘点表是库存管理中的一个重要单据,主要是起到平衡电脑库存与实际库存的作用,自动产生盘亏盘盈报表,生效后库存便以实际盘点数量为准。

1.库存盘点表新建

刚打开库存盘点表时,显示出来的界面为一张新的库存盘点表,输入盘点单号、盘点日期、经手人、商品信息等内容。

(1)盘点单号:此单据号为系统自动产生,用户不可更改。

(2)盘点日期:此日期为库存盘点表的盘点日期,默认为当天,可以更改。

(3)经手人:表示本次盘点的经手人。

(4)商品信息:将光标定位到"自编码/条码"一列中,输入商品的自编码或者是条码,系统会自动调出符合该编码的商品信息,然后输入盘点数量(只需在零散数中输入实际盘点的数量),然后输入库存单价,按回车键后自动跳到下一行,可继续输入下一条商品信息。如果不知道商品的编号，可通过双击"自编码/条码"一栏或者是通过按[F8]键，系统会自动弹出选择商品的界面，在此界面中选中需要盘点的商品，然后按"确定"便将商品调入至库存盘点表中，在库存盘点表界面中修改实际盘点数量及库存单价即可。

（5）在盘点录入单中如需删除某行，首先将光标移到需要删除的商品条目上，然后按[Ctrl]＋[Delete]键即可。将所有要盘点的商品输入完成后，最后按生效，系统便提示已审核状态，如果是没有点保存的话，那么提示信息便是未保存。值得注意的是，盘点表生效后将不能更改，所以在做盘点表生效的时候一定要注意。

库存盘点录入过程中需要注意以下几点：

（1）保存时有一个单号请记住，下一次再进入时可从浏览窗口再找到此单号，并调出此单。在此单中继续录入，直到将本次盘点的所有商品录完。经检查，录入的商品数量都确认无误后，按[F6]键生效，这时商品的库存数就改成此单据中的盘点数了。

（2）建议一次盘点只生成一张盘点单号，将本次盘点的商品都输入在这一张单据中，以方便以后查询。

（3）大量信息输入时，建议每输入一部分信息就保存一次，以免中途停电丢失所有没有保存的数据。

（4）如果盘点表输入过程中还不想生效，可按"返回"按钮，系统会提示是否保存，选择"是"，系统便将该盘点表保存起来了，但没有生效。

2. 库存盘点表查询和修改

如果库存盘点表已经生效了，则不能进行修改，如果是只保存，可以通过按"浏览"按钮，系统会调出浏览库存盘点表界面，进入此界面后，分三部分，最上面一部分为查询条件部分，下面两部分是两个表格，上一个表格是盘点表的表头，下面一个表格是盘点表的明细。

查询方法是输入查询条件，然后按"查询"按钮，在上面的表格就会显示所输入条件的单据。将光标移到某个库存盘点单上按"确定"即可将该盘点表调出到库存盘点表界面中。在库存盘点表界面中修改有关信息，最后按"生效"便可将此单数据生效。

3. 库存盘点表删除和作废

如果已经生效的单据将不能做删除和作废操作，只能删除未生效的盘点表，如需删除和作废某个库存盘点表时，可通过浏览出该库存盘点表，然后按删除即可将该库存盘点表删除，要注意的是如果操作员没有权限的话，那么就不能删除和作废。

盘点的一般做法：

理货员在停止营业后，开始盘点商品，即是清点商品的实际数量。清点完后，将所有盘点表交给后台管理员。

后台管理员在结束一天营业后，必须保证所有机器的销售数据都回传到服务器。在服务器查询当天该台机器的销售，如与实际收款一样，说明数据已回传过。

在确保所有机器的销售数据都回收了的情况下，进入盘点录入窗口，通过按[F8]键，进入商品选择窗口，点选所有本次需要进行盘点的商品，再按"确定"，将所有本次需要盘点的商品就都进入本次盘点单据中，先点保存，记下本次所生成的盘点单号。在接下来的几天中，后台操作员通过在浏览窗口中查找此单号，可以再次调出本次盘点单，做进一步的录入工作或者检查工作，直至将本次的所有商品全部录入在这张表中。

在此单中继续录入直到将本次盘点的所有商品录完，经检查，录入的商品数量都确认无误后，按[F6]键生效，这时，商品的库存数就改成此单据中的盘点数了。

在打开的表中如何快速录入：选中快速录入前面的小框，再点"定位"按钮，在定位输入框中录入条码或编号，按回车，如果本次盘点表中有该商品，软件自动将光标移动到这种商品的零散数一栏，直接录入这种商品的实际盘点数，按回车，软件又自动打开定位输入窗口，又输入条码或编号，按回车，又录入数量，如此反复，直到将所有商品的实际盘点数完全录入。强烈建议每录入一会儿就先保存一下。

如果是附加条码录入或是重复录入，系统会提示所重复的条码，这时可以按"定位"按钮，再在定位框中按[Ctrl]+[V]键，再按回车，就能快速找到该商品，再修改相应的数量就行了。

(三)智能补货

先选择补货方式：手工补货、缺货补货、畅销补货。

再选择条件(类别、供应商、条码、商品名称、畅销排名、公式、开始日期、结束日期、采购周期)，再按查询－确定补货数量－选择下订单的供应商－点击生成订单。

缺货补货：按条件列出的建议数量和实际数量＝库存上限－库存数

列出的是库存上限＞0 且库存数＜上限

实际数量可以修改

畅销补货：

当选：采购周期×日均销量－现有库存＋上限

按条件列出的建议数和实际数量＝采购周期×日均销量－现有库存＋上限

当选：采购周期×日均销量－现有库存＋下限

(1)实际数量＝采购周期×日均销量－现有库存＋下限

(2)建议数量＝采购周期×日均销量－现有库存－上限

手工补货：按条件列出商品手工修改的实际数量。

(四)库存报表

(1)商品库存查询表：可以查询出商品的库存数量、库存单价(成本价)、库存金额、期初数量、供应商、进价、零售价、会员价、批发价、促销价、最低进价、最高进价、最新进价、最低售价、最高售价、最新售价。

(2)零库存报表：可以查询出零库存商品。

(3)负库存报表：可以查询出负库存的商品，还可设定条件，如商品类别、商品编号、商品名称。

(4)负库存报表：可以查询出负库存的商品。

(5)库存积压报表：可以根据商品档案中设定的上限与现在的库存数进行比较来查询出库存积压的商品。

(6)报损明细表：可以查询出系统报损的商品的明细。通过表格设置可以显示出想要显示的字段，不需要的可以关闭。

(五)盘点报表

(1)库存盘盈报表：可以查询出商品的电脑数量、实盘数量、盘盈数量、盘盈金额、零售价等。

(2)库存盘亏报表：可以查询出商品的电脑数量、实盘数量、盘亏数量、盘亏金额、零售价等。

(3)未盘商品报表：可以查询出没有盘点的商品。

(4)库存盘点表：库存盘点表是库存管理中的一个重要单据，主要是起到平衡电脑库存与实际库存的作用，自动产生盘亏盘盈报表。生效后库存便以实际盘点数量为准，库存盘点提供新建、删除、浏览、打印等操作。

五、会员管理

会员管理可以实现普通会员档案浏览、储值会员档案浏览、储值卡消费明细和会员积分消费查询及消分兑换礼品等功能。通过会员档案查询可以查看储值卡消费明细普通会员和储值会员的详细信息，通过储值卡消费明细可以统计出储值卡客户消费的具体详情，可以查看储值卡客户消费的每一张单的实付金额、找回金额、储值卡上存金额、本次使用储值卡金额和储值卡结余金额等信息，并可以对此报表进行打印，导出 Excel 等操作。

●●●●● **课后实训**

实训目标：培养学生使用 POS 系统进行销售管理的能力。

环境要求：POS 门店销售系统。

情境描述：万达超市是一家小型超市，成立于年 2000 年，当初只是销售员负责销售管理，手工收银，随着规模的扩大，店员显得紧张，还经常出现多收钱的现象，管理有些混乱。后来一次偶然机会听人介绍了 POS 系统的便利，于是该超市购买了一台 POS 机，利用 POS 前台收银方便了许多。

操作步骤：

1. 组织学生分别扮演不同的消费者和收银员。

2. 启动 POS 系统，登录前台收银系统。

3. 扫描商品，进行收款。分别练习现金收款、银行卡收款、删除商品和折扣销售等几种不同的情况。

4. 学生总结，相互评价。

5. 学生提交完成实训的总结性报告。

●●●●● **课后练习题**

一、选择题

1. 下列哪项不可以作为 POS 系统运行的网络环境（　　）。

A. Windows 98　　B. Windows NT　　C. Windows 2000　　D. Windows 96

2. POS 系统主要由（　　）等部分组成。

A. 后台进销存系统　　B. 收银机监控系统　　C. 前台管理系统　　D. 前台销售系统

二、简答题

1. POS 系统在应用上有几大特点？

2. 简述 POS 系统的构成。

3．前台 POS 销售系统包括哪些管理内容？

4．后台 POS 管理系统包括哪些管理内容？

5．POS 系统的实训内容包括哪些？

【能力考核表】

考核表 8-1　专业能力实训成绩考核表

专业能力	评估标准	分项成绩
1．POS 系统基本知识的掌握	(1)能够进行 POS 系统的安装 (2)能够了解 POS 系统的主要构成	
2．前台 POS 系统营业练习	(1)能够运用 POS 系统录入基本资料 (2)能够进入系统应用 (3)能够对不同的情况进行销售管理	
3．后台 POS 管理系统操作练习	(1)采购管理 (2)零售管理 (3)批发管理 (4)库存管理 (5)会员管理	
总成绩Σ100		
教师评语	签名： 年　月　日	
学生意见	签名： 年　月　日	

项目九
金蝶 K/3ERP 供应链管理实训

●●●● **学习目标**

☆知识目标

● 了解供应链管理的流程

● 掌握 ERP 的基本技术

● 能够对账套进行管理,包括建立账套、备份账套和恢复账套

● 能够利用金蝶 K/3 主控台的系统设置进行基本资料的设施

● 掌握采购管理、仓存管理、销售管理、存货核算、应付款管理、应收款管理和总账管理。

☆能力目标

工作任务	能力目标
ERP 的基本认识	掌握 ERP 的基本概念和金蝶 K/3 供应链管理的整个流程
系统管理	能够进行账套的管理,用户权限的设置
金蝶 K/3 主控台系统设置	能够对会计科目、原材料、仓库、供应商等基本资料进行设置
采购管理	包括采购申请单、采购订单、外购入库单、采购发票、钩稽
仓存管理	库存查询、流水账查询
销售管理	销售订单、销售出库单、销售发票、钩稽

续表

工作任务	能力目标
存货核算	外购入库核算，材料出库核算，生成凭证
应付款管理	付款、应付款核销
应收款管理	收款单、应收款核销
总账	凭证、过账、结账及总账查询

● ● ● ● ● **本项目的知识体系**

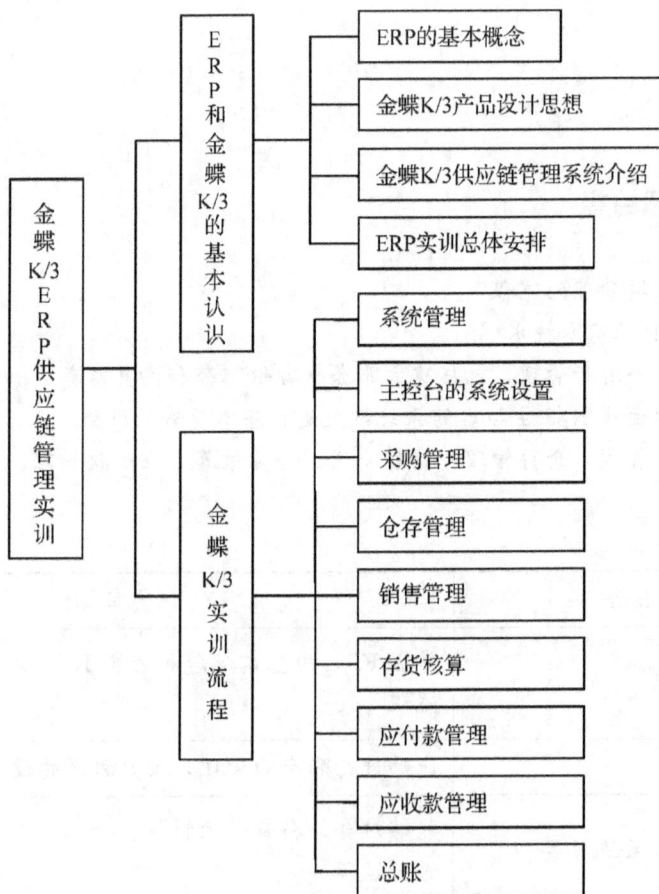

金蝶K/3 ERP供应链管理实训
- ERP和金蝶K/3的基本认识
  - ERP的基本概念
  - 金蝶K/3产品设计思想
  - 金蝶K/3供应链管理系统介绍
  - ERP实训总体安排
- 金蝶K/3实训流程
  - 系统管理
  - 主控台的系统设置
  - 采购管理
  - 仓存管理
  - 销售管理
  - 存货核算
  - 应付款管理
  - 应收款管理
  - 总账

任务一　ERP 和金蝶 K/3 的基本认识

一、ERP 的基本概念

ERP，即企业资源计划(Enterprise Resource Planning)，是由美国 Garter 咨询公司提出的，是当今国际上先进的企业管理模式。其主要宗旨是对企业所拥有的人、财、物、信息、时间和空间等综合资源进行综合平衡和优化管理，面向全球市场，协调企业各管理部门，围绕市场导向开展业务活动，使得企业在激烈的市场竞争中全方位地发挥足够的能力，从而取得最好的经济效益。

ERP 是针对物资资源管理(物流)、人力资源管理(人流)、财务资源管理(财流)、信息资源管理(信息流)集成一体化的企业管理软件。

二、金蝶 K/3 产品设计思想

金蝶 K/3 以企业基础管理为核心设计思想，对覆盖产品(服务)价值链的业务的流程进行全面的计划、组织、协调，及对业务的有效处理和有效控制的管理。针对战略企业管理的特点，强调对企业基础数据、基本业务流程、内部控制、知识管理、员工行为规范等的管理，通过工具与方法的有机整合并提供贯穿战略企业管理全过程所需的决策信息，实时监控战略执行过程中的问题，帮助企业创造持续增长的核心竞争力。

三、金蝶 K/3 供应链管理系统介绍

(一)采购管理系统

采购管理系统是通过采购申请、采购订货、进料检验、仓库收料、采购退货、购货发票处理、供应商管理、价格及供货信息管理、订单管理、质量检验管理等功能综合运用的管理系统，对采购物流和资金流的全过程进行有效的双向控制和跟踪，实现完善的企业物资供应信息管理。该系统可以独立执行采购操作；与供应链其他子系统、应付款管理系统等其他系统结合运用，将能提供更完整、全面的企业物流业务流程管理和财务管理信息。

(二)仓存管理系统

仓存管理系统是通过入库业务(包括外购入库、产品入库、委外加工入库、其他入库)、出库业务(包括销售出库、生产领料、委外加工出库、其他出库、受托加工领料)、仓存调拨、库存调整(包括盘盈入库、盘亏毁损)、虚仓单据(包括虚仓入库、虚仓出库、虚仓调拨、受托加工产品入库)等功能，结合批次管理、物料对应、库存盘点、质检管理、即时库存管理等功能综合运用的管理系统，对仓存业务的物流和成本管理全过程进行有效控制和跟踪，实现完善的企业仓储信息管理。该系统可以独立执行库存操作；与采购管理系统、销售管理系统、存货核算系统、成本管理系统的单据和凭证等结合使用，将能提供更完整、更全面的企业物流业务流程管理和财务管理信息。

(三)销售管理系统

销售管理系统是通过销售报价、销售订货、仓库发货、销售退货、销售发票处理、客户管理、价格及折扣管理、订单管理、信用管理等功能综合运用的管理系统，对销售全过

程进行有效控制和跟踪，实现完善的企业销售信息管理。该系统可以独立执行销售操作；与采购管理系统、仓存管理系统、应收款管理系统、存货核算管理系统等其他系统结合运用，将能提供更完整、更全面的企业物流业务流程管理和财务管理信息。

(四)存货核算管理系统

存货核算管理系统用于企业存货出入库核算，存货出入库凭证处理，核算报表查询，期初期末处理及相关资料维护。

(五)应付款管理系统

通过发票、其他应付单、付款单等单据的录入，对企业的往来账款进行综合管理，及时、准确地提供供应商的往来账款余额资料，提供各种分析报表，如账龄分析表、付款分析、合同付款情况等，通过各种分析报表，帮助企业合理地进行资金的调配，提高资金的利用效率。同时系统还提供了各种预警、控制功能，如到期债务列表的列示以及合同到期款项列表，帮助企业及时支付到期账款，以保证良好的信誉。该系统既可独立运行，又可与采购系统、总账系统、现金管理等其他系统结合运用，提供完整的业务处理和财务管理信息。

(六)应收款管理系统

通过销售发票、其他应收单、收款单等单据的录入，对企业的往来账款进行综合管理，及时、准确地提供给客户往来账款余额资料，提供各种分析报表，如账龄分析表、周转分析、欠款分析、坏账分析、回款分析、合同收款情况分析等，通过各种分析报表，帮助企业合理地进行资金的调配，提高资金的利用效率。同时系统还提供了各种预警、控制功能，如到期债权列表的列示以及合同到期款项列表，帮助企业及时对到期账款进行催收，以防止发生坏账，信用额度的控制有助于企业随时了解客户的信用情况。此外还提供应收票据的跟踪管理，企业可以随时对应收票据的背书、贴现、转出、退票、收款等操作进行监控。

四、ERP 实训总体安排

(1) 本实训是基于电脑已经安装了 Windows 2000/XP 操作系统＋SQL Server 2000 数据库＋金蝶 ERP-K/3 财务核算、供应链管理等系统。

(2) 练习题将金蝶 ERP-K/3 供应链管理、财务核算系统整个应用分为多任务操作，具体如下：

① 系统管理：包括 SQL Server 2000 数据库的基本知识；金蝶 ERP-K/3 软件的安装、账套管理(建立、备份、恢复)等知识。

② 金蝶 K/3 主控台的系统设置：基础资料、初始化、系统设置等。

③ 采购管理：采购申请单、采购订单、外购入库单、采购发票、钩稽等。

④ 仓存管理：库存查询、流水账查询等。

⑤ 销售管理：销售订单、销售出库单、销售发票、钩稽等。

⑥ 存货核算：外购入库核算，材料出库核算，生成凭证等。

⑦ 应付款管理：付款、应付款核销等。

⑧ 应收款管理：收款单、应收款核销等。

⑨ 总账：凭证、过账、结账等。

⑩ 报表：资产负债表、利润表等。

任务二　系统管理

一、系统管理的作用

系统管理一般包括软件的运行环境（Windows 操作系统）、软件的后台数据库支持（SQL Server 2000）、软件的账套管理。对应一个企业，就是企业信息部或系统管理员的全部工作。

二、账套

（一）账套的作用

账套在系统中是非常重要的，它是存放各种数据的载体。各种财务数据、业务数据都存放在账套中。账套本身其实就是一个数据库文件。在实际企业中，一个核算单位会独立的做一套业务与财务的账目，在金蝶 K/3 软件中，一个单位的数据就是所要建立的一个账套。如果企业是第一次使用金蝶 K/3 系统，那么首先要在"账套管理"中新建账套。

（二）账套的学习目标

学生需要掌握账套的建立、启用、操作用户建立和操作功能授权、账套的备份与恢复等。

（三）账套管理的流程（如图 9-1 所示）

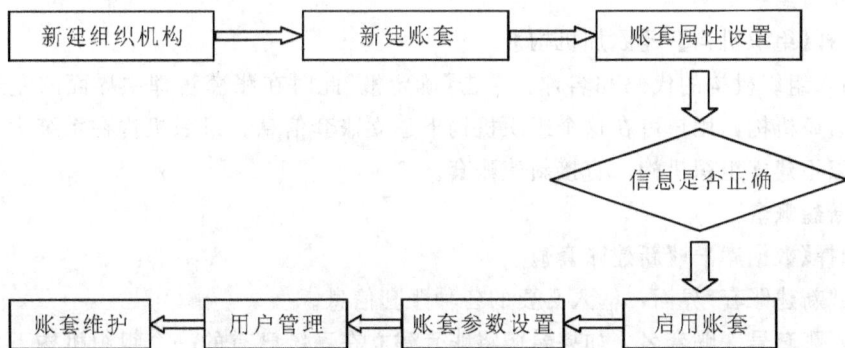

图 9-1　账套管理流程图

三、账套管理的操作

（一）进入账套

点击【开始】→【程序】→【金蝶 K/3】→【金蝶 K/3 服务器配置工具】→【账套管理】或桌面"金蝶 K/3 账套管理"，在"账套管理登录"界面中输入用户名（系统默认用户名为 Admin）和密码（初始密码默认为空），就可以登录到系统。进入到账套管理系统之后，我们看到的界面，如图 9-2 所示。

账套管理的登录密码是可以修改的，修改的方法是：

（1）进入系统后，选择【系统】→【修改密码】。

(2)在弹出的"更改密码"界面中，输入旧密码（此时系统默认为空）、新密码和确认密码。

(3)然后单击【确定】。登录密码就修改成功了。

(4)下次登录账套管理时，就必须以用户 Admin 和修改后的密码进行登录。

特别提示：在进入系统之后，建议用户立即修改账套管理的密码，以确保系统的安全性。

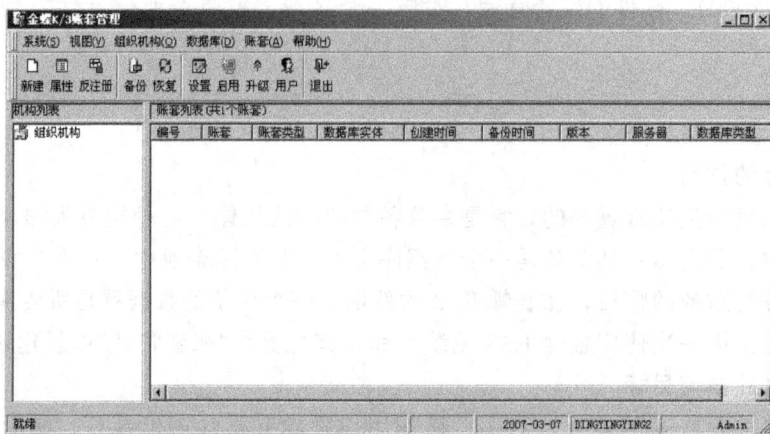

图 9-2　金蝶 K/3 账套管理界面

(二)新建组织机构

(1)选择【组织机构】→【添加机构】。

(2)输入组织机构的代码和名称，单击【确定】。此时在账套管理主界面的左边显示出了新建的组织机构，用户可在这个组织机构下建立账套信息。组织机构在系统中不是必需的，也可以不建立组织机构，直接新建账套。

(三)新建账套

(1)选择【数据库】→【新建账套】。

(2)在"新建账套"界面，输入必要的各种账套信息。

①输入账套号、账套名。如果希望将账套建立在系统已有的一个组织机构下，则输入账套号时，必须输入成"组织机构代码"＋"."＋"×××"的样式。如存在组织机构 01，新建账套的账套号则应为 01.×××。

②选择账套类型。用户在新建账套时选择【账套类型】="标准供应链解决方案"，则建立标准供应链账套。当账套类型为标准供应链方案时，在主界面上默认显示所有模块和功能；用户也可以在主界面编辑器中指定特定的模块是否显示。

③输入数据服务器的名称、选择登录数据服务器的登录方式，如果采用 SQL Server 身份认证方式，则必须输入登录该数据服务器的用户名和密码。

④选择数据库的文件路径。

(3)所有信息都输入正确之后，单击【确定】，系统就会开始自动进行账套的创建过程了。

例如：点击"新建"按钮，输入下列新建账套信息：

账套号：666。

账套名称：练习账套。

数据库文件路径：(先在"我的电脑"D 盘建立 data 文件夹)，选择 D：\ DATA \ 。

数据库日志文件路径：D：\ DATA \ 。

系统账号：选择"SQL Server 身份验证"(sa 口令为空)。

点击"确定"。

(四)账套属性设置

双击"666 账套"，进行属性设置。

(1)机构名称：IBM 公司。

(2)"会计期间"页签，点击"更改"。

启用会计年度：2008；启用会计期间：11。

(3)点击"保存修改"——→"确认"——→确认启用当前账套。

(五)用户管理

点击【用户】，进行用户新建和授权。

(六)备份账套

(1)在"我的电脑"D 盘建立 backup 文件夹。

(2)点击【数据库】菜单下的【备份账套】。

(3)备份路径：D：\ backup \ ；文件名称：新建账套备份。

(4)将 D：\ backup 文件夹复制到自己的 U 盘中。

(七)删除账套

(1)点中"666 账套"。

(2)点击【数据库】菜单下的【删除账套】。

(八)恢复账套

(1)点击【数据库】菜单下的【恢复账套】。

(2)选择数据库服务器，选择"SQL Server 身份验证"，点击【确定】。

(3)服务器端备份文件：选择"D：\ backup \ 新建账套备份 . dbb"。

账套号：666。

账套名：练习账套。

数据库文件路径：D：\ DATA \ 。

点击【确定】。

(九)注意事项

账套的备份是为了防止数据的丢失，在另外的介质上保存一套数据库的压缩备份。该备份不能直接打开使用，必须通过"恢复账套"功能恢复后，在"K/3 主控台"查看和使用。

任务三　金蝶 K/3 主控台的系统设置

一、金蝶 K/3 主控台的总体认识

(一)金蝶 K/3 主控台的作用

K/3 主控台是 K/3 所有功能的应用界面，K/3 的所有功能，都统一显示在这个界面上。主控台提供"主界面"和"流程图"两种显示风格，尤其在流程图的显示界面，可以看到ERP 软件所体现的企业整体和局部的业务流程，并从每个节点双击鼠标可以进入各个分支业务界面。

(二)金蝶 K/3 主控台的学习目标

通过主控台，了解一个 ERP 软件系统如何体现一个企业的各个业务子系统，及子系统之间的数据流转关系，进而了解一个企业的业务流程。

二、金蝶 K/3 主控台的操作

(1)双击桌面【金蝶 K3 主控台】或【开始】→【程序】→【金蝶 K/3】→【金蝶 K3 主控】。

(2)当前账套：666 练习账套。

命名用户身份登录：用户名 Administrator，密码(空) 。

(3)点击【确定】。

(4)主控台主界面：通过【系统】菜单下的"K/3 主界面"和"K/3 流程图"可切换。

(5) 主控台包括的主要系统及操作顺序，如图 9-3 所示。

```
系统设置  ▶  供应链  ▶  财务会计  ▶
```

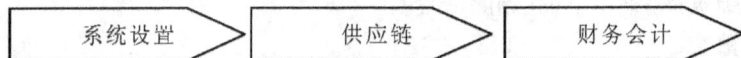

图 9-3　主控台操作顺序

(6) 在"K/3 主界面"的状态下，点击【系统】菜单下的【设置】→【主控台编辑】，可设计主控台的显示。

在供应链管理中建议取消其他不用的系统，只保留"财务会计"、"供应链"、"系统设置"；

供应链中，只保留"采购管理"、"销售管理"、"仓存管理"、"存货核算"；

财务会计中，只保留"总账"、"报表"、"应收款管理"、"应付款管理"。

(7)进行系统设置。

①【系统设置】→【基础资料】→【公共资料】。

基础资料是 K/3 系统进行管理所必需的各项基础数据的总称，在系统中具体包括物料、仓库、部门、职员、供应商、客户、科目、账号、币别、凭证字、计量单位、结算方式、仓位、各种核算项目和辅助资料等。在 K/3 系统中，基础资料存在于每一个子系统，用户可以在每一个子系统方便地进行基础资料的维护。

• 科目

点击【文件】菜单下的【从模板中引入科目】，选择"新会计准则科目"，点击【全选】，点

击【确定】，双击"2202 应付账款"科目，科目受控系统：应收应付。

• 凭证字

(新增)记

• 计量单位

计量单位组：数量

计量单位：代码：01；名称：个

【注】点击左侧窗口，点击【新增】按钮，新增的是"计量单位组"；

选中左侧窗口的计量单位组，点击右侧窗口，点击【新增】按钮，新增的是"计量单位"。

• 核算项目管理

【注】点击左侧窗口"核算项目"前的"＋"，选中一个项目，必须点击一下右侧窗口，再点击【新增】按钮，才是增加的该项目档案。

a. 客户(新增)——代码：01；名称：客户 1

b. 部门(新增)——代码：01；名称：采购部

(02 仓储部；03 生产部；04 销售部；05 财务部)

c. 职员(新增)——代码：01；名称：张采购

(02 张库管；03 张生产；04 张销售；05 张财务)

d. 物料(新增)——代码：01；名称：电脑；物料属性：外购

(02 显示器；03 主机)

【注】如下是必须选择项

物料属性、计量单位组、计量单位、计价方法(先进先出法)、存货科目代码(1405)、销售收入科目代码(6001)、销售成本科目代码(6401)

快捷操作提示：在增加完"01 电脑"保存后，退出新增窗口，双击 01 电脑，点击"复制"，修改"代码""名称""物料属性"分别为 02、显示器、外购，点击"保存"，点击"退出"，同样方法也可以增加 03 主机等其他物料。

e. 仓库(新增)——代码：01；名称：材料库

(02；名称：成品库)

f. 供应商(新增)——代码：01；名称：供应商 1

(02；名称：供应商 2)

②【系统设置】→【初始化】→【采购管理】。

单击：系统参数设置(启用年度 2008；启用期间 11)。

单击：启用业务系统。

③【系统设置】→【初始化】→【总账】。

单击：结束初始化。

④【系统设置】→【系统设置】→【应付款管理】。

单击：系统参数。

科目设置：设置单据类型科目(均为 2202)，点击【确定】。

⑤【财务会计】→【应付款管理】→【初始化】。

单击：结束初始化。

【注】

"系统设置"是软件运行之前必须规划的操作，因为 K3 软件是一个通用的企业管理软件，适合于多个行业应用，但每个行业的业务又有所不同，所以对于 K3 软件如何适合一个企业的具体应用，就需要在系统设置中进行必要的设置。

系统初始化：系统安装后，系统的参数、基础资料等都没有，系统还不能处理具体的业务。用户必须根据实际的业务管理需要，设置系统控制参数、科目、核算项目等后，才能处理正常业务。进行系统初始化，使系统进入可处理正常业务的状态。"初始化"是基于一个企业使用 ERP 软件时，多是成立之后先用手工记录数据和账目，所以使用软件后，需要把原手工数据作为软件的期初数据继承下来，就需要进行初始化里要求的操作。

任务四　采购管理

一、采购管理简介

(一)采购管理的作用

采购管理主要为企业的采购部使用，能够记录企业的所有采购环节的业务数据，并提供相关查询报表。系统中同时也提供了必要的供应商管理、价格管理、采购合同、采购到货与采购发票的数据登记及流程控制。

(二)采购管理的学习目标

通过采购管理的学习，了解企业采购部门人员的日常工作，学习企业采购环节的业务内容。

二、采购管理系统与其他系统的接口

(一)与主生产计划系统/物料需求计划系统的接口

采购订单是 MPS 和 MRP 的计算预计入库量的一种重要的单据之一，并且主生产计划系统和物料需求计划系统的计划订单可以投放生成采购申请。

(二)与销售系统的接口

采购系统的采购订单可以根据销售订单生成，从而处理以销定购的业务；采购发票可以根据销售发票生成，从而处理直运销售(采购)的业务。

(三)与仓存系统的接口

采购系统的外购入库单是仓存系统中的一种重要的库存交易单据，它会更新相应物料的即时库存。

(四)与应付系统的接口

采购系统中的采购发票可以直接传递到应付系统作为确认应付的依据，费用发票在保存时会传递到应付系统形成其他应付单。

(五)与存货核算系统的接口

采购系统中的外购入库单是进行入库核算的原始依据之一，入库核算之后的入库成本将反填到外购入库单的单价中，核算完成的外购入库单将根据凭证模板生成相应的凭证；采购系统的采购发票也将作为确认应付的原始依据之一，可以按照凭证模板生成相应的应付凭证。

三、采购业务流程

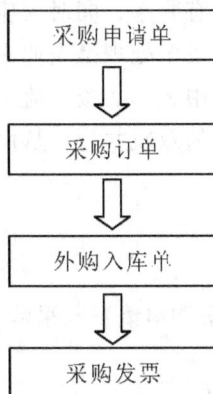

图 9-4 采购业务流程

(一)采购申请单

采购申请单是各业务部门或计划部门根据主生产计划、物料需求计划、库存管理需要、销售订货或零星需求等实际情况,向采购部门提请购货申请、并可批准采购的业务单据。

(二)采购订单

采购订单是购销双方共同签署的、以确认采购活动的标志,在 K/3 系统中处于采购管理的核心地位。通过采购订单,采购业务的处理过程可以一目了然,无论是采购订单自身的确认,还是其业务顺序流动、被下游单据精确执行,都能反映在采购订单上。采购订单也是联系应付款系统和采购系统的纽带。企业的经营运作是通过物资在各个业务部门的流动,伴随资金在货币、生产、储备等形态的循环周转的双重作用下实现的。采购订单可以连接应付款系统的采购合同,又可以将合同信息传递到采购发票,将物流和资金流结合起来,担负资金流和业务流的双重任务。

(三)外购入库单

外购入库单又称收货单、验收入库单等,是确认货物入库的书面证明。外购入库单在 K/3 供应链系统中具有非常重要的意义:首先,它是体现库存业务的重要单据,供应链系统的最大特色是以独立于企业物流的有形的单据流转代替业务中无形的存货流转轨迹,从而将整个物流业务流程统一为一个有机整体。外购入库单不仅表现了货物转移、同时也是所有权实际转移的重要标志。其次,外购入库单是货币资金转为储备资金的标志。外购入库单一方面表现了实物的流入,形成储备资金,另一方面预示着货币资金的流出或债务的产生,因此,相关的采购发票处理与其关系非常密切。再次,外购入库单也是财务人员据以记账、核算成本的重要原始凭证。在 K/3 供应链系统中,外购入库单确认后,需要继续处理采购发票与外购入库单的核销或外购入库单的暂估、自动生成记账凭证、原材料成本的核算,从而为正确进行成本核算和结账打下基础。

(四)采购发票

采购发票是供应商开给购货单位,据以付款、记账、纳税的依据。采购发票具有业务和财务双重性质，是 K/3 供应链系统的核心单据之一。采购发票是联系财务、业务系统的重要桥梁。采购发票在采购系统中联系的单据最多，采购发票与采购订单、收（退）料通知单、外购入库单等全部业务单据都有联系；同时与应付款系统实现发票共享，并与采购合同、付款单、预付单据联系紧密。发票处理是企业采购业务中重要的一个环节，发票以有形的单据流代替企业生产经营活动中无形的资金流动轨迹，并与反映物流的外购入库单一起相互钩稽，实现资金流和业务流的双轨并行，从而将整个物流业务流程统一为一个有机整体。

四、采购管理系统应用操作

(一)【供应链】→【采购管理】→【采购申请】→【采购申请单—新增】

使用部门：F7 选择"销售部"。

物料代码：F7 选择"主机"，数量：2。

申请人：F7 选择"张销售"。

点击"保存"，点击"审核"。

(二)【供应链】→【采购管理】→【采购订单】→【采购订单—新增】

源单类型：采购申请单。

选单号：按键盘 F7 键，双击第一行。

供应商：按键盘 F7 键，双击供应商1。

部门：按键盘 F7 键，双击采购部。

业务员：按键盘 F7 键，双击张采购。

点击"保存"，再点击"审核"。

(三)【供应链】→【采购管理】→【外购入库】→【外购入库单—新增】

源单类型：采购订单。

选单号：同上操作。

收料仓库：按键盘 F7 键，双击材料库。

验收：张库管。

保管：张库管。

点击"保存"，再点击"审核"。

(四)【供应链】→【采购管理】→【采购发票】→【采购发票—新增】

源单类型：外购入库单。

选单号：同上操作。

往来科目：应付账款。

主机单价：3 000。

点击"保存"，再点击"审核"。

【注】单据及录入方法。

K/3 供应链系统的业务单据都包括单据头和单据体两部分，单据头部分用来描述针对该业务处理过程共性的业务信息，如单据处理人、单据日期等；单据体部分用来描述不同物料的基本信息和单据信息，如每条物料的数量、每条物料的价格等。

任务五 仓存管理

一、仓存管理简介

(一)仓存管理的作用

仓存管理主要是为企业仓库管理人员使用,可以实时的查询物料现存量,并进行定期的盘点。

(二)仓存管理的学习目标

通过仓存管理任务使学生学习生产管理系统所需的材料领料和产成品入库。

二、仓存管理系统与其他系统的接口

(一)与生产任务、委外加工、车间作业、重复生产计划系统的接口

依据生产任务管理系统和重复生产计划系统的产品任务和投料单进行生产领料和产品入库;依据委外加工管理的委外生产任务单和投料单进行委外加工生产领料和委外加工入库;依据车间作业管理系统的工序计划单进行工序领料。

(二)与采购系统的接口

可以根据采购系统的采购订单、采购发票或收料通知单进行外购入库,根据采购系统的采购订单或退料通知单等单据进行外购退库。

(三)与销售系统的接口

可以根据销售系统的销售订单、销售发票或发货通知单进行销售出库,根据销售系统的销售订单或退货通知单等单据进行销售退库。

(四)与服务管理系统的接口

可以根据仓存系统的销售出库单进行安排服务,生成服务请求单。

(五)与存货核算系统的接口

仓存系统中的各种普通仓、受托代销仓、其他仓的出入库单是进行存货核算的重要原始依据,存货核算之后的成本将反填到实仓的出入库单的成本中。

(六)与质量管理系统的接口

根据质量管理的采购检验的物料合格数量和采购让步接受数量进行采购入库;根据采购之外的各种检验的物料合格数量进行相应的出入库。

(七)与成本管理系统的接口

仓存系统中的各种普通仓、受托代销仓、其他仓的出入库单是进行成本管理的材料核算的重要原始依据。

三、仓存管理系统应用操作

(一)【供应链】→【仓存管理】→【验收入库】→【外购入库单—维护】

"条件过滤"窗口,"时间"选择全部,点击"确定",可以看到所有入库单据。

(二)【供应链】→【仓存管理】→【库存查询】→【即时库存查询】

可以看到"材料库"中"主机"目前的库存数量。

(三)【供应链】→【仓存管理】→【报表分析】→【出入库流水账】

可以看到"主机"的"收入"、"发出"记录。

【注】

库存查询：为了更及时、更全面、更真实地反映企业现有库存情况，在本系统中专门提供了即时库存查询功能和库存状态查询。在即时库存查询中，使用者可对某个所关心的物料进行查询现有库存情况，也可查看全部物料全部仓库的现有库存情况，也可查看某个仓库中存在有多少种物料，每种物料的数量。即时库存数量，系统按【核算参数】中设置的"库存更新控制"来随时更新当前库存数量，库存更新控制分为保存后更新库存和审核后更新库存。

(四)出入库流水账

出入库流水账，是查询任意时段各仓库，各存货的出入库情况，可按任意组合条件查询。

任务六　销售管理

一、销售管理简介

(一)销售管理的作用

销售管理主要为企业销售部人员所用，能够记录企业的所有销售环节的业务数据，并提供相关查询报表。系统中同时也提供了必要的客户信用管理、报价管理、销售合同、销售发货与销售发票的数据登记及流程控制、销售毛利的查询。

(二)销售管理的学习目标

通过销售管理的学习，了解企业销售部门人员的日常工作，学习企业销售环节的业务内容。

二、销售管理系统与其他系统的接口

(一)与主生产计划系统/物料需求计划系统的接口

销售订单是计划系统的主要需求来源之一。销售订单可以作为 MPS 和 MRP 的计算的输入。

(二)与生产任务管理/委外加工管理系统的接口

生产任务单和委外加工生产任务单可以根据销售订单生成，可以处理以销定产的业务。

(三)与采购系统的接口

采购系统可以根据销售订单生成采购订单从而处理以销定购的业务。

(四)与仓存系统的接口

销售系统的销售出库单也是仓存系统中的一种重要库存交易单据，它会更新相应仓库的即时库存。

(五)与应收系统的接口

销售系统中的销售发票可以直接传递到应收系统作为确认应收的依据，应收类型的销售费用发票在保存时传递到应收系统转换为其他应收单；应付类型的销售费用发票在保存时传递到应付系统转换为其他应付单；现销的销售费用发票不传递到应收系统。

(六)与存货核算系统的接口

销售系统中的销售出库单是进行产成品出库核算的原始依据之一，出库核算之后的出库成本将反填到销售出库单的成本字段中，核算完成的销售出库单将根据凭证模板生成相应的凭证；销售系统的销售发票也将作为确认收入的原始依据之一，可以按照凭证模板生成相应的销售收入凭证。

三、关键业务流程

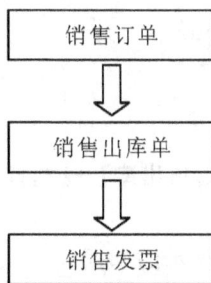

图 9-5 销售管理流程图

(一)销售订单

销售订单不仅是物资在销售业务中流动的起点，详细记录企业物资的循环流动轨迹、累积企业管理决策所需要的经营运作信息的关键，更是供需链整体的业务处理源。由于供应链系统可以实现以销定产、以销售定计划、以销定购等多种业务处理，因而在所有业务单据中，销售订单的传递途径最多、涵盖的业务范围最广，不仅针对销售系统，对采购系统、仓存系统、计划系统、生产系统、分销管理系统都是重要的起源单据和最终目标。

(二)销售出库单

销售出库单又称发货库单，是确认产品出库的书面证明，是处理包括日常销售、委托代销、分期收款等各种形式的销售出库业务的单据。同采购管理系统的外购入库单一样，销售出库单在 K/3 供应链系统中具有非常重要的意义：首先，它是体现库存业务的重要单据，不仅表现了货物转移，同时也是所有权实际转移的重要标志。其次，销售出库单是储备资金转为货币资金的标志。销售出库单一方面表现了实物的流出，另一方面则表现为货币资金的流入或债权的产生，销售出库单和销售发票的钩稽联系控制了这一处理过程。再次，销售出库单也是财务人员据以记账、核算成本的重要原始凭证。在 K/3 供应链系统中，销售出库单确认后，需要继续处理销售发票与销售出库单的核销或销售出库单的拆单、自动生成记账凭证、出库成本的计算，从而为正确进行成本核算和结账打下基础。

(三)销售发票

销售发票是购货单位开给供货单位，据以付款、记账、纳税的依据。销售发票在销售系统中联系的单据最多，销售发票与销售订单、发(退)货通知单、销售出库单等全部业务单据都有联系；同时与应收款系统实现发票共享，并与销售合同、收款单、预收单据联系紧密。这种联系既包括单据与单据关联的直接联系，还包括通过直接关联的单据与第三方单据的间接关联，在供应链系统中，两种三方关联的模式中发票都是基本的关联因素。发票是财务人员据以记账、核算成本的重要原始凭证，是财务管理的重要内容。发票所标志的营业收入是企业现金流入量的主要来源，是补偿经营活动中成本费用和形成利润的有效保障，这样，业务和财务信息之间紧密结合，平滑连接，形成了一个信息丰富的整体，从而提高了整个 K/3 系统的综合运作水平和效率。

四、销售管理系统应用操作

(一)【供应链】→【销售管理】→【销售订单】→【销售订单—新增】

购货单位：客户 1。

产品代码：主机，数量：42。

部门：销售部。

业务员：张销售。

点击"保存"，再点击"审核"。

(二)【供应链】→【销售管理】→【销售出库】→【销售出库单—新增】

源单类型：销售订单。

选单号：按键盘 F7 键，双击所显示的单据。

发货仓库：材料库。

实发数量：1。

保管：张库管。

发货：张销售。

点击"保存"，再点击"审核"。

(三)【系统设置】→【系统设置】→【应收款管理】→【系统参数】

"科目设置"页签：设置单据类型科目均为 1122(修改 1122 科目受控系统：应收应付)。

"坏账计提方法"页签：坏账损失科目代码：1231。

点击"确定"。

(四)【财务会计】→【应收款管理】→【初始化】

单击：结束初始化。

(五)【供应链】→【销售管理】→【销售发票】→【销售发票—新增】

源单类型：销售出库。

选单号：(按键盘 F7 键，双击所显示的单据)。

往来科目：应收账款。

单价：6 500。

点击"保存"，再点击"审核"。

任务七　存货核算

一、存货核算简介

(一)存货核算的作用

存货核算主要是为企业财务部人员对业务数据的核算所用，尤其是物料成本的计算，同时把供应链中的采购与销售业务单据直接向总账生成凭证，不仅保证了财务与业务对账的正确性，而且省去了大量的重复工作。

(二)存货核算的学习目标

学习业务成本计算，学习供应链业务向财务总账的凭证生成。

二、存货核算系统与其他系统的接口

(一)与采购系统管理的接口

接收采购系统产生的已审核的采购发票、外购入库单、委外加工入库单、委外加工出库单、费用发票等单据，进行外购入库核算、委外加工入库核算和凭证处理等工作。

(二)与仓存系统管理的接口

接收仓存系统所有的出入库单据，进行出入库金额核算和凭证处理。

(三)与销售管理的接口

接收销售系统产生的已审核的销售发票、销售出库单、销售费用发票等单据，进行销售出库核算和销售收入、销售成本凭证处理等工作。

(四)与成本系统管理的接口

核算系统将材料出库核算的结果传递给成本系统，成本系统将计算出的半成品、产成品入库成本传递到核算系统，进行半成品、产成品出库核算，另外对出入库单据的凭证信息可相互传递。

(五)与应收应付系统管理的接口

对各类发票生成凭证后核算系统自动将凭证字等相关信息传递到应收应付系统对应的往来单据上，实现财务处理的一致性。

(六)与总账系统管理的接口

核算系统生成的凭证传递到总账系统，并可实现物流与总账系统的对账功能。

三、存货核算业务流程

存货核算主要包括外购入库核算和销售出库核算，其流程如图 9-6 所示。

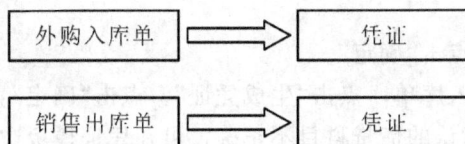

外购入库单　⟹　凭证

销售出库单　⟹　凭证

图 9-6　存货核算业务流程

(一)外购入库核算

外购入库核算主要用来核算外购入库实际成本,包括买价和采购费用两部分。买价由与外购入库单相钩稽的发票决定,采购费用通过采购费用发票完成,可按数量、金额或手工先分配到发票上每一条物料的金额栏,再通过核算功能,将买价与采购费用之和根据钩稽关系分配到对应的入库单上,作为外购入库的实际成本。

(一)销售出库核算

销售出库核算功能,主要用来核算存货的出库成本,分为材料出库核算和产品出库核算,可选择总仓、分仓或分仓库组核算,提供核算向导,提供计算报告和出错报告,反映出库核算过程。

四、存货核算系统应用操作

(一)【供应链】→【采购管理】→【采购发票】→【采购发票—维护】

"条件过滤"窗口,"时间"选择全部,直接点击"确定"。

双击本次采购的单据,点击"钩稽"按钮。

在新的钩稽窗口再点击"钩稽"按钮,点击"退出"。

(二)【供应链】→【销售管理】→【销售发票】→【销售发票—维护】

"条件过滤"窗口,"时间"选择全部,点击"确定"。

双击本次销售的单据,点击"钩稽"按钮。

在新的钩稽窗口再点击"钩稽"按钮,点击"退出"。

(三)如果上月没有结账,需做如下操作

【供应链】→【存货核算】→【期末处理】→【期末关账】

点击"关账"。

【供应链】→【存货核算】→【期末处理】→【期末结账】

点击"下一步",点击"确定",系统提示重新登录主控台,进入下一个会计月。

(四)【供应链】→【存货核算】→【入库核算】→【外购入库核算】

"条件过滤"窗口直接点击"确定"。

选中本次采购发票,再点击"核算"、"分配"按钮。

(五)【供应链】→【存货核算】→【出库核算】→【材料出库核算】

结转指定物料:物料代码:03;点击"下一步",点击"完成"。

(六)【供应链】→【存货核算】→【报表分析】→【销售毛利润汇总表】

过滤窗口,"销售方式"选择全部;点击"确定",即可看到本次销售的毛利和毛利率。

(七)【供应链】→【存货核算】→【凭证管理】→【生成凭证】

选中"外购入库单(单据直接生产)"。

点击"重设"按钮。

"条件过滤"窗口直接点击"确定"。

选择本次录入的外购入库单,点击"生成凭证",点击"确定",点击"凭证"按钮可看到所生产的凭证(如果系统默认的借贷科目不正确,可在凭证模板中设计,此内容略)。

其他单据生成凭证的操作略。

【注】

凭证处理业务：用户在实现初始化之后，系统已成功启用。财务人员需要以凭证的方式记录公司发生的实际经济业务。同时，按照实际的工作要求，对凭证进行审核、过账，发现错误进行修改。凭证包括有手工凭证、系统生成凭证、模式凭证、自动转账凭证、外部引入凭证、凭证冲销 6 种方式产生的凭证。凭证的所有处理业务包括凭证的生成、审核、过账、修改和删除。

钩稽：对于采购发票，钩稽是发票与入库单确认的标志，是核算入库成本的依据。已钩稽的发票才可以执行入库核算、根据凭证模板生成记账凭证等操作，无论是本期或以前期间的发票，钩稽后都作为当期发票来核算成本。

任务八　应付款管理

一、应付款管理系统简介

金蝶 K/3 ERP 应付款管理系统面向制造企业、商业流通企业和行政事业单位的往来业务管理人员而设计，系统提供应付合同管理、采购发票、付款申请、付款、退款、应付票据管理、应付款结算等全面的应付业务流程管理，以及凭证自动生成、到期债务预警、与总账和往来单位自动对账等综合业务管理功能，同时提供账龄分析、付款分析、趋势分析等管理报表，帮助企业及时支付到期账款，合理地进行资金的调配，提高资金的使用效率。该系统可以与总账系统、应收系统、报表系统、现金管理等财务系统组成完整的财务解决方案，也可与采购管理系统、销售管理系统、仓库管理系统、存货核算管理系统一起组成完整的供应链解决方案。应付款主要业务流程如图 9-7 所示。

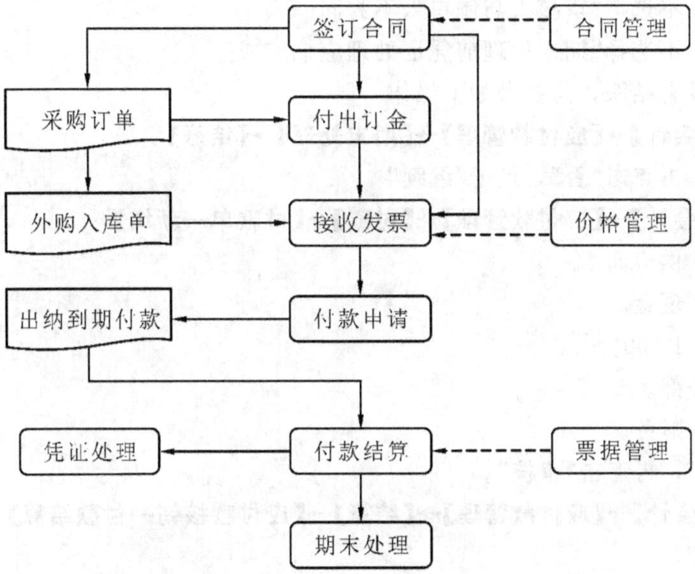

图 9-7　应付款管理系统业务流程图

二、应付款系统与其他系统的接口

(一)与采购管理系统的接口

采购系统录入的采购发票传入应付款管理系统进行应付账款的核算。采购系统录入的费用发票传入应付款管理系统作为其他应付单核算。

(二)与销售管理系统的接口

销售系统录入的销售发票与应付款管理系统进行应付冲应收的核算。销售系统录入的应付类型费用发票传入应付款管理系统作为其他应付单核算。

(三)与应收款管理系统的接口

应收款管理系统录入的销售发票与其他应收单与应付款管理系统进行应付冲应收的核算。应收款管理系统录入的预收单、收款单与应付款管理系统进行预付冲预收、付款冲收款的核算。

(四)与总账系统的接口

应付款管理系统生成的往来款凭证传递到总账系统。

(五)与现金管理系统的接口

现金管理系统与应付款管理系统的应付票据进行互相传递，应付款管理系统的"付款申请单"可以传递到现金系统、现金系统的付款单可以传递到应付款管理系统进行核算。现金系统传递过来的付款单支持在应付款管理系统进行选单操作。应付系统的单据可参与现金管理系统资金预测的取数。

三、应付款系统应用操作

(一)【系统设置】→【应付款管理】→【系统参数】

单据控制：不选择"审核人与制单人不为同一人"

期末处理：不选择"期末处理前凭证处理应该完成"

如果上月没有结账，需要做如下操作：

(二)【财务会计】→【应付款管理】→【期末处理】→【结账】

点击"否"，再点击"否"，点击"继续"

(三)【财务会计】→【应付款管理】→【付款】→【付款单—新增】

核算项目：供应商1。

结算方式：现金。

单据金额：1 000。

部门：财务部。

业务员：张财务。

点击"保存"，再点击"审核"。

(四)【财务会计】→【应付款管理】→【结算】→【应付款核销—付款结算】

点击"确定"

在上窗口选择本次操作的采购发票；在下窗口选择本次操作的付款单，点击"核销"。

(五)【财务会计】→【应付款管理】→【账表】→【应付款明细表】

即可看到"供应商1"的应付款、已付款和应付款余额。

【注】

应付款管理系统提供的结算管理主要是基于应付款的核销处理及凭证处理。进行核销处理后才能正确计算账龄分析表、到期债务列表、应付计息表。进行凭证处理后相应的往来数据才可以传入总账系统。

任务九　应收款管理

一、应收款管理简介

应收款管理系统主要用于核算和管理客户往来款项。金蝶 K/3 ERP 应收款管理系统面向制造企业、商业流通企业和行政事业单位的往来业务管理人员而设计，系统提供应收合同管理、销售发票、收款、退款、应收票据管理、应收款结算等全面的应收业务流程管理，以及凭证自动生成、坏账管理、信用管理、到期债权预警、与总账和往来单位自动对账等综合业务管理功能，同时提供账龄分析、回款分析、销售分析等管理报表，帮助企业一方面加强与往来单位的业务核对，缩短应收账款占用资金的时间，加快企业资金周转；另一方面合理有效地利用客户信用拓展市场、以最小限度的坏账损失代价换取最大程度的业务扩展。该系统可以与总账系统、应付系统、报表系统、现金管理等财务系统组成完整的财务解决方案，也可与销售管理系统、采购管理系统、仓库管理系统、存货核算管理系统一起组成完整的供应链解决方案。应收款管理系统的业务流程，如图 9-8 所示。

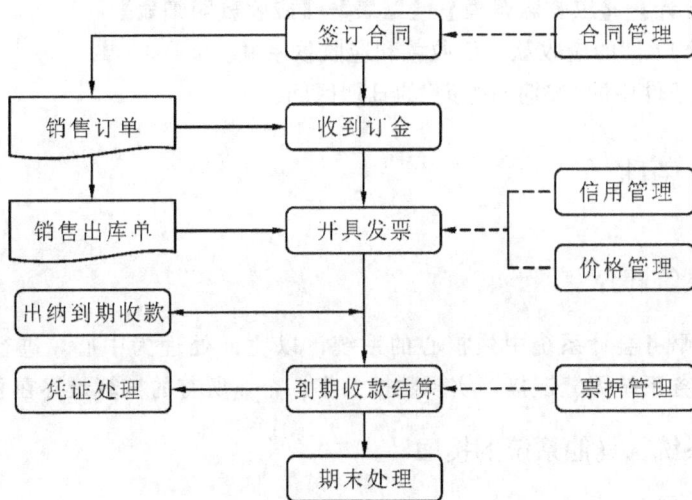

图 9-8　应收款管理系统业务流程

二、应收款管理系统与其他系统的接口

(一)与销售管理系统的接口

销售系统录入的销售发票传入应收款管理系统进行应收账款的核算。销售系统录入的应收类型费用发票传入应收款管理系统进行应收账款的核算。

(二)与采购管理系统的接口

采购系统录入的采购发票与应收款管理系统进行应收冲应付的核算。

(三)与应付款管理系统的接口

应付系统录入的采购发票与其他应付单与应收款管理系统进行应收冲应付的核算。应付系统录入的预付单、付款单与应收款管理系统进行预收冲预付、收款冲付款的核算。

(四)与总账系统的接口

应收款管理系统生成的往来款凭证传递到总账系统。

(五)与现金管理系统的接口

现金系统与应收款管理系统的应收票据、收款单进行互相传递。现金系统传递过来的收款单支持在应收款管理系统进行选单操作。应收系统的单据可参与现金管理系统资金预测的取数。

三、应收款系统应用操作

(一)【财务会计】→【应收款管理】→【收款】→【收款单—新增】

核算项目：客户 1。

单据金额：1 000。

源单类型：销售发票。

源单编号：F7，双击本次操作的销售发票。

点击"保存"，再点击"审核"（系统设置中默认选中了"审核后自动核销"）。

(二)【财务会计】→【应收款管理】→【账表】→【应收款明细表】

即可看到"客户 1"的应收款、已收款和应收款余额。

注意：过滤条件中的"按期间查询"的日期区间。

任务十　总账

一、总账系统简介

总账系统是财务会计系统中最核心的系统，以凭证处理为中心，进行账簿报表的管理。可与各个业务系统无缝链接，实现数据共享。企业所有的核算最终在总账中体现。

二、总账系统与其他系统的接口

总账系统与其他系统的接口，如图 9-9 所示。

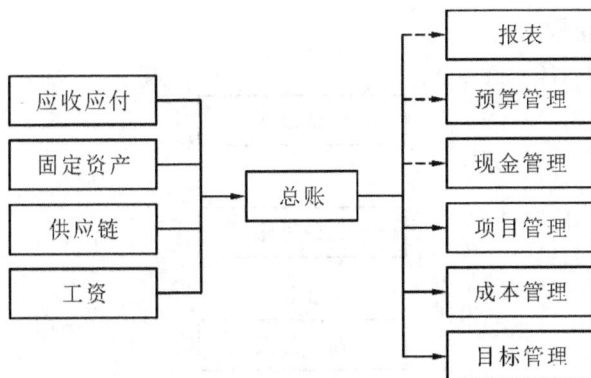

图 9-9 总账系统与其他系统的接口图示

(一)与应收应付系统的接口

应收应付系统生成的往来款凭证传递到总账系统。

(二)与固定资产系统的接口

固定资产系统生成的凭证传递到总账系统,固定资产初始余额可以传递到总账初始余额。

(三)与供应链系统的接口

核算系统生成的凭证传递到总账系统,并可实现物料与总账系统的对账功能。

(四)与工资系统的接口

工资系统可向总账系统提供数据。

(五)与报表系统的接口

报表系统可以通过 ACCT、ACCTCASH、ACCTGROUP、ACCTEXT 等取数函数来实现从总账系统中取数。

(六)与预算管理系统的接口

预算管理系统可以对总账业务进行预算控制,可以分别以当期预算余额、当前累计预算余额、年度累计预算余额或预算方案累计预算余额为控制标准。

(七)与现金管理系统的接口

现金管理系统的现金日记账和银行存款日记账可以从总账中引入。同时会计可以根据出纳人员录入的收付款信息生成总账凭证。

(八)与项目管理系统的接口

项目管理系统的所有业务活动,均可以根据实际情况在总账系统中生成相应的会计分录。这些会计分录包括项目的成本、费用、收入等,还包括项目管理系统的资本化业务。在总账系统中通过定义的凭证分类可以方便地查询到这些凭证。

(九)与成本管理系统的接口

总账系统的折旧费用、人工费用、其他费用凭证可作为成本系统的折旧费用、人工费用、其他费用的数据来源,成本系统中的业务数据生成的凭证自动传入总账系统。

(十)与目标管理系统的接口

目标管理系统可以通过 ACCT 等取数函数来实现从总账系统中取数。

三、总账业务流程

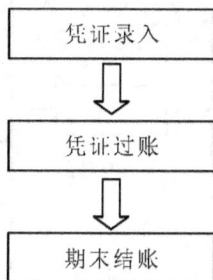

图 9-10　总账业务流程图

（一）凭证处理

会计核算处理系统是以证—账—表为核心的有关企业财务信息加工的系统。会计凭证是整个会计核算系统的主要数据来源，是整个核算系统的基础，凭证分为原始凭证和记账凭证两种，在业务发生时应首先根据原始凭证和其他有关业务资料手工填制凭证。凭证录入功能为用户提供了一个仿真的凭证录入环境，在这里，可以将制作的记账凭证录入电脑，或者根据原始单据直接在这里制作记账凭证。会计凭证的正确性将直接影响到整个会计信息系统的真实性、可靠性，因此系统必须能保证会计凭证录入数据的正确性。

（二）凭证过账

凭证过账就是系统将已录入的记账凭证根据其会计科目登记到相关的明细账簿中的过程。经过记账的凭证以后将不再允许修改，只能采取补充凭证或红字冲销凭证的方式进行更正。因此，在过账前应对记账凭证的内容仔细审核，系统只能检验记账凭证中的数据关系错误，而无法检查业务逻辑关系。这其中的内容只能由会计人员自己检查。

（三）期末结账

在本期所有的会计业务全部处理完毕之后，就可以进行期末结账了。系统的数据处理都是针对于本期的，要进行下一期间的处理，必须将本期的账务全部进行结账处理，系统才能进入下一期间。特别提示：本期间的所有会计凭证及业务资料全部输入了电脑并且过账之后才能结账。结账后如果需要对上一个会计期间的数据进行重新处理，此时，可以通过反结账的功能将会计期间反结回上一个会计期间。

四、总账系统的应用操作

（一）【财务会计】→【总账】→【凭证处理】→【凭证录入】

做如下凭证：

摘要：提现。

借：库存现金 10 000。

贷：银行存款 10 000。

备注："摘要"和"借方"、"贷方"需要手工输入，"科目"需要按[F7]键选择。

点击"保存"。

点击"新增"按钮。

摘要：报销费用。

借：管理费用 100。

贷：库存现金 100。

点击"保存"。

(二)【财务会计】→【总账】→【凭证处理】→【凭证过账】

点击"开始过账"。

(三)【财务会计】→【总账】→【结账】→【期末结账】

点击"开始"。

五、财务报表查询

(一)财务报表

会计报表是以货币为计量单位，总括反映企业在某一时点的资产状况以及一定时期内的财务状况、经营成果和现金流量的表式报告。会计报表所提供的指标，比其他会计资料更具综合性，本系统能全面地反映企业经营活动的情况和成果。

(二)报表系统应用操作

1.【财务会计】→【报表】→【(行业)—新企业会计准则】→【新会计准则资产负债表】

点击"视图"菜单下的"显示数据"。

点击"数据"菜单下的"报表重算"。

2.【财务会计】→【报表】→【(行业)—新企业会计准则】→【新会计准则利润表】

点击"视图"菜单下的"显示数据"。

点击"数据"菜单下的"报表重算"。

●●●●● 课后实训

项目名称：金蝶 K/3ERP 系统操作

实训目的：考核学生对金蝶 K/3ERP 供应链管理的应用。

实训器材：金蝶 K/3ERP 系统。

实训步骤：

1. 账套管理的操作

(1) 进入 K3 账套管理。

(2) 新建账套：

账套号：002

账套名称：省赛账套

系统账号：选择"SQL server 身份验证"

(3) 002 账套属性设置。

机构名称：集团贸易公司

启用会计年度：2008；启用会计期间：11

2. K/3 主控台的操作

进入金蝶 K/3 主控台，选择账套：002 省赛账套，命名用户身份登录：用户名：

Administrator

（1）系统设置。

①科目：从模板中引入科目，（选择）新会计准则科目

设置"应收账款"和"应付账款"科目受控系统：应收应付

②凭证字：记

③计量单位。计量单位组：数量；数量组里增加计量单位，代码：01；名称：个

④客户（新增）——代码：01；名称：诺基亚（中国）公司

⑤部门（新增）——代码：01；名称：采购部（02 仓储部；03 销售部；04 财务部；05 门店）

⑥职员（新增）——代码：01；名称：张采购（02 张库管；03 张销售；04 张会计）

⑦物料（新增）——代码：01；名称：B 产品；物料属性：外购，计价方式：先进先出法

（02—C 产品；03—R 产品；04—S 产品）

⑧仓库（新增）——代码：01；名称：东部仓储中心；02 东部中端专卖店

⑨供应商（新增）——代码：01；名称：金蝶公司；02 嘉诚货运公司

⑩费用（新增）——代码：01；名称：运输费

（2）初始化。

①仓存管理：系统参数设置（启用年度 2008；启用期间 11）；启用业务系统

②总账：结束初始化

③应付款管理：设置系统参数；结束初始化

④应收款管理：设置系统参数；结束初始化

3. 业务处理

（1）登记销售订单。

销售部张销售与诺基亚（中国）公司签订了 8 个 C 产品的销售订单，每个售价 10 000 000 元，销售方式为现销，客户要求从东部中端专卖店中提货，张销售进入销售管理系统增加了一张销售订单。

（2）申请短期贷款。

财务部张会计办理一笔 10 000 000 元的短期借款，在总账系统做了一张记账凭证。

（3）下达采购订单。

根据销售预测和现有库存情况，采购部张采购向金蝶公司下达了 4 个 C 产品的采购订单，每个 3 000 000 元，进入采购管理系统增加了一张采购订单。

（4）采购订单到货。

不久金蝶公司就发来了 4 个 C 产品，采购部张采购放在了东部仓储中心，并在采购管理系统中录入了一张收料通知单。

（5）收到采购发票，支付采购货款。

张采购同时收到了金蝶公司的发票，在采购管理过程中根据如上采购订单录入了一张采购发票；取消"系统设置——应付款管理——系统参数——单据控制"中的"审核人与制单人不为同一个人"，财务部张会计在应付款管理系统中根据此发票对金蝶公司办理了一张付款单。

　　(6)收到运费发票，支付运输费用。

　　财务部张会计收到金蝶公司 2 000 000 运费发票一张，即在应付款管理系统中录入其他应付单，并对此做了付款单。

　　(7)采购运输入库。

　　张采购根据如上收料通知单办理了入库手续，即在采购管理系统中录入外购入库单（保管和验收都是张库管），并对如上采购发票进行钩稽。

　　(8)总部向门店配货。

　　仓储部张库管由东部仓储中心向东部中端专卖店调拨了 4 个 C 产品，需要在仓存管理系统中做一张调拨单，并由张库管验收。

　　(9)总部形成其他应收款。

　　张会计计入门店其他应收款 48 000 000，在应收款管理系统中录入一张其他应收单。

　　(10)总部支付配货运输费 4 000 000。

　　张会计收到嘉诚货运公司 4 000 000 运费发票一张，即在应付款管理系统中录入其他应付单，并对此做了付款单。

　　(11)门店按销售订单交货，并收取货款。

　　销售部张销售根据如上销售订单从东部中端专卖店中先给诺基亚（中国）公司办理了 4 个 C 产品的销售出库，根据如上销售订单在销售管理系统中录入销售出库单，并开具了发票，进行了钩稽。

　　(12)门店其他应付款冲总部其他应收款。

　　张会计在应收款管理系统中根据门店如上其他应收单录入收款单（门店的缴款）。

　　(13)行政管理费报销。

　　张会计在总账中做一张用银行存款支付管理费用的凭证 4 000 000。

　　(14)支付长期贷款利息。

　　张会计在财务费用科目下增加了"6603.01 利息"的二级科目，在总账中做一张用银行存款支付长期贷款利息的凭证 2 000 000。

　　(15)仓库维修费报销。

　　张会计在总账中做一张用银行存款支持管理费用的凭证 1 000 000。

　　(16)固定资产计提折旧。

　　张会计在总账中做一张借累计折旧、贷固定资产 1 000 000 的凭证。

　　(17)门店运营费用报销。

　　张会计在总账中做一张用银行存款支持管理费用的凭证 10 000 000。

　　(18)生成凭证。

　　张会计将应付款管理系统中的三张"付款"单据，两张"其他应付单"进行了凭证生成，将应收款管理系统中的一张"收款"单据，一张"其他应收"单据进行凭证生成。

　　在存货核算系统中对外购入库单进行分配与核算，对本期所有材料出库单进行核算，将一张"外购入库单"；一张"销售出库——现销"；"销售收入——现销"（需要点击"选项"按钮——"凭证模板"，销售收入——现销标准模板的第三行选择"应交税费"科目）生成凭证。

(19)利润表。

张会计对总账中的所有凭证进行过账，在报表系统中作出了利润表。

(20)资产负债表。

张会计在报表系统中作出了资产负债表。

●●●●● 课后练习题

1. 什么是 ERP?
2. 金蝶 K/3ERP 系统的关键流程包括哪些?
3. 什么是应收款管理系统?
4. 简述采购业务的主要流程。

【能力考核表】

考核表 9-1　专业能力实训成绩考核表

专业能力	评估标准	分项成绩
1. ERP 的基本认识	(1)掌握 ERP 的基本概念 (2)熟悉金蝶 K/3 供应链管理的整个流程 (3)能够进行账套管理和权限设置	
2. 金蝶 K/3 主控台系统设置	(1)设置会计科目 (2)设置各种原材料 (3)根据需要设置仓库 (4)根据实际情况设置供应商资料 (5)设置其他所需要的各种资料	
3. 金蝶 K/3 系统操作	(1)采购管理 (2)仓存管理 (3)销售管理 (4)存货核算 (5)应付款管理 (6)应收款管理 (7)总账	
总成绩∑100		
教师评语		签名： 年　月　日
学生意见		签名： 年　月　日

参考资料

[1]王之泰．现代物流学．北京：中国物资出版社，1995

[2]宋玉．仓储实务．北京：对外经济贸易大学出版社，2005

[3]徐杰，田源．采购与仓储管理．北京：清华大学出版社、北京交通大学出版社，2004

[4]李永生，郑文岭．仓储与配送管理．北京：机械工业出版社，2004

[5]王蓓彬．现代仓储管理．北京：人民交通出版社，2003

[6]梁军．仓储管理实务．北京：高等教育出版社，2003

[7]郑克俊，俞仲文，陈代芬．仓储与配送管理．北京：科学出版社，2005

[8]周万森．仓储配送管理．北京：北京大学出版社，2005

[9]威廉·J．史蒂文森．生产与运作．张群．张杰，等译．北京：机械工业出版社，2000

[10]吴清一．物流学．北京：中国建材工业出版社，1996

[11]丁立言，张铎．物流系统工程．北京：清华大学出版社，2000

[12]崔介何．物流学概论．北京：北京大学出版社，2004

北京师范大学出版集团
BEIJING NORMAL UNIVERSITY PUBLISHING GROUP
北京师范大学出版社科技与经管分社

地址：北京市西城区新街口外大街 12-3 号通和大厦 406

电话：010-58803066   投稿：505840188@qq.com

网址：www.jswsbook.com   邮箱：jswsbook@163.com

京 师 阅 读   官 方 微 博

教师样书申请表

　　请您在我社网站上所列的高校教材中选择样书（每位教师每学期限选 1-2 种），以清晰的字迹真实、完整填写下列栏目，并由所在院（系）的主要负责人签字或盖章。符合上述要求的表格将作为我社向您提供免费教材样书的依据。本表复制有效，可传真或函寄，亦可发 E-mail。

姓名：_____ 性别：_____年龄：_____ 职务：_____ 职称：_____

院校名称：_____大学（学院）_____学院（系）_____教研室

通信地址：_____

邮编：_____座机：_____-_____手机：_____

E-mail：_____ 微信：_____QQ：_____

教授课程	学生层次	学生人数/年	用书时间
_____	□研究生□本科□高职	_____	□春季 □秋季

现使用教材	版本	换教材意向
_____	_____出版社	□有 □无

换教材原因
_____
_____

曾编教材情况

书　　名	出 版 社	主编/副主编/参编	出 版 时 间

您是否愿意参加我们的教材编写计划：　　□愿意　　　□目前无意向

希望编写教材名称：_____

所需样书

书　　名	书号（ISBN）	作　者	定　价